Günter Brakelmann

Peter Yorck von Wartenburg

Günter Brakelmann

Peter Yorck von Wartenburg

1904–1944

Eine Biographie

Verlag C.H.Beck

Mit 55 Abbildungen

Satz: Fotosatz Amann, Aichstetten
Druck und Bindung: Druckerei C.H.Beck, Nördlingen
Umschlaggestaltung: www.kunst-oder-reklame.de
Umschlagabbildungen: © ullstein bild – Stiftung 20. Juli 1944
Gedruckt auf säurefreiem, alterungsbeständigem Papier
(hergestellt aus chlorfrei gebleichtem Zellstoff)
Printed in Germany
ISBN 978 3 406 63019 4

www.beck.de

Inhalt

Vorwort

Von 1815 bis 1945 bewohnten die Yorcks das Schloss Klein-Oels im Landkreis Ohlau südöstlich der schlesischen Hauptstadt Breslau. Über Generationen hinweg waren sie Teil und Mitgestalter deutscher Geschichte von den Befreiungskämpfen gegen Napoleon bis zur Kriegsniederlage des nationalsozialistischen Systems 1945. Mit der deutschen Katastrophe endete die Geschichte dieses Adelsgeschlechts. Einer aus dieser Familie, Peter Graf Yorck von Wartenburg, opferte sein Leben für ein «anderes Deutschland».

Im ersten Schauprozess gegen die «Verschwörer des 20. Juli» wurde am 8. August 1944 der zum deutschen Widerstand gehörende Oberleutnant d. R. Peter Graf Yorck von Wartenburg durch den Präsidenten des Volksgerichtshofs Roland Freisler zum Tode durch Erhängen verurteilt. Mit ihm zusammen vor Gericht standen der Generalfeldmarschall Erwin von Witzleben (geb. 1881), Generaloberst Erich Hoepner (geb. 1886), General Helmuth Stieff (geb. 1901), Generalmajor Paul von Hase (geb. 1885), Oberstleutnant Robert Bernardis (geb. 1908), Hauptmann Friedrich-Karl Klausing (geb. 1920) und Oberleutnant Albrecht von Hagen (geb. 1904), über die dasselbe Urteil verhängt wurde. Alle Offiziere starben am Galgen im Schuppen von Plötzensee.[1]

Wer war dieser Peter Yorck, der durch den Prozess vor dem Volksgerichtshof am 7. und 8. August 1944 bekannt, von den meisten damaligen Deutschen allerdings als Führer- und Vaterlandsverräter gehasst wurde?

Freya von Moltke, mit der ich in engem Kontakt bei der Abfassung meiner Biographie über ihren Mann Helmuth James von Moltke gestanden habe, hat mich immer wieder auf die Notwendigkeit hingewiesen, die eigenständige Bedeutung von Peter Yorck für den deutschen Widerstand und für den Kreisauer Kreis stärker herauszustellen, als es bisher geschehen ist. Für die Jahre 1940 bis 1944 sind die Briefe von Moltke an seine Frau auch für eine Biographie von Yorck von größtem Wert. Wer über den einen schreiben will, muss den anderen hinzunehmen. Die beiden Freunde hatten eine selten dichte Gesprächs- und Arbeitsgemeinschaft. Wenn im Folgenden Moltke häufig zitiert wird, ist zu bedenken, dass vieles von ihm mit Gedanken Yorcks durchsetzt ist.

Die vorliegende Darstellung ist möglich geworden, weil ich neben anderem bisher unbekannten Material aus den Dienststellen von Peter Yorck fünfundzwanzig Briefe von ihm an seine Mutter und acht Briefe an seine Schwester Dorothea bekommen habe. Auch ein kleiner Briefwechsel zwischen den Brüdern Paul und Peter existiert. Diese Briefe wurden mir zugänglich gemacht durch Nachfahren der Familie des Hans Adolf von Moltke und seiner Frau Davida, einer Schwester von Peter. Darüber hinaus haben sie mir bei der Rekonstruktion bestimmter familiärer Sachverhalte geholfen und mir zahlreiche Fotos zur Verfügung gestellt. Mein Dank gilt deshalb Friedrich, Heinrich und Wulf von Moltke. Hermann Graf Hatzfeld vom Schloss Schönstein bei Wissen/Sieg hat mir aus dem Nachlass der Gräfin Dönhoff zehn Briefe von Yorck an sie zur Verfügung gestellt. Das Archiv der Konrad-Adenauer-Stiftung hat mir den Schriftwechsel zwischen Yorck und dem Freiburger Ökonomen Adolf Lampe zugänglich gemacht. Allen sei herzlich gedankt. Diese Briefe geben uns einen vertieften Einblick in die Persönlichkeit des Peter Yorck.

Ich danke nicht zuletzt dem Verleger Wolfgang Beck und meinem Lektor Ulrich Nolte. Ohne solche Persönlichkeiten wie sie im deutschen Verlagswesen gäbe es keine wissenschaftlichen Veröffentlichungen über die Geschichte des deutschen Widerstands.

Bochum, im Juli 2011 *Günter Brakelmann*

Kapitel I

Ein preußisches Adelsgeschlecht

Der Generalfeldmarschall und die Tradition von Tauroggen

Peter Graf Yorck von Wartenburg entstammte einer der bekanntesten deutschen Adelsfamilien des 19. Jahrhunderts. Jeder Deutsche kannte aus dem Schulunterricht, aus historischen Werken oder aus Romanen und Gedichten den Generalfeldmarschall Johann David Ludwig Graf Yorck von Wartenburg.[1] 1759 als Sohn eines preußischen Hauptmanns geboren, beendete er den ersten Teil seiner militärischen Laufbahn wegen ungebührlichen Verhaltens gegenüber einem Vorgesetzten mit einer einjährigen Festungshaft. Nach mehreren Jahren in niederländischen Diensten, die ihn nach Afrika und Asien führten, kehrte er 1786 wieder in die preußische Armee zurück und bewährte sich als Offizier in mehreren Kriegen. Nach der verlorenen Schlacht von Jena und Auerstedt 1806 beteiligte er sich an der Reorganisation des preußischen Heeres. Im Anschluss an den Frieden von Tilsit 1807 und den Frieden von Schönbrunn 1809 musste er als Generalmajor und Generalgouverneur von Ostpreußen im Sinne der im März 1812 geschlossenen Allianz Frankreichs mit Preußen an dem im Juni 1812 begonnenen Feldzug Napoleons gegen die russische Armee teilnehmen. Das von ihm geführte preußische Hilfskorps mit 20 000 Soldaten gehörte zu dem von Marschall MacDonald geführten X. Armeekorps der Franzosen. Im Oktober 1812 befand sich Napoleon mit nur noch 80 000 von ursprünglich mehr als einer halben Million Soldaten auf dem Rückzug aus Moskau. Das Yorck'sche Korps hatte seine Verbindung zur französischen Nordarmee verloren, und Napoleon selbst war nach Paris zurückgekehrt. In dieser militärisch schwierigen Situation kam es am 29. Dezember 1812 zu einem Gespräch zwischen Yorck und Carl von Clausewitz (1780–1831), der in russische Dienste getreten war. Yorck hielt vor seinen Offizieren daraufhin folgende Ansprache:

> Meine Herren! Das französische Heer ist durch Gottes strafende Hand vernichtet, der Zeitpunkt ist gekommen, wo wir unsere Selbständigkeit wiedergewinnen können, wenn wir uns jetzt mit dem russischen Heer vereinigen. Wer so denkt wie ich, sein Leben für das Vaterland und die Freiheit herzugeben, der schließe sich mir an. Wer dies nicht will, der bleibe zurück. Der Ausgang unserer heiligen Sache mag sein, wie er will, ich werde auch den stets achten und ehren, der nicht meine Meinung teilt und zurückbleibt. Geht unser Vorhaben gut, so wird der König vielleicht meinen Schritt vergeben; geht es misslich, so ist mein Kopf verloren. In diesem Falle bitte ich meine Freunde, sich meiner Frau und Kinder anzunehmen. (NGB, 25)

Am folgenden Tag trafen sich in der Mühle von Poscherun von russischer Seite General Hans von Diebitsch (1785–1831), Clausewitz und Friedrich Graf zu Dohna-Schlobitten (1771–1831) sowie von deutscher Seite neben Yorck Major Florian von Seydlitz und Oberst Friedrich von Roeder. Alle waren Offiziere aus Preußen, die der Hass auf den «Usurpator Napoleon» verband. In der «Konvention von Tauroggen» erklärte sich das Hilfskorps ohne Befehl des Preußischen Königs im Französisch-Russischen Krieg für neutral. Yorck, der sich der möglichen Tragweite seiner Entscheidung bewusst war, schrieb seinem König, Friedrich Wilhelm III., einen erklärenden Brief mit dem Schlussabschnitt:

> Ew. Majestät lege ich willig meinen Kopf zu Füßen, wenn ich gefehlt haben sollte; ich würde mit der freudigen Beruhigung sterben,

Abbildung 1: Der Generalfeldmarschall Johann David Ludwig Graf Yorck von Wartenburg auf einem Stich von Louis Jacoby, um 1820.

> wenigstens nicht als treuer Untertan und wahrer Preuße gefehlt zu haben. Jetzt oder nie ist der Zeitpunkt, wo Ew. Majestät sich von den übermütigen Forderungen eines Alliierten losreißen können, dessen Pläne mit Preußen in einem mit Recht Besorgnis erregenden Dunkel gehüllt waren, wenn das Glück ihm treu geblieben wäre. Diese Ansicht hat mich geleitet. Gebe Gott, dass sie zum Heile des Vaterlandes führt. (NGB, 26)

Yorck war davon überzeugt, als treuer Diener des Königs, als wahrer Preuße ohne persönliche Rücksichten gehandelt zu haben. Es bedurfte noch einiger Monate mit weiteren Briefen an den König, bis dieser sich nach dem im Februar 1813 geschlossenen preußisch-russischen Bündnis und nach seinem Breslauer Aufruf «An mein Volk», der den Freiheitskrieg eröffnete, mit seinem inzwischen militärisch erfolgreichen General im März in Berlin

Abbildung 2: Der Abschluss der Konvention von Tauroggen durch die Generäle Yorck und Diebitsch-Sabalkansky in der Mühle von Poscherun bei Tauroggen am 30. Dezember 1812. Am Tisch sitzend: Florian von Seydlitz.

versöhnte. Yorck hatte einen für die kommende Geschichte Deutschlands und Europas entscheidenden Schritt gewagt. «Tauroggen» ging als Beispiel für die politische Mitverantwortung des militärischen Befehlshabers in die Geschichte ein, dem es sein Gewissen verbietet, sich auf den unbedingten Gehorsam gegenüber der obersten Befehlsinstanz zu berufen.

Im Zuge des wechselnden Kriegsglücks zwischen Preußen-Russland und Napoleon kam es am 3. Oktober 1813 zum Gefecht bei Wartenburg an der Elbe (in der Nähe von Merseburg). Yorck ermöglichte hier mit seinen Truppen den Übergang über die Elbe. Am 16. Oktober 1813 zeichnete er sich in der Schlacht bei Möckern aus, und der von ihm gerittene Schimmel wurde zum Symbol für die militärische Tapferkeit seines Reiters. Nach der Völkerschlacht bei Leipzig vom 17. bis 19. Oktober, an der das

Abbildung 3: Das Wappen der Grafen Yorck von Wartenburg.

Yorck'sche Korps nicht teilnahm, führte ihn die Verfolgung Napoleons bis nach Paris. Zusammen mit General Gebhard Leberecht Blücher (1742–1819) begleitete er König Friedrich Wilhelm III. (1770–1840) nach London. Dieser erhob ihn von Paris aus am 3. Juni 1814 «unter Beilegung des Namens Yorck von Wartenburg» in den Grafenstand. In der langen Ernennungsurkunde wird auch das Yorck'sche Wappen projektiert:

> Nämlich ein geviertes Schild mit einem Mittelschilde. Das Mittelschild bestehet aus dem Grafen Yorck von Wartenburg bisherigen Familienwappen und hat im silbernen Felde zwei blaue in Form eines

Andreaskreuz gestellten Balken mit silbernen Querstreifen. Im ersten und vierten silbernen Felde ist der königliche schwarze Adler und im zweiten und dritten goldenen Felde ein Schwert mit Lorbeer-Zweigen umgeben befindlich. Das Wappenschild wird durch eine gräfliche Krone bedeckt, auf welcher drei Turnierhelme mit gräflichen Kronen und goldenen Kleinoden ruhen. Auf dem ersten Helm zur rechten Hand ruhet ein Löwenkopf in natürlicher Farbe und auf dem dritten Helm steht das Schwert mit Lorbeerzweigen umgeben. Die Helmdecken des ersten Helms sind schwarz und silbern, die zweiten blau und silbern, die des dritten grün und golden. Die Schildhalter sind zur Rechten ein Löwe und zur Linken ein Einhorn, beide in natürlicher Farbe. Unter dem Wappenschild befindet sich auf rotem Bande mit goldenen Buchstaben die Inschrift: NEC CUPIAS NEC METUAS. (Weder sollst du begehren noch dich fürchten). (NGB, 46)

Yorck, der im Anschluss an den Frankreichfeldzug das Generalkommando für Schlesien übernahm, fühlte sich nach der Rückkehr Napoleons in Fragen der militärischen Führung ungerecht behandelt und reichte nach Kontroversen mit dem König seinen Abschied ein, der am 26. Dezember 1815 erfolgte. Verbunden war dieser mit einer jährlichen Pension von 3000 Talern und der Dotation der säkularisierten ehemaligen «Hochritterlichen Maltheser-Ordens-Commende» Klein-Oels bei Brieg in Niederschlesien.[2] Im Krieg hatte Yorck seinen Sohn Heinrich verloren, und 1819 starb auch seine Tochter Berta, Gräfin von Hoverden, für deren Sohn er das Fideikommiss Schleibitz, das nicht weit von Klein-Oels entfernt lag, erwarb.

1821 wurde Yorck «in Erinnerung an die ersprießlichen Dienste» für den König der Titel eines Feldmarschalls verliehen. Nach dem Tod seiner Frau Johanna 1827 begann er 1828 mit dem Bau einer Familiengruft, deren Entwurf von Karl Friedrich Schinkel stammte. Dort wurde er nach seinem Tod am 4. Oktober 1830 beigesetzt.

Der erste Graf Yorck spielte im Gedenken und im Bewusstsein

aller späteren Generationen der Yorcks eine große Rolle. Sein preußischer Patriotismus, seine Treue zum Thron der Hohenzollern, verbunden mit selbstständigem politischem Denken und dem Mut zu widerständigem Verhalten, prägten viele der kommenden Yorcks. Ebenso waren sein Familiensinn und seine paternalistische Verantwortung für das ökonomische und soziale Wohl der Untergebenen ein Erbe, das sich durch Generationen hindurch erhalten sollte.

Bibliophiler und Reformer: Ludwig Graf Yorck

Erbe des Feldmarschalls wurde Ludwig Yorck, der 1805 als jüngster Sohn in Mittenwalde in der Mark geboren wurde und in Marienwerder und Königsberg aufwuchs, bevor die Familie nach Breslau umzog. Dort besuchte er das Friedrich-Gymnasium, wohnte im Pensionat des bekannten Predigers und Theologen Johann Benjamin Wunster (1751–1830) und begann 1822 sein Studium. Großen geistigen und religiösen Einfluss nahmen auf ihn in dieser Zeit der Naturphilosoph, Naturforscher und Dichter Henrich Steffens (1773–1845), der Breslauer Philosophieprofessor Christian Julius Braniß (1792–1878) sowie der Theologe und Philosoph Carl Adolf Suckow (1802–1847).

1824 ging Ludwig Yorck nach Berlin, wo er unter anderen den Historiker und Politiker Friedrich von Raumer (1781–1873), den Begründer der historischen Rechtsschule Friedrich Carl von Savigny (1779–1861), den Naturforscher und Geografen Alexander von Humboldt (1769–1859), die Dichterin Bettina von Arnim (1785–1859), den Politiker und Juristen Karl Friedrich von Beyme (1765–1838) sowie den General Karl von Grolmann (1777–1843) kennenlernte, die sein historisches, philosophisches, theologisches und auch politisches Denken vertieften, sodass er sich in einem ständigen Dialog mit den verschiedenen Spielarten des deutschen Denkens im Vormärz befand.

Im Frühjahr 1825 unternahm er eine zweijährige Studienreise, die ihn in die Schweiz, nach Frankreich, England und Italien führte. Während dieser Zeit erlernte er nicht nur die Sprachen dieser Länder, sondern las sich auch in deren Literatur ein. Mit seinem preußischen Patriotismus ging immer auch ein Bewusstsein der Zugehörigkeit zum europäischen Kulturkreis einher.

Als seine Mutter im Sommer 1827 starb, wurde Ludwig Yorck nach Klein-Oels zurückgerufen. Nach einem kurzen Militärdienst (1827/28), den er als Offizier beendete, heiratete er 1829 die Generalstochter Bertha von Brause (1807–1845). Das militärische Erbe seiner Vorfahren ergänzte er, indem er sich immer intensiver mit der Geistesgeschichte beschäftigte. Nach dem Tod des Vaters im Herbst 1830 übernahm er das Schloss Klein-Oels mit den dazugehörenden Außengütern. Das Schloss wurde nun immer mehr zu einem Begegnungszentrum für Philosophen, Theologen, Historiker, Literaten und bildende Künstler. Mit den Büchern seines Freundes Ludwig Tieck (1773–1853) als Grundstock baute Graf Ludwig im Schloss eine Bibliothek auf, zu der auch eine Graphik- und Kupferstichsammlung gehörte. Sie zählte später zu den größten Privatbibliotheken in Preußen.[3]

In den 1840er und 1850er Jahren gerieten die Güter und ihre Leute in große wirtschaftliche Schwierigkeiten, die durch eine Reihe von Naturkatastrophen, Viehseuchen, Mäuseplagen und anderen in der Landwirtschaft üblichen Widerfahrnissen noch verstärkt wurden. In dieser Situation bemühte sich Ludwig nicht nur darum, die eigene Landwirtschaft systematisch zu verbessern, sondern setzte sich darüber hinaus als Mitglied der Kreisversammlung und als Landesältester von Schlesien für eine Neugestaltung der Agrarverhältnisse ein. Er begründete die Yorck'sche Tradition einer Mitverantwortung für das Wohl der unmittelbaren Umwelt.

Auf den Thronwechsel 1840 von Friedrich Wilhelm III. zu Friedrich Wilhelm IV. (1795–1861) setzte er große politische Hoffnungen im Sinne einer offenen Reformpolitik in Preußen.

Abbildung 4: Ludwig Graf Yorck von Wartenburg (1805–1865).

1847 nahm er als Mitglied der Herrenkurie am Vereinigten Landtag teil. Er gehörte im Vormärz zu der kleinen Gruppe des gemäßigten konstitutionellen Liberalismus und wurde Mitbegründer der altliberalen Partei. Zu deren Zielen gehörten die Emanzipation der Dissidenten und Juden, die Reform der Besitz- und Herrschaftsverhältnisse auf dem Land, die Aufhebung der Patrimonialgerichte und der Dominialpolizeigewalt, öffentliche und mündliche Gerichtsverfahren, die Erweiterung der städtischen Selbstverwaltungsrechte sowie regelmäßige Zusammenkünfte des Landtags.

Dieses politische und gesellschaftliche Reformprogramm stieß auf eine heftige Ablehnung der reaktionären Kräfte in Preußen und im Umfeld des Thrones. Nach dem Ausbruch der Revolution 1848 jedoch wurde der Graf aus dem politischen Lager der königstreuen Liberalen durch das Ministerium Arnim-Boitzenburg zum kommissarischen Oberpräsidenten für Schlesien mit ausgedehn-

Abbildung 5: Schloss Klein-Oels im Kreis Ohlau in Niederschlesien.

ten Vollmachten ernannt. Bei seinem Amtsantritt am 25. März 1848 gab er folgende Erklärung ab:

> In den so schwierigen Verhältnissen, unter denen ich mein Amt übernommen, erscheint mir von dringendster Notwendigkeit, sogleich bei Antritt desselben meine politische Ansicht der Provinz gegenüber öffentlich auszusprechen. Sie fasst sich in den wenigen Worten zusammen: Ich will die konstitutionelle Monarchie, will sie ganz so, wie sie Se. Majestät der König in bestimmte Aussicht gestellt hat. Es ist dies nicht eine mit und durch die neue Ordnung der Dinge entstandene Ansicht; ich habe dafür, soweit es die Umstände gestatteten, schon auf dem Vereinigten Landtage des vorigen Jahres mich ausgesprochen, ich habe schon damals für die völlige bürgerliche Gleichheit aller Glaubensbekenntnisse geredet; ich habe zuerst es ausgesprochen, dass die Patrimonial-Gerichtsbarkeit aufgehoben werden müsse; ich habe von jeher die Pressfreiheit als das höchste und wichtigste Gut und als die Grundlage jeder konstitu-

> tionellen Freiheit ersehnt. Die gewaltige und rasche Entwicklung der letzten Zeit hat die Notwendigkeit dieser Umgestaltungen und so vieler anderer wichtiger Veränderungen notwendig gemacht. Ich bekenne mich zu allen; ihre Durchführung ist mein lebhaftester Wunsch gewesen. Es ist eine Konstitution auf breitester Grundlage verheißen, und ihre Verwirklichung steht nahe bevor. Für diese will ich alle meine Kräfte anwenden, aber auch keinen Schritt weiter darüber hinaus tun.
> Mit dieser offenen Erklärung und in der Zuversicht, dass alle, die es mit dem Vaterlande und der neu werdenden Verfassung wohl meinen, mir zur Seite stehen werden, trete ich getrost mein schweres Amt an. (Gründer, Protokolle, 373)

Hier verkündete ein konservativ-liberaler Großgrundbesitzer sein Reformprogramm für eine modernisierte Monarchie, die den Veränderungsprozessen im bürgerlichen Selbstbewusstsein programmatisch und bei der Gesetzgebung Rechnung tragen sollte. Er suchte die Mitte zwischen politisch-gesellschaftlicher Reaktion und geschichtsvergessenem Revolutionismus. Die konstitutionelle Monarchie war für ihn die Ordnungsform, die beides leisten konnte: bürgerliche Freiheit und staatliche Stabilität. In zwei weiteren Proklamationen «an die Bürger Breslaus» und «an die Bewohner des platten Landes» betonte er die Bedeutung von Rechtlichkeit und Gesetzlichkeit, um der geordneten Freiheit ihren Raum zu geben und Reformen auf den Weg zu bringen. Der Weg zur Lösung von Konflikten musste für ihn über verfassungsmäßige Institutionen gehen. Frei gewählte Volksvertreter hätten die Aufgabe und die Macht, neues Recht zu setzen. Der Graf wollte königliche Macht und parlamentarische Macht im Dienst eines von allen Bürgern zu akzeptierenden Gemeinwohls zusammenführen.

Yorcks Tätigkeit in einem staatlichen Amt war nur von kurzer Dauer. Die revolutionäre Entwicklung nahm einen anderen Verlauf. Für den liberalen Royalisten, der auf wohlüberlegte Reformschritte setzte, war in der komplizierten Revolutionsszene kein

Platz. Erst auf der Grundlage der Verfassungsurkunde für den Preußischen Staat vom 5. Dezember 1848, des «Patentes des Königs betreffend die Zusammenberufung der Volksvertreter» und der am 6. Dezember erlassenen Wahlgesetze für die Erste und Zweite Kammer kehrte der Landadelige in die Politik zurück. Er erhielt 1849 die Mitgliedschaft in der Ersten Kammer, die an einen hohen Wahlzensus gebunden war. Ab 1854 saß er als erbliches Mitglied im Preußischen Herrenhaus, immer auf den Bänken der liberalkonservativen Minderheit gegen die erdrückende konservativreaktionäre Mehrheit. Der Olmützer Vertrag zwischen Österreich und Preußen als Voraussetzung für die Wiederbegründung des Deutschen Bundes enttäuschte ihn maßlos. Innenpolitisch bedeutete er die Rückkehr zur reaktionären Politik mit ihren vielfältigen Rechtsverletzungen.

So bedrückend für ihn die politische Großwetterlage wurde, so glücklich entwickelte sich sein Familienleben. Nach dem Tod seiner ersten Frau Bertha 1845 heiratete er 1849 Nina von Olfers (1824–1901), die der Kunst und Literatur sehr zugetan war. Mehrfache Reisen nach Italien vertieften das Wissen über die römische Antike und die Zeit der Renaissance und sorgten durch Käufe für eine Vergrößerung der Kunstsammlung im Schloss.

1852 gehörte Graf Ludwig zu den Mitbegründern des *Berliner Wochenblatts*, einer von dem Bonner Professor Moritz August von Bethmann-Hollweg (1795–1877) im Geiste eines intellektuellen liberalen Konservativismus herausgegebenen Zeitschrift, die in kritischer Distanz zu den Kreuzzeitungskonservativen stand. Bethmann-Hollweg, der von 1858 bis 1864 Preußischer Kultusminister war, setzte sich für den reformistischen Ausbau eines Verfassungsstaates im konservativ-liberalen Geist ein.

Ein großer Tag war der 3. Oktober 1864, an dem des Übergangs des Yorck'schen Korps über die Elbe und der Schlacht bei Wartenburg gedacht wurde. In Anwesenheit der beiden Söhne Paul und Wolfgang, die beide gerade aus dem Deutsch-Dänischen Krieg zurückgekehrt waren, feierte man an diesem Tag im Park von Klein-Oels mit Militärmärschen, patriotischen Liedern und Gedichten die Enthüllung eines Monuments für den Feldmarschall, entworfen von dem Bildhauer Christian Daniel Rauch (1777–1857).

Graf Ludwig, der am 12. Juli 1865 starb, war ein Mann mit eigenem Urteil, mit Grundsatztreue und mit selbstlosem Einsatz für sein Vaterland und für die Monarchie der Hohenzollern. Seine Leidenschaft galt dem Kulturell-Zivilen. Das Vaterland zu verteidigen war ihm selbstverständliche Pflicht, aber Militarismus und aggressiver Nationalismus waren ihm fremd. Die Ehrendoktorwürde der Universität Breslau erfreute ihn mehr als das Angebot des Königs, ihn in den Stand eines Fürsten zu erheben (1861). Diese Auszeichnung lehnte er ab.

Großgrundbesitzer und Philosoph: Paul Graf Yorck

Nach dem Tod seines Vaters Ludwig wurde Paul Herr in Klein-Oels. Paul Yorck wurde 1835 in Berlin geboren. Er verlor seine Mutter bereits im Alter von zehn Jahren. Das Abitur legte er auf dem Magdalenen-Gymnasium in Breslau ab. Eine Reise nach Frankreich, die ihn sogar bis nach Algier führte, schloss sich an, bevor er im Sommersemester 1855 mit dem Studium der Rechtswissenschaften in Bonn begann. Nach nur einem Semester kehrte er jedoch nach Breslau zurück, wo er bis zum Examen 1858 studierte. Neben den juristischen Vorlesungen hörte er den Philosophen Braniß, zu dem die Familie ein freundschaftliches Verhältnis pflegte. Ähnlich wie sein Vater beschäftigte er sich über die klassischen Sprachen hinaus intensiv mit den zeitgenössischen europäischen Sprachen. 1857 unternahm er zusammen mit seinem Vater seine erste Italienreise.

Nach dem Examen absolvierte Paul Yorck einen einjährigen Militärdienst. In diese Zeit fiel seine Verlobung mit Louise Rahel von Wildenbruch (1838–1918). Die Hochzeit wurde 1860 während seines Referendariats in Breslau gefeiert. Louise war eine

Abbildung 6: Paul Graf Yorck von Wartenburg (1835–1897), Gemälde von Leopold von Kalckreuth.

Schwester des damals in Deutschland sehr bekannten und viel gespielten Dichters und Schriftstellers Ernst von Wildenbruch (1845–1909). Er war der Dramatiker der Gründerzeit und hat zahlreiche pathetische nationale Historiendramen geschrieben, die die Geschichte Deutschlands und Preußens verherrlichen. Paul, der Philosoph, hat von 1869 bis 1897 mit seinem Schwager Ernst «Erne» von Wildenbruch freundschaftliche Briefe ausgetauscht.[4] Ein besonders nahes Verhältnis hatten Pauls jüngerer Bruder Wolfgang (1840–1870) und Wildenbruch zueinander.

1862 zogen die Yorcks nach Potsdam. Hier bereitete sich Paul auf sein Assessorexamen vor. Für die Prüfung zum höheren Verwaltungsdienst schrieb er eine Examensarbeit, die er unter dem Titel *Die Katharsis des Aristoteles und der Oedipus Coloneus des Sophokles* veröffentlichte.[5] Unterbrochen wurde die Potsdamer Zeit durch die Teilnahme an den beiden Kriegen gegen Dänemark 1864 und

Österreich 1866, gemeinsam mit seinem Bruder Wolfgang. Beide wurden mit mehreren Kriegsorden ausgezeichnet.

Von Sommer 1865 bis zu seinem Tod 1897 lebte Paul Yorck auf Schloss Klein-Oels. Von hier aus entfaltete er eine intensive intellektuelle und politische Aktivität. Am 6. August 1866 wurde er als neues erbliches Mitglied im Preußischen Herrenhaus begrüßt, wo er sich an einigen Debatten engagiert beteiligte. Seine erste Rede, in der es um die Regelung der parlamentarischen Vertretung der 1866 neu zu Preußen gekommenen Provinzen ging, hielt er am 14./15. Januar 1867. Es folgten verfassungsrechtliche Reden unter anderem über die «Entziehung und Beschränkung des Grundeigentums», über «Juristische Prüfungen und die Vorbereitung zum höheren Justizdienst» sowie über die «Erwerbung und den Verlust der Eigenschaft als preußischer Untertan und über den Eintritt in fremden Staatsdienst».[6] 1870 bat er König Wilhelm um die Einstellung in einen «Truppenkörper», die ihm gewährt wurde. In achtzehn Briefen an seine Frau berichtete er über seine Kriegserlebnisse. Ein Höhepunkt war für ihn die Teilnahme an der Kaiserproklamation in Versailles am 18. Januar 1871.[7]

Nach dem Krieg beteiligte Yorck sich im Herrenhaus in erster Linie an kirchenpolitischen Debatten. Er nahm kontinuierlich Stellung zu kirchlichen Fragen: zu staatlichen Dotationen für die evangelische Kirche, zur Erhöhung der Gehälter für die evangelischen Geistlichen, zur Vorbildung und Anstellung von Geistlichen, zur evangelischen Kirchengemeinde- und Synodalordnung und zur evangelischen Kirchenverfassung der acht älteren Provinzen der Monarchie.[8] Sowohl an der ersten Ordentlichen Provinzialsynode Schlesiens in Breslau als auch an der konstituierenden Sitzung der Preußischen Generalsynode 1875 in Berlin nahm er aktiv teil.

Es fällt auf, dass Paul Yorck sein anfängliches Engagement im Herrenhaus und auf Synoden nicht fortsetzte. Das mag mit seiner Erfahrung zusammenhängen, dass seine politischen und kirchenpolitischen Positionen nicht mehrheitsfähig waren. So hatte seine Vorstellung der klaren Trennung von Staat und Kirche im Zeitalter der «Ehe von Thron und Altar» keine Chance. Umso intensiver verfolgte er die akademischen theologischen Debatten und las die wichtigsten Werke der zeitgenössischen Theologen. Großes Interesse hatte er vor allem an der Kirchengeschichtsschreibung, weshalb er sich sehr genau mit dem 1886 erschienenen Lehrbuch der Dogmengeschichte von Adolf von Harnack (1851–1930) auseinandersetzte.[9] Alte wie neuere Theologie wertete er von dem ihn prägenden Luthertum her. In Luthers Schriften vertiefte er sich immer wieder.

Aber seine eigentliche Leidenschaft wurde die Philosophie der Vergangenheit und Gegenwart. Seiner Belesenheit entsprach eine seltene Dichte lebendiger Diskussionen mit philosophischen Zeitgenossen. Besonders nah als Gesprächspartner und Freund stand ihm Wilhelm Dilthey (1833–1911). Der Briefwechsel zwischen Yorck und Dilthey vom 23. November 1877 an bis zum Tode Yorcks 1897 gehört zu den spannendsten Dialogversuchen des Jahrhunderts.[10] Der schlesische Landadelige, der von den Rechtswissenschaften her kam und praktische Verantwortung als Großgrundbesitzer hatte, korrespondierte und diskutierte in seinem Schloss mit einem der bedeutendsten Männer des deutschen Geisteslebens. Wie sein Vater vertrat Paul Yorck eigenständige, von der Mehrheit seiner Standesgenossen abweichende Positionen in der Politik und in der Frage des Verhältnisses von Staat und Kirche. Er verkörperte ein preußisch-patriotisches Denken, das gepaart war mit dem Pathos der persönlichen Glaubens- und Gewissensfreiheit.

Schöngeist und Antidemokrat: Heinrich Graf Yorck

Erbe von Klein-Oels wurde nach dem Tod von Paul Yorck 1897 dessen Sohn Heinrich. 1861 in Breslau geboren, studierte er Rechtswissenschaften, erwarb den juristischen Doktortitel und arbeitete an verschiedenen Stellen als Verwaltungsjurist im Staats-

Abbildung 7: Heinrich Graf Yorck von Wartenburg mit seiner Frau Sophie, einer Nachfahrin des Götz von Berlichingen.

dienst. Von 1894 bis 1897 war er Landrat des Kreises Groß-Wartenberg, und von 1898 bis 1901 hatte er das gleiche Amt im Heimatkreis Ohlau inne. Hier absolvierte er auch seine jährlichen militärischen Übungen. Von März 1911 bis Februar 1921 war er Mitglied des Provinziallandtags. Heinrich Graf Yorck heiratete Sophie Freiin von Berlichingen (1872–1945), mit der er zehn Kinder, vier Söhne und sechs Töchter, hatte.

Graf Heinrich war bekannt für seine systematische Erledigung unterschiedlichster Aufgaben und seine anspruchslose Lebensführung. Der vermögende Graf wirkte in etlichen schlesischen Kommissionen wie dem Oderstromausschuss in Breslau und im Bezirksausschuss von Ohlau mit, und in seinem Arbeitszimmer war er umgeben von einer Unmenge von Akten und Büchern.

Auf Klein-Oels mit seinen umliegenden Gutshöfen agierte Graf Heinrich als ein paternalistischer Grundherr. Neben den regulären Löhnen führte er ein System indirekter und direkter Prämien, Dienstalterszulagen, Tantiemen für Dienstmägde und Zuschüsse für Konfirmationsfeiern und Hochzeiten ein. Zudem wurden Sparkassenkonten und eine Volksbibliothek für die Gutsleute und ihre Kinder eingerichtet. Auch ein Altersheim für zwölf Insassen entstand; darüber hinaus ließ er Arbeiterhäuser bauen. Für die Witwen gab es freies Wohnen, Naturallieferungen und für alle unentgeltliche ärztliche Versorgung. Jährlich wurde ein großes Erntedankfest gefeiert, das die herrschende Hierarchie widerspiegelte: an der Spitze der Graf und die Gräfin, gefolgt vom Inspektor und seiner Frau, von den Gutsbeamten, von den Schaffern und ihren Frauen, vom Gesinde und den Mietsgärtnern samt ihren Frauen und von den Mägden. Es war ein streng gegliederter sozialer Kosmos, der hier und anderswo zu ernster und fröhlicher Feier zusammenkam. Das gräfliche Ehepaar pflegte durch das Jahr hindurch Kontakte zu den Geistlichen des Patronats, den Lehrern, den Gemeindevorstehern und Nachbarn von Klein-Oels und Umgebung. So gab es in regelmäßigen Abständen Tanzbälle und Theateraufführungen im Schloss. Die Yorcks waren sich ihrer eigenen Welt immer bewusst, zeigten sich aber nie arrogant oder elitär gegenüber ihrer unmittelbaren Arbeits- und Sozialwelt.

Die Kontakte seines Großvaters und seines Vaters mit Professoren verschiedener Fakultäten, mit Schriftstellern und Künstlern führte der neue Gutsherr fort. Klein-Oels blieb ein Zentrum des geistigen Lebens in Schlesien. Auch Heinrich war ein exzellenter Kenner des klassischen Altertums sowie der europäischen und deutschen Philosophie und Literatur. Die übernommene Bibliothek seiner Vorfahren bereicherte er kontinuierlich durch Neuerwerbungen von Buchausgaben und alten Drucken, und die Graphik- und Bildersammlung wurde durch Zukäufe aus dem In- und Ausland ständig erweitert. Ausgestattet mit einem vorzüglichen Gedächtnis, arbeitete er sich in die verschiedensten Gebiete nicht nur der Geistes- und Literaturgeschichte, sondern auch der rechts- und staatswissenschaftlichen theoretischen und praktischen Literatur ein. Historischen Darstellungen galt jedoch seine besondere Vorliebe; so hatte er alle Werke Leopold von Rankes gelesen.

Unter den Philosophen schätzte er besonders Gottfried Wilhelm Leibniz und Immanuel Kant; die kantische Pflichtethik versuchte er zu leben. Darüber hinaus hatte er intensiv die Gespräche seines Vaters mit Wilhelm Dilthey verfolgt. 1897 schrieb dieser dem Sohn seines Freundes:

> Seit nun fast einem Vierteljahrhundert habe ich mit Ihrem teuren Vater in der innigsten Gemeinschaft aller Ideen gelebt. Er war die genialste, größte Natur, die mir außer Helmholtz begegnet ist, aber mehr wog die Herrlichkeit seines Charakters. Allem, was er berührte, verlieh er Adel, Schönheit und Glanz; wenn er erschien, war es, als gehe die Sonne auf. (NGB, 81)

Wilhelm Dilthey, der 1911 starb, hatte Heinrich Yorck zu seinem Testamentsvollstrecker eingesetzt und mit der Herausgabe seiner Werke betraut.

Zu dem guten Erbe seiner Familie rechnete Graf Heinrich immer auch ihr Preußentum. Unter den preußischen Königen bewunderte er am meisten den «Soldatenkönig» Friedrich Wilhelm I. sowie Friedrich den Großen. Die größte Verehrung genoss in Klein-Oels natürlich der Feldmarschall: An jedem 16. Oktober, dem Gedenktag an die Schlacht bei Möckern, wehten am Turm des Schlosses die schwarz-weißen und schwarz-weiß-roten Fahnen. Und jeweils am 3. Oktober wurde der Übergang über die Elbe bei Wartenburg gefeiert. Die Geschichte der Familie im Kontext der deutschen und europäischen Ereignisse war auf Klein-Oels immer gegenwärtig.

Jeder Yorck lernte von Kindesbeinen an die wichtigsten europäischen Sprachen; englische und französische Erzieherinnen waren immer zugegen. Auch Graf Heinrich beherrschte Französisch und Italienisch. Und eine genauere Kenntnis der klassischen Sprachen gehörte zur Familientradition, war diese doch die Voraussetzung für eine humanistische Bildung. Für das Buch *Das Gymnasium und die neue Zeit* schrieb Heinrich ein Vorwort: ein leidenschaftliches Plädoyer für den Fortbestand des humanistischen Gymnasiums. Auch hier war er ganz der Sohn seines Vaters. Am 3. August 1911, dem fünfzigsten Jahrestag des Ehrendoktors seines Großvaters Ludwig, wurde auch Heinrich von der Philosophischen Fakultät seiner Heimatuniversität Breslau dieser Titel verliehen.

In Erinnerung an die Tauroggener Konvention ließ Graf Heinrich auf dem Gelände der Poscheruner Mühle ein Denkmal für den königlich-preußischen Generalleutnant von Yorck und den kaiserlich-russischen Generalmajor von Diebitsch errichten. Er selbst hielt vor deutschen und russischen Ehrengästen eine lange Rede und beschwor die russisch-deutsche Waffenbrüderschaft in der Zeit der Befreiungskriege gegen den Usurpator Napoleon (NGB, 60 ff.). Am 7. August 1914, am Tage des hundertjährigen Besitzjubiläums von Klein-Oels, verlieh der Magistrat der Kreisstadt Ohlau «dem feinsinnigen Humanisten, dem vielseitigen Gelehrten, dem geistvollen Politiker, dem warmherzigen Patrioten» das Ehrenbürgerrecht der Stadt (NGB, 97).

Von 1897 bis 1918 war Graf Heinrich für das Fideikommiss Klein-Oels erbliches Mitglied des Preußischen Herrenhauses und arbeitete dort intensiv mit. In Ausschüssen und im Plenum war er als Berichterstatter, Redner und Diskutant gegenwärtig und seine Beiträge waren durchsetzt mit historischem, philosophischem, theologischem und staatsrechtlichem Wissen. Neben Breslau war das hauptstädtische Berlin für viele Wochen im Jahr der Wohnort für alle Yorcks.

Seine größte Sorge galt der Erhaltung der Vormacht und der Stärke Preußens. Bei der Jahrhundertfeier in Wartenburg im Oktober 1913 rief er aus:

> Es zieme uns in dieser friedseligen Zeit, die von unblutigem Wettbewerb der Nationen träumt, dessen zu gedenken, dass Deutschland nur dann seinen Platz unter den Nationen behaupten wird, wenn wir entschlossen sind, alles an alles zu setzen, wenn wir uns

Abbildung 8: Heinrich Graf Yorck von Wartenburg (links) beim Schach mit seinem Onkel Hans, der 1884 am Rande des Schlossparks von Klein-Oels die sogenannte «Villa» erbaute.

aufrichten und beseelen lassen von dem Geist glorreicher alter Zeiten, der alten, hohen, preußischen Tradition, wie er auch und vor allem in Yorck und seinen Tapfern lebendig war.

Moderner Pazifismus und Demokratismus waren für ihn die Hauptfeinde, die das überkommene System bedrohten.

Am 10. Januar 1914 hielt Heinrich eine staats- und verfassungsrechtliche Grundsatzrede über die «Wahrung der Stellung Preußens im Reich». Diese Rede im Vorfeld des Ersten Weltkrieges zeigt exemplarisch, wie sich ein antidemokratischer und antiparlamentarischer preußischer Monarchist gegen politische Veränderungen und drohende Verfassungsreformen stemmte. Er machte dies nicht in agitatorischer Weise im Stil eines Reaktionärs, der nur seine eigenen Privilegien verteidigt, sondern auf der Basis eines reflektierten historischen und staatsrechtlichen Wissens. Im Kern ging es ihm um die Verhinderung der «Mediatisierung der Einzelstaaten durch das Reich». Er hielt die unitarisch-demokratischen Tendenzen im Reichstag und im Preußischen Abgeordnetenhaus für eine Schwächung der ausbalancierten Bismarck'schen Reichsverfassung mit ihrer Verzahnung der Ämter des Preußischen Ministerpräsidenten und des Reichskanzlers. Jede weitere demokratische Parlamentarisierung in den Einzelstaaten und im Reich war für ihn der Abschied von der historisch legitimierten Monarchie. Über die vitalen Lebensinteressen der Länder und des Reiches würde dann ein von Parteiinteressen geleitetes Parlament entscheiden. Das Bestreben der Demokratie sei es, in Analogie zum englischen System den preußischen König und deutschen Kaiser in ihren souveränen Rechten und Befugnissen herabzudrücken.

Die Konsequenz aus dieser Grundsatzrede zeigte sich im Krieg: Yorck war gegen jede strukturelle Veränderung der Bismarck'schen Reichsverfassung, gegen jede Veränderung des Dreiklassenwahlrechts und gegen ein größeres politisches Gewicht des Reichstags. Die Demokratisierung von Staat und Gesellschaft war für ihn keine historisch-politische Notwendigkeit, sondern das Ende der von Verantwortungs- und Besitzeliten getragenen gegliederten Gesellschaft und eines autoritär-obrigkeitlich verfassten Staates mit einem persönlichen Souverän an der Spitze.

Von inhaltlicher und sprachlicher Dramatik ist Yorcks Rede vom 9. März 1917 (VS, 19 ff.). Der Anlass zu dieser Rede schien zunächst von untergeordneter Bedeutung zu sein: Das Herrenhaus nahm als die Erste Kammer des preußischen Landtags Stellung zu einer Gesetzesvorlage aus der Zweiten Kammer, dem Abgeordnetenhaus. Es ging um eine Verfassungsänderung, die den Abgeordneten anstelle der Reisekosten und Diäten eine feste Entschädigung für ihre parlamentarische Tätigkeit ermöglichen sollte, verbunden mit freier Fahrt in den preußisch-hessischen Staatseisenbahnen.

Yorck sah die staatsrechtliche Legitimität der beabsichtigten Regelung als nicht gegeben. Wichtiger aber waren ihm andere

Einwände. Er fragte, ob der gegenwärtige Moment für eine Erweiterung der Parlamentsrechte geeignet sei. Im März 1917 schätzte er die Lage folgendermaßen ein:

> Meine Herren, ich habe das Empfinden, als ob im gegenwärtigen Zeitpunkt eine Einmütigkeit, eine Opferfreudigkeit, eine Entschlossenheit durch die Nation geht wie zu Kriegsbeginn. Gewiss ist die Stimmung ernster und schwerer; denn wen gibt es, der nicht lastendes persönliches Herzeleid zu tragen hätte? Wen gibt es, der nicht Entbehrungen ausgesetzt wäre? Aber gleich hoffnungsvoll und siegesgewiss ist die Stimmung, seitdem der oberste Kriegsherr den Augenblick für gekommen erachtet hat, den uneingeschränkten U-Boot-Krieg zu eröffnen. Dadurch ist die Zuversicht auf einen ruhmreichen Frieden gestiegen, einen Frieden, der wert ist der gebrachten Opfer, einen Frieden, wo es Sieger und Besiegte gibt, einen Frieden, der uns diejenigen Lebensbedingungen und diejenige Machtstellung – denn die brauchen wir – sichert, deren das Vaterland bedarf. In einem solchen Moment ist es nicht die Zeit, auch nur den kleinsten Stein aus dem Gebäude der Verfassung zu nehmen. (VS, 22 f.)

Die zunehmende Bedeutung des Reichstags im Krieg zerstörte in Yorcks Augen die Bismarck'sche Reichsverfassung, untergrub die Souveränität des Königs und Kaisers und hebelte die zentrale Bedeutung des Bundesrats aus. Dagegen setzte er:

> … unsere geographische Lage ist unser Schicksal, und dem können wir uns nicht entziehen, auch dann nicht, wenn man sich rein rational verhalten und absehen wollte von aller Historie und von aller Tradition. Die starke bewaffnete Monarchie ist die notwendige Regierungsform auf dem europäischen Kontinent.

Deshalb galt für ihn:

> … ich glaube, wir haben den Militarismus nötiger als den Parlamentarismus. … eine parlamentarische Einflussnahme auf den Gang der außenpolitischen Politik ist eine Unmöglichkeit. (VS, 26 f.)

Überhaupt waren die Demokratie und der Parlamentarismus nach westlichem Vorbild für ihn höchst problematische Gebilde: In Frankreich regierten die Interessen von vier Großbanken das Land, in England regiere das Kabinett. Die westlichen Demokratien könnten angesichts ihrer inneren Widersprüche für Deutschland kein Vorbild sein. Eine parlamentarische Regierung passe einfach nicht zu Deutschland. Seine Ausführungen kulminierten in einem politischen Bekenntnis:

> Ich habe bereits ausgeführt: Unsere zentrale Lage im Herzen Europas untersagt uns ein gewisses Maß politischer Freiheiten. Es kommt hinzu, dass die deutsche Nation als Ganzes zwar opferbereit, tapfer, mannhaft, von hohem idealen Schwunge ist vor allen anderen, aber der politischen Schulung in hohem Maße entbehrt, und dass ihre Meinung in Friedensjahren von einer zerfahrenen, keineswegs immer nationalen Presse gemacht wird. Die Hauptsache ist: Die Freiheit im deutschen Sinne besteht nicht in der Selbstregierung durch die Masse. Der deutsche Freiheitsgedanke wird immer tingiert sein vom Bildungsideal – nicht umsonst ist der typische deutsche Roman Bildungsroman –; er wird andererseits immer tingiert sein von der Idee der persönlichen und politischen Pflicht. Das Amt der Volksvertreter soll bei uns Pflicht sein, nicht Befugnis eines Magistratus, die gegründet wäre auf die Idee der Repräsentation, die ihrerseits auf der Fiktion beruht, dass die Menschen gleich seien. Ich denke, der Krieg zeigt, wie ungleich die Menschen sind. (VS, 30 f.)

Aus dieser prinzipiellen monarchistischen Sicht hielt Yorck einen deutschen Siegfrieden mit Reparationen der Besiegten und Annexionen fremder Landesteile für eine militärisch-politische Notwendigkeit. Verbunden mit diesen außenpolitischen Zielen war die Ablehnung innenpolitischer Reformen, wie sie die Osterbotschaft des Kaisers vom 7. April 1917 ankündigte. Die Friedensresolution des Reichstags vom 17. Juli 1917 war für ihn Ausdruck eines Verrats an der preußisch-deutschen Tradition. Die Schaffung «internationaler Rechtsorganisationen» war für ihn eine unzumutbare Forderung. Dass ausgerechnet im vierhundertjährigen Reformationsgedenkjahr und im fünfhundertjährigen Jubeljahr der Hohenzollern das Jesuitengesetz aufgehoben und mit Graf Hertling (1843–1919) ein Katholik deutscher Reichskanzler wurde, war für ihn wie für viele Protestanten ein innenpolitisches Unglück und eine seelische Belastung des eigenen konfessionellen Selbstverständnisses. Des Grafen Freude wird groß gewesen sein, als Reichskanzler Theobald von Bethmann-Hollweg (1856–1921) am 14. Juli 1917 zurücktrat. Es war ein Sieg der «nationalen Opposition» über die Reformtendenzen des Reichskanzlers.

Die Verfassungsreform vom 28. Oktober 1918 und vollends die Novemberrevolution mit dem Abdanken des Königs und Kaisers bedeuteten für den Mann der ständisch-altpreußischen Tradition und der monarchischen Staatsordnung einen tiefen Schock und eine fundamentale politische Desorientierung. Zwar traten seine Befürchtungen einer Sozialisierung, einer Aufteilung des Großgrundbesitzes oder einer Bolschewisierung Deutschlands nicht ein; das änderte jedoch nichts an seiner Fundamentalopposition gegen die Weimarer Republik mit ihrem Parteienpluralismus und der politischen Führungsrolle des Reichstags.

Der größte Staatsmann blieb für ihn Otto von Bismarck. In seinem 1923 erschienenen Aufsatz «Bismarcks Vermächtnis»[11] geht Yorck neben der Außenpolitik, die von den realitätsgesättigten Bismarck'schen Prinzipien abgewichen sei, auch auf die Sozialpolitik ein, die sich vom Kurs Bismarcks abgewendet habe. Er ist fest davon überzeugt, dass der Zukunftsstaat der Sozialdemokraten «eine Art Zuchthaus» werde, in dem die Demagogen eine erbarmungslose Tyrannei praktizieren würden. Ihm zufolge führte Bismarck deshalb zu Recht den Kampf gegen die Sozialdemokratie. Als konstruktive Antwort auf die soziale Frage und die Sozialdemokratie habe Bismarck den Gedanken der «Schaffung einer berufsständischen Volkskammer» gehabt.

Yorck nimmt diesen Grundgedanken der berufsständischen

Vertretung auf und will ihn als «Lichtschimmer für die dunkle Zukunft» erweisen. Im Gegensatz zum französischen Staatszentralismus habe Freiherr vom Stein (1757–1831) ein Modell entwickelt, das über die Vertretung in der Gemeinde, im Kreis und in der Provinz eine «allgemeine nationale Repräsentation» aufbaue. Auf allen Ebenen solle das Prinzip und die Praxis der Selbstverwaltung herrschen. Verhindert habe diesen Gedanken der konsequenten Selbstverwaltung der Einfluss von «westländisch naturrechtlichen Ideen», die über das Frankreich benachbarte Rheinland nach Deutschland eingedrungen seien.

Yorck, der Belesene, skizzierte dabei die Anschauungen von Justus Möser, von Christian Wolff, von Leibniz, Kant und Hegel, um die besondere Tradition eines deutschen Denkens im Gegensatz zum westeuropäischen aufgeklärten Denken mit seiner Mittelpunktstellung des abstrakt gedachten Individuums aufzuzeigen.

Eigentum und Vermögen unterliegen für Yorck der Sozial- und Staatspflichtigkeit. Persönliches Eigentum habe dem Wohl der Allgemeinheit und persönliches Vermögen dem Wohl des Staates zu dienen. Arbeitgeber wie Arbeitnehmer seien in Analogie zu den Beamten Gruppen von Menschen, die in gemeinsamer Verantwortung für die gleiche Sache ihren Dienst tun. Der Staat seinerseits habe diesen Zusammenhang von Pflicht und Recht zu schützen.

Diese lutherische Sicht von der Verantwortlichkeit des Besitzenden war für den Grafen verpflichtend. Verantwortung für die Seinen und für die, die zu ihm in einem Arbeits- und Dienstverhältnis standen, bestimmte sein Handeln innerhalb einer Gutsordnung, die mehrere Hundert Menschen in verschiedenen Funktionen umfasste.

Yorck hielt sich viel in Berlin auf, weil er dort beruflich zu tun hatte, aber geliebt hat er diese Stadt, die vom Sitz des Preußischen Königs zur Hauptstadt des Deutschen Kaiserreichs geworden war, nicht, so wie Städte für ihn generell Horte einer naturwidrigen Unkultur waren. Er atmete auf, wenn er mit der Eisenbahn Berlin verließ, und war zu Hause, wenn er am Ankunftsbahnhof seine Pferdekutsche oder ab 1912 sein Auto besteigen konnte.

Wie es auf Schloss Klein-Oels selbst zuging, hat Joachim Ringelnatz (1883–1934), der 1912 für ein Jahr als Bibliothekar ins Schloss kam, in seinem Bändchen *Mein Leben bis zum Kriege* beschrieben. Über die Bibliothek heißt es:

> Im Salon war Rauchs Büste des Generalfeldmarschalls Yorck von Wartenburg aufgestellt. Dessen Sohn hatte die Tieck'sche Bibliothek erworben, die der Grundstock zu der umfassenden Bibliothek war, für die ich nun arbeiten sollte. Im Arbeitszimmer stand Philologie, im Speisezimmer Deutsch, im Musikzimmer Geschichte. Der größte Bücherraum, die Remise genannt, enthielt unten im Saal Italienisch, Kunst, Naturgeschichte, Rechts- und Staatswissenschaft und Zeitschriften, oben auf der Galerie Französisch, Englisch und Yorck'sche Bibliothek. Dann gab es im Korridor des zweiten Stockes noch Familiensachen. Und im Gewölbe, das gleichzeitig Billardsaal war, fand man spanische Literatur und bibliophile Seltenheiten.[12]

Es handelte sich hier um eine der größten Privatbibliotheken in Preußen. Bücher, erlesene Möbel, unzählige Bilder und Büsten machten das ganze Schloss zu einem von Kunst und Literatur geprägten Herrenhaus, in dem alle Kinder neben Latein und Griechisch auch moderne Sprachen lernten. Ein Hauslehrer führte die pädagogische Regie, eine französische Mamsell und ein Kinderfräulein standen der Gräfin mit ihren zehn Kindern zur Seite. Der Vater erzog seine Kinder sehr streng. Ringelnatz kommentierte dies mit den Versen:

> Er verlangte viel von den Jungen,
> was sein Alter sich errungen,
> und übersah erfahrungssatt,
> dass jede Zeit eigene Augen hat.[13]

Abbildung 9: Die Bibliothek auf Schloss Klein-Oels war eine der größten und bedeutendsten Privatbibliotheken in Preußen.

Sein Arbeitgeber war für Ringelnatz

> der belesenste Mensch, den ich je kennengelernt habe. Auf allen Gebieten und durchaus gründlich. Yorck war Mitglied des Herrenhauses. Dort trat er für humanistische Bildung ein. Das war sein Steckenpferd. Und da hatte ich von Anfang an einen schweren Stand. Denn zu der vornehmen Gesittung, Höflichkeit und Bildung, die der Graf besaß und zu der er auch mit höchstem Aufwand seine Kinder erzog und erziehen ließ, fehlte ihm, wie ich bald zu bemerken meinte, doch eins: Herz.[14]

Ringelnatz berichtet, dass der Graf den Diener bei Tisch wie einen dummen Burschen abkanzeln konnte. Darüber hinaus schildert er viele Einzelheiten des Lebens im Schloss und außerhalb auf den Besitzungen, etwa Spaziergänge, Jagden, Feste und Gelage, Kaffeegesellschaften, Verwandtenbesuche oder Aufführungen von klassischen Stücken, bei denen die Schlossbewohner mitspielten. Für jeden Tag wurde eine Speisekarte gedruckt, auf der das Yorck'sche Wappen prangte.

Ringelnatz erwähnt auch die Kinder der gräflichen Familie. «Irgendwo spürte ich doch die Kinderseelen, die so gefährlich mit einem Wust von Äußerlichkeiten und Wissenschaft überschüttet wurden.»[15] Über die beiden Jungen Paul und Peter notiert er:

> Die beiden Jungen des Grafen, Paul und Peter, hatten Infanterieuniformen an und ritten auf ihren Ponys spazieren. Ich traf sie hinterm Park. Wir trieben Jux, indem ich vor ihnen entfloh und sie mich mit ihren Pferdchen zu überrennen versuchten. Es waren nette Bengels. Der ältere Bruder konnte jähzornig werden, Peter war besonders drollig. ...
> Ich spielte mit den Kindern. Sie besaßen alles Spielzeug, was es damals gab. Einmal im Jahr mussten die Knaben mit Bleisoldaten in einem besonderen Zimmer die Schlacht bei Leipzig aufführen, und zwar nach Stellung, Regimentern usw. streng historisch.[16]

Anschaulich schildert Ringelnatz die vielen Besuche und Diskussionen im Schloss. Sein Kapitel «Klein-Oels» dürfte die intimste Schilderung des alltäglichen und des kulturell-literarischen Lebens dieser adeligen Großfamilie im Vorfeld des Ersten Weltkriegs sein. Es ist alles aus dem Geist einer kritischen Sympathie heraus beschrieben, besonders für den Grafen Heinrich, dem er in seiner Kurzgeschichte *Der tätowierte Apion* ein literarisches Denkmal setzte. Der unter dem Titel «Professor» dargestellte gelehrte und eigensinnige Graf akzeptierte die Novelle freudig und verschenkte sie gerne weiter.[17]

Über die Gräfin Sophie heißt es:

> Sie war eine geborene von Berlichingen, war in ihrer Statur eine Germaniafigur, aber von frauenhafter Sanftmut und stillen Wesens. ...
> Sie war still und korrekt; wenn sie in die Unterhaltung eingriff, belesen und versöhnlich. Es kam aber vor, dass sie die Tafel unter verhaltenen Tränen verließ.[18]

In diesem Umfeld, das durch materiellen Reichtum einerseits und durch Leistungsansprüche an die Kinder andererseits gekennzeichnet war und sich sowohl durch höchste humanistische und kulturelle Bildung als auch durch wissenschaftliches Interesse auszeichnete, musste jede Neuerung als Bedrohung empfunden werden.

Die bürgerlich-kapitalistische Welt war in Klein-Oels so wenig zugegen wie die zeitgenössische Literatur, Malerei und Philosophie. Veränderungen des Lebensstils, Weiterentwicklungen in der Kunst und das Aufkommen politischer Theorien oder neuer Parteibildungen prallten an der feudal-aristokratischen Burg der Yorcks ab. Die Wahrheiten über die richtige Religion, über die natürliche und geschichtlich legitimierte gesellschaftliche und politische Ordnung sowie über die historische Sonderrolle des preußischen Königtums waren eherne Pfeiler des familiären Bewusstseins.

Auch wenige Jahre nach der Etablierung eines neuen deutschen Staates als Republik wollte Yorck mit «Bismarcks Vermächtnis» gegen diesen Geschichtsabbruch kämpfen. Eine rückwärts orientierte Verhärtung des politischen Bewusstseins ist unübersehbar. Diese steigert sich noch, wenn er von der alten staatlichen und nationalen Ehre spricht, die früher alle Untertanen und einzelne Gruppen als Geschlechtsehre, als Standesehre und als Berufsehre gehabt hätten. Vor allem die Offiziersehre habe sich mit der Ehre des Landes identifiziert. Das alles sei nun vergangen und ein weiteres Indiz für den Verfall, den der Antidemokrat und Antirepublikaner Yorck überall ausmachte.

Und fast nebenbei drückte er seine Verwunderung aus über die Verehrung des «galizischen Juden Eisner, der alle Schrecken bolschewistischen Regiments über Bayern entfesseln wollte» (BV, 407). An dieser Stelle kommt der politische Antisemitismus des Junkers zum Ausdruck, für den Juden die Hauptträger der politischen Linken waren. Er war überzeugter Anhänger des antisemitischen Vordenkers Houston Stewart Chamberlain, den er

1899 in Wien besucht hatte, um ihm für sein Buch *Die Grundlagen des 19. Jahrhunderts* persönlich zu danken.

Dieser Mann mit wundem Herzen und verletzter Seele fühlte sich am Ende seines Lebens als ein Fremdling im eigenen Vaterland. Er konzentrierte sich auf die Tagesaufgaben seines Fideikommiss in Klein-Oels. Um die Folgen der Abschaffung des Fideikommiss-Rechts um eine Generation zu verschieben, verzichtete er schließlich zugunsten seines ältesten Sohnes Paul auf den Besitz. Im Februar 1923 fuhr Heinrich Yorck nach Berlin, um an Besprechungen und Sitzungen teilzunehmen. Am 23. Februar hielt er vor den «alten Herren» des Bonner Corps Borussia eine «Borussen-Tischrede». Er wohnte bei seiner Tante, einer Frau von Katte. In ihrer Wohnung ist er in der Nacht des 23. Februar 1923 infolge eines Herzinfarkts gestorben.

Preußische Patrioten

Auf Klein-Oels lebten weitere interessante Frauen und Männer, die auf ihre Art die Kinder der «regierenden Grafen» beeinflusst haben.

Da gab es etwa Hans Graf Yorck von Wartenburg (1844–1912), einen Sohn des Grafen Ludwig und seiner ersten Frau Bertha von Brause, der 1884 im Park von Klein-Oels ein eingeschossiges Haus für sich und seine Frau Helene erbauen ließ, das die «Villa» genannt wurde. Graf Hans lebte aus gesundheitlichen Gründen zurückgezogen, war aber vielen Familienmitgliedern und Dorfangehörigen ein hilfreicher Gesprächspartner. Von ihm gibt es in einem Privatdruck viele Gedichte. Seine erste Frau war bis 1879 Gräfin Anna von Kalckreuth, seine zweite Frau deren Schwester Helene, die mit dem Erlös aus der Herstellung von Schmuck allen Einwohnern des Ortes und darüber hinaus in den Nöten ihres Lebens beistand. Sie war zudem eine Kunst und Bücher liebende Frau. Sie war die Tochter des Malers Stanislaus von Kalckreuth

(1820–1894) und eine Schwester des Malers Leopold von Kalckreuth (1855–1928). Leopold wiederum war verheiratet mit Bertha Gräfin Yorck von Wartenburg (1864–1928), einer Tochter des Grafen Paul. Sie waren die Eltern des Dichters und Übersetzers Wolf von Kalckreuth (1887–1906). Ihre Tochter Anna heiratete den deutsch-niederländischen Bankier und Kunstsammler Franz Koenigs. Die Familien Yorck und Kalckreuth waren auf vielfache Weise miteinander verbunden.

Eine weitere Familie – die Olfers – stand in engster Verbindung zu den Yorcks. 1849 heiratete Graf Ludwig in zweiter Ehe Nina von Olfers. Aus dieser Ehe stammten Maximilian Yorck (1850–1900), Margarete (1852–1871), verheiratet mit Friedrich von Willisen, und Luise (1859–1886), die Max von Katte, den Herrn auf Roskow, heiratete. Nina von Olfers war die Tochter des Ignaz von Olfers (1798–1872), Mediziner, Legationsrat, Gesandter und schließlich Generaldirektor der Königlichen Museen in Berlin, und der Hedwig von Staegemann (1799–1891), die einen führenden «Gelben Salon» für Begegnungen zwischen Wissenschaftlern, Literaten, Philosophen und an existenziellen Grundfragen Interessierten unterhielt. Ihre Tochter Hedwig brachte 1908 und 1914 zwei Bände über das Leben und Wirken ihrer Mutter heraus, die eine geistes- und kulturgeschichtliche Fundgrube sind.

Marie von Olfers (1826–1924), Ninas Schwester, war eine an Literatur, Musik und Malerei interessierte Frau, die selbst eine reichhaltige Literatur, darunter bekannte Kinderbücher, verfasst hat. Die Familie Olfers war durch Jahrzehnte hindurch für das Berliner Bürgertum, für Repräsentanten des Hofes und des Militärs und für die gebildete Aristokratie eine erste Adresse für gepflegte Konversation. Wenn die Yorcks in Berlin waren, gingen sie zu den Olfers.

Hedwig von Olfers (1829–1919) heiratete Heinrich Abeken (1809–1872), der ein enger Freund von Ludwig Yorck war. Abeken, von Haus aus evangelischer Theologe, wurde 1848 ins Preußische Außenministerium berufen und war ab 1862 ein enger Mitarbeiter von Bismarck und Berater von Wilhelm I. Durch Abeken hatten

Abbildung 10: Bei Familienfesten auf Klein-Oels wurden gerne Kanons zum Besten gegeben. Links Helene Gräfin Kalckreuth, vorne die vier älteren Geschwister von Peter Yorck, dahinter Kinder der Familie Kalckreuth, um 1906.

die Klein-Oelser bis zur Reichsgründung 1871 beste Kenntnisse über die königliche und kaiserliche Politik.

In Maximilian Yorck, dem Sohn von Graf Ludwig und seiner Frau Nina von Olfers, verbanden sich die soldatischen Traditionen und die historischen Interessen der Yorcks. Nach der freiwilligen Teilnahme am Deutsch-Französischen Krieg 1870/71 schlug er die militärische Laufbahn ein, wurde für ein Jahr Militärattaché in Wien und für sieben Jahre in Petersburg. Nach Führungsaufgaben in Breslau und Straßburg war er Lehrer an der Berliner Kriegsakademie. 1900 wurde er Erster Generalstabsoffizier des Internationalen Expeditionskorps des Alfred Graf von Waldersee (1832–1904) bei der Niederschlagung des Boxeraufstandes in China. Dort ist er an einer Rauchvergiftung gestorben und im Park von Klein-Oels mit militärischen Ehren begraben worden.

Maximilian Yorck war der in der damaligen Armee nicht seltene Typ eines politischen und gelehrten Offiziers. Er veröffentlichte 1885/86 zwei Bände über *Napoleon I als Feldherr* und andere militärhistorische Schriften. Bekannt geworden ist er durch seine 1897 erschienene *Weltgeschichte in Umrissen*, die eine große Verbreitung fand. Sie war ein Streifzug durch die Weltgeschichte bis in die neunziger Jahre des 19. Jahrhunderts. Paul Neugebauer, der Chronist der Yorcks, gibt eine Einschätzung dieses Buches:

> ... für Yorcks Persönlichkeit ist die Hervorkehrung der Bedeutung der germanischen Rasse das besonders Kennzeichnende. Er überschaut die Weltgeschichte vom Standpunkt eines Deutschen ..., er sucht aus ihr heraus die großen geschichtlichen Aufgaben unseres Volkes zu erkennen und aus ihnen die maßgebenden Gesichtspunkte nicht nur für unsere kulturhistorischen Aufgaben, sondern auch für unsere politischen Ziele zu entwickeln. (NGB, 83 f.)

In der 21. Auflage des Buches von 1919 hat der Herausgeber Hans F. Heimolt (1865–1929), Historiker und Publizist, das Kapitel «Die jüngste Vergangenheit (1895 bis 1919)» hinzugefügt; in einem Vorwort funktionalisierte er das Buch für antirepublikanische deutschnationale Intentionen.[19] Bis 1933 erlebte das Buch 32 Auflagen. Kein anderer Yorck hatte zu dieser Zeit den Bekanntheitsgrad dieses schriftstellernden Soldaten.

Zur Familie gehörten aber auch die vielen Besucher, die in der deutschen Geistes- und Kulturgeschichte einen Namen hatten oder bekamen. Breslauer Professoren aller Fakultäten und Breslauer Theologen aller Richtungen kamen und genossen den kultivierten, geistvollen Stil des Hauses. Aber es wäre eine Verkürzung, die Klein-Oelser Grafen nur zu Freunden der klassischen Antike und der deutschen Klassik zu machen. Alle – ohne Ausnahme – bemühten sich im Sinne eines preußischen Patriotismus darum, politische Zeitgenossen mit besonderer Verantwortung zu sein, die ihrer Heimat, ihrer Provinz, ihrem König und ihrem Kaiser dienten. Auch wenn die einzelnen Yorcks politisch und gesellschaftlich sehr unterschiedlich gedacht und gehandelt haben –

der Feldmarschall ein Anhänger des absoluten Königtums, Ludwig ein liberal-konservativer konstitutioneller Monarchist, Paul ein Kämpfer für Rechtsstaatlichkeit und für die Unabhängigkeit der Kirche vom Staat und Heinrich ein Kreuzzügler gegen Liberalismus und Demokratie –, so einte sie alle das Bewusstsein von einer persönlichen Verantwortung für das Wohl des Vaterlandes.

Kapitel II

Von Klein-Oels nach Berlin

Kindheit und Jugend im Schloss

Am 13. November 1904 wurde Peter Yorck als fünftes von zehn Kindern im niederschlesischen Klein-Oels geboren und wuchs in dem traditionsreichen Klima des Schlosses auf. Die Geschichte seiner Vorfahren war ihm schon früh gegenwärtig, allgegenwärtig aber war der Vater Heinrich, der alle und alles dominierte. Das Schloss war ein nach klaren Regeln und Zuständigkeiten geordneter sozialer Mikrokosmos. Der Alltag des Kindes wurde bestimmt von den für seine Erziehung zuständigen Bediensteten, die sich an die pädagogischen Vorgaben der Gräfin und des Grafen zu halten hatten. Bei der Vielzahl der Geschwister und der Arbeitsbelastung des Vaters waren innige Kontakte zu den Eltern die Ausnahme. Seine Mutter verehrte und liebte er, sein Verhältnis zum früh verstorbenen Vater blieb demgegenüber unbestimmt und blass.

Peter erlebte eine Welt ohne materielle Einschränkungen. Die Kinder waren, wie zahlreiche Fotografien zeigen, immer nach der neuesten Mode gekleidet und schienen stets so zu sein, wie es die Eltern und Kindermädchen wollten. Letztere trugen die vorgeschriebenen Kleider, Schuhe und Strümpfe. Sie hoben sich ab von der schlichten Kleidung des übrigen Personals: der Küchenfrauen, der Waschfrauen, der Wartungsfrauen, der Frauen in den Ställen und auf den Feldern. Auch bei den Männern wurde durch die Kleidung oder durch Uniformen sofort deutlich, welchen Rang

Abbildung 11: Peter Yorck mit seinen älteren Geschwistern Nina, Paul, Davida und Bertha (von links nach rechts), um 1907.

Abbildung 12: Peter Yorck mit seiner Schwester Dorothea in schlesischer Tracht, um 1909.

Abbildung 13:
Peter Yorck, um 1910.

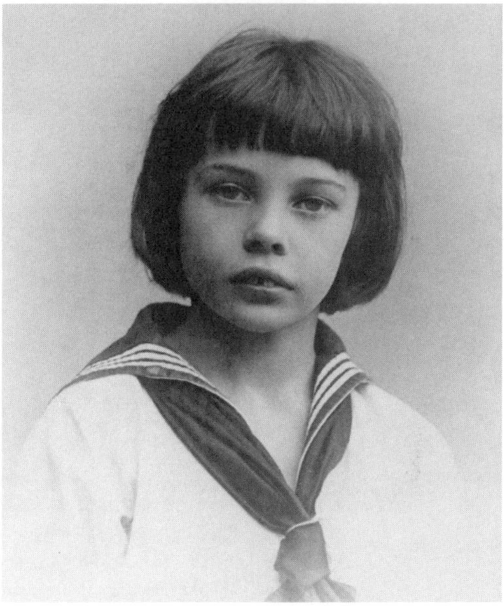

Abbildung 14: Die Gräfin Sophie mit acht ihrer zehn Kinder,
Zweiter von links mit Matrosenkragen: Peter Yorck, um 1913.

Abbildung 15: Die Yorck'schen Kinder bei der Gartenarbeit – jedes Kind hatte ein eigenes Beet zu bearbeiten.

sie in der Hierarchie eines großen land- und forstwirtschaftlichen Betriebes einnahmen.

Die gräflichen Kinder hatten mit gleichaltrigen Dorfkindern kaum Kontakt, da sie nicht die örtliche Volksschule besuchten und die Landarbeit als gepflegte Gartenarbeit unter fachkundiger Anleitung kennenlernten. Einblicke in die Lebensverhältnisse der Gutsarbeiter hatten sie kaum. Das Leben im Schloss und das durchschnittliche Leben der abhängigen Landarbeiterschaft waren zwei verschiedene Zivilisations- und Kulturwelten auf engem Raum.

Aber es wäre falsch, hier nur kalten Spätfeudalismus zu sehen. Die Gutsherren, die von der Leistungskraft ihrer Leute abhängig waren, hatten ein vitales Interesse an einer guten Landarbeiterschaft. Auch verlangte das Gebot der Nächstenliebe eine menschenwürdige Behandlung. Der rigiden Ordnung entsprach ein sozialer Paternalismus, der nicht nur die unmittelbare Not zu beheben versuchte, sondern Vorsorge für zukünftige Notsituationen betrieb. Dieser hatte natürlich seine Grenzen und hing von der Höhe der Gewinne aus der Land- und Forstwirtschaft und dem finanziellen Eigenbedarf des Grundbesitzers ab, der bei der Yorck'schen Lebensweise nicht unbedeutend war. Aber es gehörte zum Ethos dieser Adelsfamilie, sich verantwortlich zu wissen für das leibliche und geistige Wohl des Personals.

Natürlich war den Yorcks der Gedanke fremd, dass «Arbeitnehmer» monetäre und soziale Forderungen an den «Arbeitgeber» stellen könnten. Ihr Recht, als Eigentümer über das Personal zu bestimmen, war für sie selbstverständlich. Besonders Graf Heinrich konnte in der sozialen gewerkschaftlichen Interessenvertretung und in den politischen Forderungen der Sozialdemokratie nur das Ende einer bewährten, für ihn humanen Lebenswelt sehen.

Großen Wert legte man im Schloss auf gute evangelische und katholische Pfarrer und Lehrer, die vom Gutsherrn selbst ausgewählt wurden. Die an das Schloss angebaute größere Kapelle war katholisch, die evangelische Kirche für Klein-Oels befand sich im benachbarten Ort Weigwitz. Das Besitztum der Grafen Yorck war demnach ein konfessionell gemischtes Gebiet. Alle Yorcks, so klar sie sich selbst als Lutheraner verstanden, hatten keine militanten antikatholischen Komplexe. Mit den katholischen Gutsnachbarn verstanden sie sich besser als mit vielen protestantischen Standesgenossen.[1]

Auf dem Internat Roßleben

Der zweitälteste Sohn, Peter, wurde bis zu seinem sechzehnten Lebensjahr von Hauslehrern unterrichtet, bevor er im Oktober 1920 an das auch von seinem älteren Bruder Paul zuvor besuchte Humanistische Gymnasium Roßleben an der Unstrut in Thüringen wechselte,[2] das eine lange Tradition aufweisen konnte. 1554 war die Anlage eines mittelalterlichen Augustiner- und Zister-

Abbildung 16: Die Klosterschule Roßleben an der Unstrut in Thüringen (Ansicht von 1913).

zienserklosters von einem Heinrich von Witzleben mithilfe des Melanchthonschülers Georg Fabricius (1516–1571) zu einem evangelischen Bildungszentrum ausgebaut worden. Nach einem verheerenden Brand wurde die Knabenschule mit Internat 1727 neu eingeweiht. Nach einer Grundsanierung um 1880, einer späteren Modernisierung und der Ergänzung durch eine Reihe von Zweckbauten entstand ein für die damalige Zeit moderner Schulkomplex. Ein großer Teil der Schüler stammte aus deutschen Adelshäusern, die ihren Söhnen eine klassische humanistische Bildung und eine Einübung in die lutherische theologische Glaubenstradition ermöglichen wollten.

Über den Schulalltag des neuen Roßlebener Schülers lässt sich aus Mangel an Quellen nicht viel sagen. Für Yorcks späteres Leben sollten Bekanntschaften und Freundschaften mit Jungen aus verschiedenen Jahrgängen der Schule bedeutsam werden. Einige seien genannt: Seine Doktorarbeit widmete er 1927 Horst Wolf von Gersdorff (1904–1993), dem späteren Ehemann seiner Schwester Renate. Auch mit anderen Schulkameraden hielt er mehr oder weniger intensiven Kontakt. Dazu gehörten Nikolaus Christoph von Halem (geb. 1905), Egbert Hayessen (geb. 1913), Heinrich Graf Lehndorff-Steinort (geb. 1909) und Ulrich Wilhelm Graf Schwerin von Schwanenfeld (geb. 1902). Sie alle standen später zusammen mit Erwin von Witzleben (geb. 1881) aus der Stifterfamilie im Widerstand gegen Hitler und wurden 1944 vom Volksgerichtshof zum Tode verurteilt und hingerichtet. Witzleben und Yorck starben gemeinsam am Galgen. Von den alten Freunden aus der Zeit in Roßleben überlebten nur Johann Adolf Graf von Kielmansegg (1906–2006), Albrecht von Kessel, genannt «Teddy» (1901–1976), und Botho von Wussow (1901–1971).

Auf dem Internat in Roßleben erhielten diese späteren Widerstandskämpfer entscheidende geistige und politische Impulse, um sich gegen eine totalitäre Weltanschauungsdiktatur aufzulehnen. Etliche Roßlebener Schüler aus der alten adligen Herrschaftselite entwickelten sich in der Republikzeit anders als die Mehrheit ihrer Standesgenossen, die am Untergang der Republik mitarbeiteten und Gefolgsleute Hitlers wurden.

Zweieinhalb Jahre verbrachte Peter Yorck auf dem Elitegymnasium, davon zwei Jahre in der Prima. Am 12. Dezember 1922 stellte er bei dem Rektor der Klosterschule den Antrag auf Zulassung zur Reifeprüfung im Frühjahr 1923, «nach deren Bestehen ich mich dem Studium der Rechte zu widmen gedenke».[3]

Die Prüfungen begannen im Februar 1923. Das Thema des Deutschaufsatzes am 6. Februar lautete: «Welches Bild von der Entwicklung der menschlichen Kultur entrollt uns Schiller in seinem ‹Spaziergang›?» Am gleichen Tag wurde die lateinische Prüfungsarbeit geschrieben, für die ein deutscher Text ins Lateinische übersetzt werden musste. Bei der Griechisch-Prüfung am 12. Februar mit dem Thema «Verdienste der Plataier um Athen» hatten die Schüler einen griechischen Text ins Deutsche zu übersetzen.

Diese drei Arbeiten von Peter Yorck liegen im Archiv der Klosterschule von Roßleben. Die Bewertung des Deutschaufsatzes lautete:

> Der Aufsatz enthält einige vergriffene Ausdrücke und mehrere Verstöße gegen die Zeichensetzung, im Übrigen ist er Genügend. Die Primaneraufsätze des Verfassers waren dem aufgewendeten Fleiße entsprechend verschieden in ihrem Wert, doch überwogen genügende Leistungen.

Unter der griechischen Prüfungsarbeit steht:

> Die Verstöße gegen die griechische Grammatik sind unbedeutend, umso ärger die gegen die deutsche; daher kann die Übersetzung nur Genügend genannt werden. Die Klassenleistungen waren durchweg gut.

Die Wertung der Lateinarbeit ist kurz: «Die Arbeit ist Gut zu nennen. Die Klassenleistungen waren genügend.»

Vom «Zeugnis der Reife» ist nur das Deckblatt geblieben, sodass die anderen Zensuren unbekannt sind. Peter scheint ein guter Schüler gewesen zu sein, aber kein herausragender. Etwas anderes dürfte interessanter sein: Oben am rechten Rand des Reifezeugnisses steht mit Bleischrift geschrieben: «Im Zusammenhang mit den Ereignissen vom 20.7.1944 als Verräter gerichtet. Roßleben, 21.12.1944. Meyer.»

Studium und Corps Borussia

Wie sein Vater und sein Bruder Paul vor ihm begann Peter am 1. Mai 1923 ein Jurastudium. Er wählte Bonn als Studienort, um in das pflichtschlagende und farbentragende Corps Borussia einzutreten.[4] Paul, mit dem zusammen er das Sommersemester bestritt, spielte in der Verbindung eine große Rolle. In der Korpsgeschichte heißt es: «Es wurden 36 Partien gefochten. Resultat: ein Plus von 5 Abfuhren, 4 Blutigen und 63 Nadeln. Auf den Fechterpokal kam Paul Yorck.» Peter trat des Bruders Nachfolge an, sodass es für das Wintersemester heißt: «Auf den Fechterpokal kam Peter Yorck.»

Die Brüder Yorck scheinen voll in das Leben dieser schlagenden Verbindung eingetaucht zu sein. Welche Vorlesungen und Seminare Peter in Bonn besuchte, ist nicht auszumachen. Da er ein ausgeprägtes Verhältnis zum Buch und zum Lesen hatte, gestaltete er sein Studium weithin in eigener Regie. In der persönlichen Kommunikation soll er – wie häufig bezeugt – ein zurückhaltender junger Mensch gewesen sein, der nicht schnell Freundschaften schloss. Die vorhandenen Zeugnisse betonen seine distanzierte Haltung zu anderen. Hervorgehoben wird seine Verankerung in einem überkommenen Glauben, verbunden mit einer patriotischen Gesinnung und einer humanistischen Bildung in Literatur und Philosophie.

Die Verbindung «Corps Borussia Bonn» zeichnete sich seit 1821 dadurch aus, dass sie viele Mitglieder aus dem deutschen Hochadel hatte. Kaiser Wilhelm II. und viele Prinzen aus dem Hause Hohenzollern sowie Angehörige anderer deutscher Fürstenhäuser und Adelsfamilien bestimmten den politischen Geist und das Niveau dieser traditionellen Korporation. In Peters aktiver Zeit während der Jahre 1923 und 1924 zählten unter anderen Baron Gustav Adolf Steengracht von Moyland (1902–1969), Graf August Sylvius von Pückler, Graf Alexander zu Dohna-Schlobitten (1899–1997) und Graf Dietrich von Dönhoff (1902–1991) zu seinen Korpsbrüdern. Seit dem Wintersemester 1922/23 litt das Verbindungsleben unter der Inflation und der französischen Besatzungsmacht, die das Korpshaus besetzte. Die Inflation überstand man vor allem durch die Hilfe des Kölner Bankiers Kurt von Schröder (1899–1966). Die Studenten litten unter Grenzkontrollen, eingeschränkten Verkehrsverbindungen und dem Belagerungszustand im Zusammenhang mit der Rheinland- und Ruhrbesetzung durch die Franzosen. Die Mensuren mussten außerhalb von Bonn ausgetragen werden.

Im Wintersemester 1923/24 kam Bruder Paul von Göttingen

Abbildung 17: Sophie Gräfin Yorck mit ihren vier Söhnen Paul, Peter, Hans (verdeckt) und Heinrich (von links nach rechts).

zurück, um das bedrohte Korps zu unterstützen. Mit den politischen Irrungen während der rheinischen Separatistenbewegung, die in Bonn am überparteilichen Widerstand der Bonner Bürger und der französischen Besatzungstruppen scheiterte, nahmen die Schwierigkeiten des Korps noch zu. Die Bonner hochfeudalen preußischen Korpsstudenten, deren Mentalität vom Geist der untergegangenen Monarchie geprägt war, verstanden sich als Verteidiger des preußisch-deutschen Einheitsgedankens gegen rheinischen Separatismus, als politische Widerständler gegen die französische Reparationspolitik und gegen die französisch-belgische Besetzung des Ruhrgebiets und weiter Teile des Rheinlands. Gepaart war bei den meisten Korpsbrüdern dieses antiwestliche Denken mit der Ablehnung der Weimarer Republik, der sie die Schuld an dem politischen und ökonomischen Nachkriegsdilemma gaben.

Als die Inflationszeit mit der Einführung der Rentenmark ein

Abbildung 18: Peter Yorck als Korpsstudent in Bonn, um 1923.

Ende fand, stabilisierte sich das traditionelle Verbindungsleben. Peter Yorck jedoch verließ Bonn, wohin er eigentlich nur aus Gründen der Familientradition gegangen war, und setzte vom 30. Oktober 1924 an sein Studium in Breslau fort. Der menschliche Ertrag waren die lebenslangen Freundschaften mit Dietrich Dönhoff, Sylvius Pückler und Gustav Adolf Steengracht.

Der fachliche Ertrag seines Studiums in Bonn lässt sich schwer ausmachen. Die politischen und ökonomischen Wirren am Rhein konfrontierten Yorck mit der Wucht und der Last eines verlorenen Krieges, aber auch mit dem Erlebnis eines passiven Widerstands der Parteien, Wirtschaftsverbände und Gewerkschaften. Dass sich in dieser Zeit die in Roßleben im Kontakt mit Vertretern eines selbstkritischen jungen Adels begonnene Öffnung hin zu mehr politischer Mitverantwortung in der Republik weiterentwickelte, lässt sich aus Mangel an zeitgenössischen Selbst- oder Fremdzeugnissen nicht belegen, sondern nur vermuten. Am 14. Oktober 1926 bestand er das Referendarexamen. Sein Rigorosum fällt in die Zeit als Referendar am Landgericht in Brieg, einem Ort, der im Regierungsbezirk Breslau am linken Oderufer, 45 Kilometer nördlich der schlesischen Hauptstadt lag.

Dass Yorck sich vom prinzipiellen Antidemokratismus seiner Standesgenossen abgewandt hatte, belegt seine Doktorarbeit, die er drei Jahre nach dem Weggang aus Bonn und nach dreisemestrigem Studium an der Heimatuniversität abschloss.

Eine Doktorarbeit über die Revolution

Die Dissertation zu dem Thema *Die Haftung der Körperschaften des öffentlichen Rechts für Maßnahmen der Arbeiter- und Soldatenräte* schrieb Yorck bei dem Breslauer Professor für Öffentliches Recht Hans Helfritz (1877–1958), der 1924 ein *Allgemeines Staatsrecht als Einführung in das öffentliche Recht* samt einem Abriss der Staatstheorien verfasst hatte. Wie es sich für eine Dissertation gehört, bahnte sich der Promovend den Weg durch die zeitgenössische staatsrechtliche Literatur, um zu einem eigenen Urteil in der aufgeworfenen Fragestellung zu kommen. In der Arbeit heißt es:

> Die Haftung für Amtspflichtverletzungen der Mitglieder von Arbeiter- und Soldatenräten trifft die Körperschaften des öffentlichen Rechts nach Maßgabe der Haftungsgesetze. Der Ersatzanspruch ist im ordentlichen Rechtswege einklagbar, der unbeschränkt zulässig ist; er richtet sich gegen das Gemeinwesen, dessen Amtsverrichtungen das Mitglied des Arbeiter- und Soldatenrats versieht.[5]

Es ist bemerkenswert, dass sich der Sohn eines bekennenden Monarchisten, der die Novemberrevolution für ein Verbrechen an preußischer und deutscher Geschichte hielt, intensiv in die Revolutionsereignisse als Vorgeschichte der Weimarer Republik einarbeitete und sie verfassungsgeschichtlich und verfassungsrechtlich einordnete. Seine Ergebnisse lauten folgendermaßen:

- Die gewaltsame Veränderung der Staatsform durch die Revolution vom 9. November 1918 bringt die Arbeiter- und Soldatenräte in die Position der Träger der Staatsgewalt.
- Der neue Machthaber wird legitimiert durch den faktischen Besitz der Gewalt.
- Der Rat der Volksbeauftragten wie die provisorische Regierung Preußens bedürfen zur Ausübung der gesetzgebenden Gewalt und ihrer Verwaltungsfunktionen der Zustimmung des Vollzugsrates der Arbeiter- und Soldatenräte, an die die Staatsgewalt übergegangen ist. Sie sind in politischer wie wirtschaftlicher Hinsicht die Führung der revolutionären Bewegung gewesen.
- Durch die Bestätigung des Rates der Volksbeauftragten und durch die Einsetzung provisorischer Landesregierungen begeben sie sich nicht des Besitzes der Staatsgewalt. Sie haben das volle Kontrollrecht über die Regierungsmaßnahmen und Einfluss auf die Zusammensetzung der Regierungen. Es gilt die Vereinbarung zwischen dem Rat der Volksbeauftragten und dem Vollzugsrat des Berliner Arbeiter- und Soldatenrats vom 22. November 1918: «Die politische Gewalt liegt in den Händen der Arbeiter- und Soldatenräte der deutschen sozialistischen Republik. Ihre Aufgabe ist es, die Errungenschaften der Revolution zu behaupten und auszubauen sowie die Gegenrevolution niederzuhalten.» Und: «Die Bestellung des Rates der Volksbeauftragten durch den Arbeiter- und Soldatenrat von Groß-Berlin bedeutet die Übertragung der Exekutive der Republik.»
- Die Frage, ob Räterepublik oder parlamentarische Demokratie, wurde auf dem Allgemeinen Kongress der Arbeiter- und Soldatenräte am 18. Dezember 1918 entschieden: «1. Der Reichskongress der A.- und S.-Räte Deutschlands, der die gesamte

Abbildung 19: Peter Yorck (links) mit seinem Bruder Hans, um 1925.

politische Macht repräsentiert, überträgt bis zur anderweitigen Regelung durch die Nationalversammlung die gesetzgebende und vollziehende Gewalt dem Rat der Volksbeauftragten.»

- Bis zum Zusammentritt der Nationalversammlung bleiben die Arbeiter- und Soldatenräte die Träger der Staatsgewalt. Im Februar 1919 legte der Zentralrat die Staatsgewalt in die Hände der Nationalversammlung. Bis zu diesem Zeitpunkt und bis zum Inkrafttreten der Weimarer Reichsverfassung sind die Hoheitsrechte der faktischen Staatsgewalt rechtswirksam ausgeübt worden.
- Erst vom Zusammentritt der Nationalversammlung an und mit der Verabschiedung der neuen Verfassung kann man von einer Demokratie in Deutschland reden.

In seiner Arbeit schreibt Yorck:

> Erst auf dem Kongress wird das Rätesystem von den Delegierten selbst fallen gelassen. Die überwiegende Mehrheit stimmt für die Berufung der Nationalversammlung. Nur bis zum Zusammentritt der Nationalversammlung wollen die Räte ihre Stellung als Träger der Staatsgewalt innehaben. Erst mit dem Zusammentreten der Nationalversammlung vollzieht sich daher die Überleitung vom Rätesystem zur Demokratie, die in der Übergabe durch den Zentralrat ihren Ausdruck findet. Bis dahin ist Deutschland ebenso wie Preußen eine Räterepublik.[6]

Dieser deutsche Weg verlief anders als im revolutionären Russland, das über eine räterevolutionäre Zwischenphase in der Diktatur der bolschewistischen Partei endete.

Für Yorcks politisches Weltbild wurde dieses Verständnis von Revolution und Rätesystem ganz entscheidend. So stimmte er nicht in die Klage und Anklage gegen die «Novemberverbrecher», die Totengräber der Kontinuität der deutschen Rechts- und Verfassungsgeschichte, ein. Er nahm diese Revolution als politisches Faktum an und interpretierte sie verfassungsrechtlich. Seiner Meinung nach hatte das Kaiserreich als politisches und gesellschaftliches System sich selbst den Abschied von der historischen Bühne gegeben. Die Gründe für die innere Auflösung und den militärischen Zusammenbruch sah er in vorrevolutionärer Zeit. Die Revolution beendete die Epoche eines Staats- und Gesellschaftssystems, das zu spät notwendige Reformprozesse vollzogen hatte. Getragen wurde die Revolution von zwei Gruppen, die im Krieg die größte Rolle gespielt hatten und gleichzeitig das reale Kriegselend in der Heimat und an den Fronten hatten aushalten müssen: die Arbeiter und Soldaten. Dass sie mit ihren selbst organisierten Räten die reale Macht übernahmen und ausübten, war eine politische Konsequenz des widerstandslosen Zusammenbruchs der alten Herrschaftseliten. Für Yorck, der sich diese revolutionäre Szene sehr genau angesehen hatte, war für die Zukunft bedeutsam, dass die

Räte nicht selbst die Regierungsverantwortung übernahmen, sondern an den Rat der Volksbeauftragten und an die provisorischen Landesregierungen übergaben. Die Räte beanspruchten nur das politische Kontrollrecht über die neu gebildeten staatlichen Machtorgane, um die öffentliche Ordnung aufrechtzuerhalten und über die Sicherung und den Ausbau der Errungenschaften der Revolution zu wachen.

Die historische Leistung der revolutionären Kräfte sah Yorck in ihrer Strategie, sich selbst nur als Vorbereiter einer deutschen Demokratie zu verstehen, die mit der verfassungsrechtlichen Arbeit in der Nationalversammlung ihren Anfang nehmen sollte. Dadurch verhinderten sie sowohl eine Diktatur nach bolschewistischem Muster als auch eine Restauration des alten Obrigkeitsstaates.

Yorck hatte die geistige und politische Souveränität gewonnen, die neue deutsche demokratische Republik als das Ergebnis deutscher Geschichte grundsätzlich zu akzeptieren. Er gehörte nicht zu den Deutschen, die in ihrer emotionalen Bindung an die Monarchie den blindwütigen Amoklauf gegen die Weimarer Demokratie betrieben, und zählte nie zur «nationalen Opposition». Die antidemokratischen Vorstellungen seines Vaters, von denen er geprägt wurde, hatte er mit seiner Doktorarbeit endgültig überwunden.

Wie und in welchen Etappen sich dieser geistige Ablösungsprozess vom geschichtlichen und politischen Denken seines Vaters vollzog, ist aus Mangel an Quellen nicht im Einzelnen zu rekonstruieren. Jedenfalls sah Yorck kein Problem darin, als Referendar in den Justizdienst des republikanischen Staates einzutreten. Nach einer halbjährigen Mitarbeit als Praktikant im Rechtsanwaltsbüro von A. Lindgens in Berlin war er vom 20. Dezember 1928 an Gerichtsreferendar am Amtsgericht Berlin-Mitte und am Kammergericht Berlin. Am 28. Mai 1930 machte er sein Assessorexamen in Berlin. Es folgten Zeiten als Gerichtsassessor in Wansen und am Landgericht im oberschlesischen Oppeln. Seine Frau Marion schrieb später:

> Peter war übrigens wie ich vorher ein eher unpolitischer Mensch. Ich kann mich nicht erinnern, dass wir vor 1933 jemals über Tagespolitik gesprochen hätten. Er war von Natur eher ein musischer und nachdenklicher Mensch. Er ging gern in Konzerte und hat viel Literatur gelesen, aber auch Geschichte und Theologie.[7]

Ein unpolitischer Mensch aus der Familie Yorck zu sein, ist schwer vorstellbar, war doch die Verbindung von Bildung und politisch-gesellschaftlichem Engagement das Markenzeichen der Familientradition. Auch bei Peter setzte schon relativ früh eine langsame politische Umorientierung ein, ohne die tiefe emotionale Bindung an die Herkunft aus alter Tradition je aufzugeben. Er entwickelte ein konstruktiv-kritisches Verhältnis zur republikanischen Wirklichkeit. Nicht dass er ein überzeugter Demokrat geworden wäre, aber er sah seine Aufgabe nicht mehr in der Restitution alter Lebens- und Rechtsverhältnisse.

Der demokratische Graf

Peter Yorck ist in Breslau auch mit dem Universitätsprofessor Eugen Rosenstock-Huessy (1888–1973), einem herausragenden Vertreter der philosophischen und pädagogischen Volksbildung, in Verbindung gekommen. Dieser Rechtshistoriker und Pädagoge suchte nach Methoden, die Klassengesellschaft mit ihren schichtenspezifischen materiellen und immateriellen Unterschieden zugunsten einer offenen Gesellschaft mit Elementen der gleichberechtigten Zusammenarbeit aller Bürger zu überwinden. Auf Rosenstock und die ihm nahestehenden Studenten Horst von Einsiedel (1905–1948), Carl-Dietrich von Trotha (1907–1952) und Helmuth James von Moltke (1907–1945) geht der Gedanke eines Arbeitslagers zurück, in dem junge Fabrik- und Landarbeiter mit Studenten körperlich und geistig zusammenarbeiten sollten mit dem Ziel, sich in ihren Verschiedenheiten kennenzulernen und im Dialog miteinander gemeinsame Strategien für eine andere Zukunft zu entwickeln, um die übliche gesellschaftliche Isolation zugunsten einer Volksgemeinschaft zu überwinden. Dazu gründete man 1927 die «Löwenberger Arbeitsgemeinschaft», die im Jahre 1928 das erste Schlesische Arbeitslager in Löwenberg durchführte. Im Rahmen des «Gästebesuchs» stattete Yorck vom 16. bis 18. März 1929 dem zweiten Schlesischen Arbeitslager in Löwenberg einen Besuch ab. In dem Band *Das Arbeitslager* berichtete Martin Gauger (1905–1941) darüber:

> So wurde am 18. März über die Bedeutung der Arbeitslager für die Berufsberater und Leiter von Volkshochschulen beraten. An der sehr wesentlichen Aussprache beteiligten sich führend die Herrn Dr. Laack, Prof. Dr. Löwe und Graf Yorck von Wartenburg.[8]

Welchen Beitrag Yorck hier leistete, ist nicht protokolliert. Wichtiger ist die Tatsache, dass er diese Initiative überhaupt unterstützte. Vermutlich lernte er damals neben Rosenstock und dessen Assistenten Einsiedel und Trotha auch Moltke kennen. Zudem wird er gewusst haben, dass Adolf Reichwein (1898–1944) und Fritz Christiansen-Weniger (1897–1989) Referenten in Löwenberg waren. Alle genannten Arbeitslagerakteure wurden später Mitglieder des Kreisauer Kreises.

Die Teilnahme Yorcks an diesem Experiment ist ein weiteres Indiz, dass er nicht unpolitisch war, strebte die «Löwenberger Arbeitsgemeinschaft» doch Reformen in der Bildung, in der Ausbildung, im Schulsystem und in der Erwachsenenbildung an. Und er fand eine junge Mannschaft vor, die im Gespräch mit Repräsentanten aus Politik, Gesellschaft und Kirche ihren unverwechselbaren Beitrag zur Schaffung einer offenen, freien Volksgemeinschaft leisten wollte. In den Texten des Kreisauer Widerstandskreises tauchen später viele Positionen und Tendenzen dieses reformorientierten Zweiges der deutschen Jugendbewegung und der Reformpädagogik der deutschen Erwachsenenbildung wieder auf.

Eheglück und Leben in Berlin

Im April 1928 lernte der junge Doktor der Rechte auf dem Gut Mondschütz, das im Landkreis Wohlau im Regierungsbezirk Breslau lag und der Familie Diepold von Köckritz gehörte, Marion Winter aus Berlin kennen.[9] Marion war das Patenkind des Wasserburgbesitzers. Ihr Vater, Franz Winter, war Oberregierungsrat im Preußischen Ministerium für Wissenschaft, Kunst und Volksbildung und zuständig für die Verwaltung der preußischen Staatstheater. Ihre Mutter kam aus der westfälischen Familie Springorum. Einer ihrer Mitschüler am reformorientierten Grunewald-Gymnasium war Dietrich Bonhoeffer (1906–1945).

Im September 1928 hielt sich Marion zum ersten Mal in Klein-Oels auf und lernte die zahlreichen Familienmitglieder und die Besitzungen der Yorcks kennen. Durch Vermittlung ihres Freundes Peter schrieb sie ebenfalls bei Professor Helfritz eine juristische Dissertation mit dem Thema «Gehört der Tarifvertrag ins öffentliche Recht?» Das Rigorosum bestand sie am 28. Juni 1929. Viel wichtiger sollte für Marion und Peter indes der nächste Tag werden, an dem die Gräfin Yorck ihren 57. Geburtstag im Kreise der Familie feierte. Die Geburtstagsrede hielt der älteste Sohn Paul, «Bia» genannt, Jahrgang 1902, auf Lateinisch. Den Höhepunkt der Feier bildete die Bekanntgabe der Verlobung von Peter und Marion durch die Mutter, die ebenfalls eine Rede auf das Paar hielt. Nach und nach lernte die Braut die drei Brüder und sechs Schwestern ihres Bräutigams kennen.

Drei Tage nachdem Peter Yorck am 28. Mai 1930 sein Assessorexamen in Berlin bestanden hatte, wurde dort die Hochzeit gefeiert. Die kirchliche Trauung fand in der Dreifaltigkeitskirche in Berlin-Mitte und die Hochzeitsfeier im Hotel Kaiserhof statt. Die jungen Eheleute, die über wenig Geld und Besitz verfügten, wohnten zunächst in einer Wohnung am Lützowplatz, die sie aber bald an einen norwegischen Freund vermieteten. Ab Ende 1931 lebten sie in einer kleinen Hinterhauswohnung ihres Malerfreundes Heinrich Alexander Graf von Luckner (1891–1973) in der Ansbacher Straße in der Nähe des Wittenbergplatzes. Das Ehepaar führte ein bescheidenes, aber glückliches Leben und pflegte zahlreiche Freundschaften.

Mit dem Bankier Hermann Josef Abs (1901–1994) und seiner Frau Ines blieben die Yorcks bis 1944 in Kontakt. Abs entstammte einer streng katholischen Familie aus Bonn. Nach einer Banklehre arbeitete er bei verschiedenen Banken, bevor er 1929 zur Privatbank Delbrück, Schickler & Co. nach Berlin ging. Sein Spezialgebiet waren internationale Devisengeschäfte; so entwickelte er sich von 1929 bis 1937 zu einem international anerkannten Bankier. 1937 wurde er Vorstand der Deutschen Bank, wo er unter anderem für die «Arisierung» zuständig war. Peter Yorck hatte in ihm einen Gesprächspartner von außergewöhnlichem fachlichen Format. Nach dem Krieg gab Abs zu Protokoll:

> Ich kannte Peter von Yorcks älteren und jüngeren Bruder seit 1927, wo ich beide im Hause meines Freundes Franz Königs, Haarlem, traf. Frau Königs war eine geborene Gräfin Kalckreuth und ihre Mutter eine geb. Gräfin Yorck. Im Jahre 1927 war ich erstmals auf Klein-Oels, dem Yorck'schen Besitz, und über den jüngeren Bruder von Peter von Yorck, Hans, lernte ich im Jahre 1929 Peter von Yorck kennen. Gespräche politischer, gesellschaftspolitischer und auch rein volkswirtschaftlicher Natur fanden seit 1929 wiederholt statt, verdichteten sich auf politische Gespräche erst ab Jahreswende 1932/33.[10]

Auf Yorcks Vermittlung lernte Abs 1929 in Berlin auch Helmuth James von Moltke kennen und führte später intensive politische Gespräche mit ihm. Dessen Frau, Freya von Moltke (1911–2010), war eine Kusine zweiten Grades seiner eigenen Frau. Häufig traf man sich in Berlin und auf den Gütern Martin von Kattes (1896–1988), der in der Weimarer Zeit ein bekannter Schriftsteller und

Lyriker war,[11] und seiner Frau Anne in Zolchow im westlichen Brandenburg oder bei Pückler in Branitz in der Lausitz, das bekannt und berühmt war durch sein Schloss und vor allem durch einen englischen Landschaftspark von rund 600 Hektar. Sylvius, der Korpsbruder aus Bonner Zeiten, war ein Nachfahre Heinrich von Pücklers, der dem Areal die letzte Form gegeben hatte.

In Abs traf Yorck auf einen Finanzmann der klassischen bürgerlichen Schule, in Katte auf einen Mann, der als heimatverbundener Konservativer aus der deutschen Literatur lebte, und in Pückler auf eine Gestalt, in der die Liebe zum Landleben und die Freude an der Kultur zusammentrafen. Yorck selbst vereinigte vieles davon in sich, erkannte aber gleichzeitig die Bedeutung des Ökonomischen als Grundlage für das reale Leben. Alle seine Freundschaften sollten in den folgenden Jahren, vor allem nach 1936, als Yorck von Breslau nach Berlin zurückkehrte, noch eine wichtige Rolle spielen.

Im Berlin dieser Jahre lebte Peters Schwester Bertha (1899–1950), genannt «Püzze», die mit Friedrich Carl Siemens (1877–1952), einem Neffen von Werner von Siemens (1816–1892), verheiratet war. Ebenfalls in der Hauptstadt war zeitweilig die Schwester Davida (1900–1989), genannt «Dävy», die den Spitzendiplomaten Hans Adolf von Moltke (1884–1943) geehelicht hatte. Mit den beiden älteren Schwestern hatten Peter und Marion lebenslang Kontakt. Anders sah es mit dem Bruder Paul aus. Als Erbe verwaltete er Klein Oels seit 1928; meistens lebte er aber in seiner Villa in Berlin.

Es fällt auf, dass Peter in dieser Zeit weder intensive Beziehungen zu seinem Bruder Paul pflegte noch irgendeine finanzielle Unterstützung von diesem erhielt. Hingegen waren die Beziehungen zu seiner Mutter und zu seinen Schwestern intensiv. Seinem jüngeren Bruder Hans (1909–1939) übertrug Paul 1930 das 370 Hektar große Gut Kauern zur Verwaltung – allerdings mit der Auflage, die übrigen Geschwister am Gewinn zu beteiligen. Peter wurde der Vermögensverwalter und Testamentsvollstrecker für

Abbildung 20: Peter Yorck, 1931 porträtiert von seinem Malerfreund Alexander Graf von Luckner.

seine Geschwister und beteiligte sich an der Verwaltung des Guts. Später konnte er seine vier verheirateten Schwestern – sein Bruder Heinrich hatte auf sein Erbteil verzichtet – durch den Verkauf von Gutsland, das für einen Autobahnbau benötigt wurde, auszahlen.

Abbildung 21: 1932 wurde auch Marion Yorck von Alexander Graf von Luckner porträtiert.

Marion und Peter hatten im Gutshaus von Kauern eine kleine Wohnung, die zu einem Refugium für die Großstädter wurde. Sie pflegten hier die Beziehung zu Peters unverheiratetem Bruder Hans und kamen unmittelbar mit den Gutsarbeitern und ihren alltäglichen Problemen in Berührung. Peter war und blieb ein

Landadeliger mit starken emotionalen Bindungen zur schlesischen Natur und zu den Menschen in der Forst- und Landwirtschaft. Seine Frau Marion, eine gebürtige Berlinerin, hatte keine Schwierigkeiten, sich aktiv in das Landleben einzufügen. Sooft die Yorcks konnten, fuhren sie nach Schlesien.

Peters Mutter zog 1931 vom Schloss Klein-Oels in die im dortigen Park gelegene «Villa». Dazu trugen Konflikte mit ihrem Sohn Paul, von denen später noch die Rede sein soll, entscheidend bei.

Beruflich waren für Peter die Jahre 1930 bis 1932 eine bewegte Zeit. Im Juni 1930 leistete er seine restliche Referendariatszeit am Amtsgericht im schlesischen Wansen ab, um ab dem 1. Juli in der Berliner Anwaltskanzlei «Dr. A. Lindgens» tätig zu werden. Parallel dazu war er ab dem 1. Oktober 1931 Gerichtsassessor am Landgericht Oppeln. Schließlich entschloss er sich zu einer Verwaltungslaufbahn. Am 1. April 1932 trat er als Beamter in das Kommissariat für Osthilfe in Berlin ein. Dessen Leiter war der sozialdemokratische Staatssekretär im Preußischen Landwirtschaftsministerium Hans Krüger (1884–1945), ein demokratisch gesinnter Beamter, der während des Weltkrieges einige Beiträge zur Ernährung im Krieg geschrieben hatte und von 1919 bis 1922 als Ministerialrat im Reichsarbeitsministerium und anschließend im Preußischen Innenministerium beschäftigt war. Nach seiner Zeit als Regierungspräsident in Lüneburg arbeitete er von 1927 bis 1932 als Leiter des Kommissariats für die Osthilfe.

Das Kabinett Heinrich Brüning hatte am 31. März 1931 ein «Osthilfegesetz» zur Entschuldung der landwirtschaftlichen Betriebe, besonders in der ostelbischen Landwirtschaft, auf den Weg gebracht. Im Kommissariat für die Osthilfe konnte Peter seine agrarwirtschaftlichen Kenntnisse aus der Perspektive staatspolitischen Handelns weiter vertiefen. Wie sein Vorgesetzter wurde er ein juristisch geschulter Experte für Landwirtschaft, besonders für Ernährungsfragen. Krüger brachte 1932 das Buch *Der deutsche Osten und die Landwirtschaft* heraus. Zuvor hatte er 1927 zusammen mit Fritz Baade einen Kommentar über das agrarpolitische Pro-

Abbildung 22: Auf dem Gut Kauern hielten sich Marion und Peter Yorck auf, wenn sie in Schlesien waren.

gramm der SPD verfasst sowie eine Abhandlung über *Landwirtschaft und Siedlung* veröffentlicht. Nach dem «Preußenschlag» durch Franz von Papen (1879–1969) im Juli 1932 verlor Krüger seine Funktion. In der NS-Zeit gehörte er dann zum systemkritischen Kreis um Eugen Schiffer (1860–1954) und wurde später von den Kreisauern in landwirtschaftlichen Sach- und Ordnungsfragen konsultiert. Dass Yorck Mitarbeiter dieses Sozialdemokraten wurde, dürfte ein Indiz dafür sein, dass er mit der sozialdemokratischen preußischen Regierung von Otto Braun (1872–1955) keine großen Probleme hatte.

In dieser Zeit lernte Yorck auch Hans von Schlange-Schöningen (1886–1960) kennen, der von November 1931 bis Juni 1932 als Reichsminister ohne Geschäftsbereich für die Osthilfe zuständig war und später für die Kreisauer ein wichtiger Ratgeber in agrarpolitischen Fragen werden sollte.

Wofür Yorck bei der «Osthilfe» im Einzelnen zuständig war,

ist nicht mehr zu ermitteln, ebenso wenig, ob er mit dem «Osthilfeskandal» an der Jahreswende 1932/33 zu tun hatte. Reichspräsident Paul von Hindenburg war in den Verdacht geraten, für sich und seine Familie unrechtmäßige finanzielle Hilfen bekommen zu haben. Wichtig waren für Yorck seine Reisen zu Gütern im Osten, bei denen er sich einen exzellenten Überblick über die betriebswirtschaftlichen und sozialen Probleme des Großgrundbesitzes im Osten Deutschlands verschaffen konnte.

Im braunen Breslau

Am 30. Januar 1933 standen Marion und Peter in der Berliner Wilhelmstraße und beobachteten den Fackelzug der siegreichen Rechten. Es war für sie ein schmerzhafter Anblick. Weder davor noch danach zog er einen Beitritt in die NSDAP in Betracht. Aber einen Preis musste er bezahlen, um eine Anstellung als Regierungsassessor zu bekommen. Er nahm für vier Monate, vom 2. Januar 1934 bis zum Dienstantritt am 10. April in Breslau, an einem Arbeitsdienstlager in Ketzin an der Havel teil. Darüber hinaus absolvierte er vermutlich in dieser Zeit zum ersten Mal eine militärische Übung. Denn 1939 wurde er als Leutnant der Reserve zum Polenfeldzug einberufen.

Wie Yorck das «Wendejahr» 1933 erlebte und kommentierte, wissen wir nicht, da es keine schriftlichen Zeugnisse aus dieser Zeit gibt. Wie er die Verordnung des Reichspräsidenten «Zum Schutz von Volk und Staat» mit der Aufhebung der personalen Grundrechte, wie er die Reichstagswahlen vom 5. März, den Tag von Potsdam am 21. März und das Ermächtigungsgesetz vom 23. März, den Boykott der jüdischen Geschäfte am 1. April und das Gesetz zur Wiederherstellung des Berufsbeamtentums vom 7. April, die Zerschlagung der Gewerkschaften und demokratischen Parteien, die politische und kulturelle Gleichschaltung des öffentlichen Lebens sowie das entstehende System der Konzentrationslager beurteilte, entzieht sich unserer Kenntnis. Im Gegensatz zu den meisten seiner späteren Kreisauer Freunde, die von Anfang an Gegner Hitlers und seines Nationalsozialismus waren, finden sich bei Yorck über die Verweigerung hinaus, in die Partei einzutreten, keine Hinweise auf eine Resistenz oder gar einen bewussten Widerstand gegen das neue System; diesen Weg ging er erst später. Anders als etwa sein späterer Freund Helmuth James von Moltke hatte er keine Probleme damit, Beamter des neuen Systems zu werden.

Die Gründe, warum Peter Yorck die Behörde der Osthilfe in Berlin verließ und am 10. April 1934 als Justitiar in das Oberpräsidium für Schlesien in Breslau eintrat, sind ebenfalls nicht bekannt. Die politisch begründete Entlassung Hans Krügers, der politische Kurswechsel durch Hitlers Vizekanzler Franz von Papen und die ministeriellen Veränderungen nach dem 30. Januar 1933 dürften jedoch dafür verantwortlich gewesen sein, dass er sich nach einer anderen Betätigung umsah. Nicht zuletzt ließ ihn wohl auch eine emotionale Bindung an die Stadt seiner Väter und an die Stadt seines eigenen Studiums an der Leopoldina die Reichshauptstadt verlassen. In Breslau, das 1919 Hauptstadt der neu gebildeten Provinz Niederschlesien geworden war, hatten sich die politischen Kräfteverhältnisse von 1919 bis 1933 radikal verschoben: 1921 erhielt die SPD 51 Prozent der Stimmen, 1933 die NSDAP 51 Prozent der Stimmen. Von 1934 bis 1944 war der Nationalsozialist Hans Fridrich Oberbürgermeister der Großstadt, die etwa 625 000 Einwohner zählte. Schon im März 1933 wurde auf Betreiben des Polizeipräsidenten Edmund Heines in Breslau-Dürrgoy ein Konzentrationslager errichtet, in das Kommunisten, Sozialdemokraten und Juden eingeliefert wurden. Unter ihnen befanden sich der ehemalige Reichstagspräsident Paul Löbe (1875–1967), ein in Liegnitz geborener Sozialdemokrat, der von 1904 bis 1919 Breslauer Stadtverordneter und von 1920 bis 1933 Reichstagsabgeordneter gewesen war, ferner der von 1928 bis 1933 amtierende SPD-Oberpräsident von Niederschlesien Hermann Lüdemann

(1880–1959), der durch die Straßen Breslaus getrieben wurde, und schließlich der Breslauer SPD-Stadtverordnete und stellvertretende Bürgermeister Karl Mache (1880–1944), der im Konzentrationslager Groß-Rosen umkam. Demütigungen, Misshandlungen und Folter durch SA- und SS-Männer waren an der Tagesordnung. Breslau wurde eine «braune Stadt», in der auf allen Ebenen konsequent mit Terror gegen die realen oder angeblichen Gegner des Systems vorgegangen wurde, vor allem unter der Ägide von Heines, der im Zusammenhang mit der sogenannten Röhm-Revolte am 30. Juni 1934 ermordet wurde.[12]

Walter Tausk schildert in seinem Tagebuch, wie er als Jude die Jahre von 1933 bis 1940 in Breslau erlebt hat.[13] Es ist ein einzigartiges Dokument, das die alltägliche Entrechtung und Verfolgung von Juden widerspiegelt. Tausk wurde zusammen mit anderen Breslauer Juden später im Ghetto von Kowno ermordet. Auch der Historiker Fritz Stern beschreibt in seinem Erinnerungsbuch *Fünf Deutschland und ein Leben* das Leben seiner Familie in Breslau bis zu ihrer Emigration 1938 in die USA.[14]

In diese braune Musterstadt kehrten Marion und Peter Yorck zurück. Sie konnten als Privatleute zunächst ihren alten kulturellen Leidenschaften frönen: dem Hören von Musik, dem Besuch von Theaterstücken und der Lektüre klassischer und zeitgenössischer Literatur. Peter konnte Gedichte des jungen Goethe und Passagen aus dem Faust auswendig aufsagen, las aber auch Rainer Maria Rilke, Knut Hamsun und Ernst Jünger. Allzu Modernem stand er skeptisch gegenüber. Wie er die einsetzende Kultur- und Bildungspolitik der Nationalsozialisten und die Bücherverbrennung am 10. Mai 1933 beurteilte, ist nicht bezeugt.

Marion Yorck berichtet von einem Studium generale an der Universität und von einem Gesprächskreis von Professoren, Bildhauern, Malern und Architekten, an dem Peter als Gast teilnahm. Sie hörten Ringvorlesungen des Nationalökonomen Günter Schmölders (1903–1991), des Mediziners und Anthropologen Viktor von Weizsäcker (1886–1957), des Historikers Peter Rassow (1889–1961) und des Theologen Friedrich Gogarten (1887–1967). Besonders wichtig für die kommende Zeit war für Yorck die Freundschaft mit Schmölders, der ein exzellenter Finanzwissenschaftler war. Überall suchte Yorck den Kontakt mit Experten, um sich eine eigene Position zu den unterschiedlichsten Fragen zu erarbeiten.

An der Breslauer Universität begann man 1933 umgehend mit den Säuberungen. Juden und Nichtnationalsozialisten verloren ihre Ämter. Ohne Mitglied im Nationalsozialistischen Lehrerbund zu sein, gab es keine Zukunft mehr für die Wissenschaftler. Auf dem Schlossplatz fand am 10. Mai 1933 eine feierliche Bücherverbrennung statt. Es wurden «40 Zentner undeutsche Literatur verbrannt», wie die *Breslauer Neuesten Nachrichten* am 11. Mai berichteten. Fakultät um Fakultät wurde neu organisiert, und die Berufungen unterlagen der Kontrolle der Partei.[15] In Marion Yorcks autobiographischem Bericht *Die Stärke der Stille* findet sich nicht der kleinste Hinweis auf die Verhältnisse in der Stadt, die die kulturellen und wissenschaftlichen Traditionen preisgab, die die Yorcks über ein Jahrhundert lang miterlebt und mitgestaltet hatten.

In dieser Zeit griff Yorck zu den Werken des Theologen Karl Holl (1866–1926), der gerade von vielen protestantischen Laien gelesen wurde. Die in drei Bänden vorliegenden Lutheraufsätze sollten den Adeligen bis zu seinem Lebensende begleiten. Auf diese Weise hielt er die Klein-Oelser Tradition lebendig, sich theologisch und in seiner persönlichen Frömmigkeit von Luther und dessen Interpretation des christlichen Glaubens her zu verstehen. Yorcks Interesse für Theologie entsprach allerdings noch kein kirchliches Engagement. Die Gemeinde als Ort der Verkündigung des Evangeliums und der Feier des Abendmahls entdeckte er erst später.

In Schlesien reisten Marion und Peter zu befreundeten Gutsbesitzern. Häufig waren sie zu Besuch bei den Praschmas im oberschlesischen Falkenberg. Hans Graf Praschma (1867–1935) war von 1902 bis 1918 Zentrumspolitiker im Reichstag, Mitglied des

Preußischen Abgeordnetenhauses und von 1921 bis 1930 Vorsitzender des Schlesischen Zentrums. Für Yorck waren Katholiken, die in politischer Verantwortung standen, überzeugender als viele protestantische Großgrundbesitzer, die aggressiv ihre Besitzinteressen verfolgten. Hin und wieder besuchte das Ehepaar die katholischen Gottesdienste in Breslau. Peter hatte einen ausgeprägten Sinn für die katholische Liturgie und Spiritualität. Über den Besuch evangelischer Gottesdienste hören wir aus dieser Zeit nichts, auch nichts über Verbindungen zur Bekennenden Kirche in Breslau, nichts über die Barmer Bekenntnissynode im Mai 1934, nichts über den Kirchenkampf zwischen den Deutschen Christen und der Bekennenden Kirche, der in Breslau und Schlesien scharf ausgefochten wurde.[16]

Während seiner Breslauer Zeit hielt sich das Ehepaar regelmäßig in Kauern und in Klein-Oels auf. Peter zog es immer wieder an den Ort seiner Jugend mit der ausgeprägten Familientradition. Häufig fanden sich auch die Geschwister mit ihren Familien ein und suchten den Kontakt mit der von allen geliebten Mitte der Familie, der Mutter und Großmutter, die sie «Goldchen» nannten. Nicht weit weg von Klein-Oels wohnte die Schwester Nina (1903–1978), die mit Joachim von Prittwitz (1898–1962) verheiratet war.

Yorck scheint sich auf seine Aufgaben in der schlesischen Oberbehörde konzentriert zu haben, der er seit dem 10. April 1934 als Justitiar angehörte. Schon am 1. September 1934 wurde er als Regierungsassessor Bearbeiter für Landwirtschafts- und Preisfragen. Hier dürften seine Hauptkompetenzen gelegen haben, hatte er doch von Jugend an beobachtet, was praktische Landarbeit ist, welche Rolle die Preise für die landwirtschaftlichen Produkte auf dem Markt spielen, und realistische Einblicke in die sozialen Probleme der Landarbeiter gewonnen. Seine betriebswirtschaftlichen und agrarpolitischen Kenntnisse hatte er unter Krüger und auf zahlreichen Reisen in den Osten Deutschlands vervollständigen können. An Gesprächspartnern aus der landwirtschaftlichen Tagespraxis fehlte es ihm nicht. Im Oberpräsidium saß ein junger Mann, der nicht in verwaltungsbürokratischer Weise nur Akten bearbeitete, sondern eine innere Nähe zu seiner Arbeit hatte.

Was er tagtäglich im Einzelnen zu erledigen hatte, lässt sich aus Mangel an Archivgut nicht genau benennen. Jedenfalls muss er in kürzester Zeit ein solches Ansehen gewonnen haben, dass ihn im Dezember 1934 Josef Wagner (1899–1945), der neue Oberpräsident für Nieder- und Oberschlesien, der gleichzeitig Gauleiter von Schlesien und Westfalen-Süd war, zum selbstständigen Sachbearbeiter und persönlichen Referenten machte. Für einige Jahre sollte Yorck nun im unmittelbaren Umfeld eines hochrangigen Nationalsozialisten arbeiten, mit dessen Hilfe er am 1. August 1935 zum Regierungsrat befördert wurde.

Josef Wagner war ein Nationalsozialist der ersten Stunde. Schon 1922 hatte er eine NSDAP-Ortsgruppe in Bochum gegründet, war 1928 Gauleiter von Westfalen und nach dessen Teilung Gauleiter von Westfalen-Süd mit Sitz in Bochum. Von 1928 bis 1930 war er einer der zwölf NSDAP-Reichstagsabgeordneten. Nach der Machtübernahme machte ihn Hermann Göring zum Preußischen Staatsrat. In Bochum gründete er eine «Hochschule für nationalsozialistische Politik», die er in einer Broschüre mit dem Titel «Nationalsozialistische Deutsche Zeitenwende» vorstellte. Für seinen Beitrag zur «politischen und kulturellen Rettung Deutschlands» verlieh ihm die Juristische Fakultät der Universität Münster den Ehrendoktor.

Wir haben es bei Wagner mit einem «alten Kämpfer» und mit einem ranghohen Repräsentanten der Partei und des neuen Staates zu tun. Er bekam die parteiinterne Aufgabe, den im Dezember 1934 von Hitler aus der NSDAP ausgeschlossenen Gauleiter Helmuth Brückner (1896–1954) – seit 1924 Gauleiter Schlesiens und ab 1933 Oberpräsident von Niederschlesien – kaltzustellen, der es gewagt hatte, Kritik an Hitlers Vorgehen gegen den Stabschef der SA, Ernst Röhm, und dessen SA-Führungsschicht im Juni und

Juli 1934 zu äußern. Diese Aufgabe erledigte Wagner mit der damals üblichen Rigorosität. Ansonsten wurden seine Amtsführung in Breslau und sein Charakter von überlebenden Mitarbeitern gelobt. So sagte der Oberlandesgerichtsrat Fritz Wohlhaupt 1961 als Zeuge aus, dass Wagners «Aversion gegen die SS stadtbekannt war» und dass er

> an vielen Sonntagen mit seinem durch die Standarte gekennzeichneten Dienstwagen zusammen mit seiner Familie zum Dom auf der Sandinsel gefahren ist, um an der Messe teilzunehmen, und dass er seine Töchter zum Unterricht in die Breslauer Klosterschule der Ursulinerinnen geschickt hat. Es dürfte aber nicht bekannt sein, dass der R. K. [Reichskommissar] sein Amt als Oberpräsident – ich weiß das aus zahlreichen Gesprächen mit dem Vizepräsidenten Dr. Flottmann – von seinem Parteiamt als Gauleiter scharf getrennt und alle Versuche selbst höchster Parteistellen, auf das rein staatliche Geschehen Einfluss zu nehmen, entschieden zurückgewiesen hat; so hat er sich bei einem dementsprechenden Ansinnen einmal sogar geweigert, den Reichsorganisationsleiter Dr. Ley zu empfangen. Der R. K. hat eine Reihe von höheren Beamten, die nicht Mitglieder der NSDAP waren, nicht nur in seiner Behörde geduldet, sondern sie auch gefördert. U. a. hat er den ORR [Oberregierungsrat] Dr. Brebeck, dessen rein arische Abstammung umstritten war, ungeachtet der wiederholten Angriffe der Partei ebenso gehalten wie den RR [Regierungsrat] Dr. Graf Yorck von Wartenburg, der wegen seiner unverhüllten Ablehnung der NSDAP von Parteiinstanzen angegriffen war, nachdem er sich von der Tüchtigkeit und der menschlichen Lauterkeit dieser beiden Beamten überzeugt hatte.[17]

In der Tat hat Wagner nie geleugnet, dass er und seine Familie katholisch waren. Er wird den Satz Hitlers aus seiner Regierungserklärung vom 1. Februar 1933, dass nun das Christentum das Fundament des neuen Staates werde, mit Freuden begrüßt, aber mit dem antikirchlichen Kurs der kommenden Jahre seine Schwierigkeiten gehabt haben. Als Behördenchef hatte er keine Probleme damit, mit tüchtigen Beamten ohne Parteibuch zusammenzuarbeiten. Von seinem gräflichen Mitarbeiter wird er sich die Gründe seiner Weigerung, in die Partei einzutreten, erklärt haben lassen. Vermutlich war es diesem alten Parteigenossen schwer geworden, den Weg in die Parteidiktatur zu akzeptieren. Vielleicht war es ihm auch angenehm und für die eigene Urteilsbildung von Vorteil, sich systemkritische Ausführungen seiner Mitarbeiter anzuhören. Wagner wird nicht entgangen sein, aus welcher protestantischen Tradition der Graf aus Klein-Oels kam.

Yorck seinerseits wird Wagner als Menschen und als seinen Vorgesetzten geschätzt haben. Natürlich wusste er um sein eigenes intellektuelles und moralisches Dilemma: Als Beamter, der auf den Führer vereidigt war, diente er der Erhaltung und dem Ausbau des nationalsozialistischen Systems. Noch führte sein grundlegend anderes Denken, das sich in beruflichen Tagesentscheidungen niederschlagen konnte, indes nicht zur Widerständigkeit. Er war verstrickt in die Mechanismen eines Systems, das er zu seinem Teil mittragen musste, wenn er nicht seine persönliche Ausschaltung riskieren wollte. Einen Vorteil allerdings hatte diese Verstrickung: Er lernte das System immer besser kennen, er begegnete dem Typ des gehorsamen Beamten und des gehorsamen Untertanen, entdeckte aber hier und da auch ein mögliches resistentes Potenzial.

Zur besonderen Verwendung in der NS-Bürokratie

Im August 1936 legte Hitler eine Denkschrift über einen zweiten Vierjahresplan vor.[18] Der erste Plan vom 1. Juni 1933 hatte als zentrales Ziel die Überwindung der Arbeitslosigkeit formuliert. Die wirtschaftliche, soziale und finanzielle Not sollte reduziert und überwunden werden. Nun sollte ein nächster entscheidender Schritt in der Entwicklung des nationalsozialistischen Deutschland getan werden. Hitler skizziert eingangs seine Sicht der Zukunft. Da Deutschland durch den Bolschewismus bedroht werde, müsse das deutsche Volk nun «politisch einwandfrei geführt, weltanschaulich gefestigt und militärisch durchorganisiert» alles tun, um seine Lebenserhaltung zu sichern. Dazu bedürfe es einer Wirtschaftsordnung, die die Selbstbehauptung des Volkes sicherstelle. Alle an der Wirtschaftsführung Beteiligten hätten diesem «Selbstbehauptungskampf» zu dienen.

Deutschland habe sich auf zwei Ziele zu konzentrieren: auf eine weitgehende Autarkie und auf eine Erweiterung seines rüstungswirtschaftlichen Potenzials. Da Lebensmittel und Rohstoffe fehlten, müssten Zwischenlösungen durch die Mobilisierung und Erhöhung der landwirtschaftlichen Produktion und durch die Entwicklung künstlicher Rohstoffe gefunden werden:

> Die endgültige Lösung liegt in einer Erweiterung des Lebensraumes bzw. der Rohstoff- und Ernährungsbasis unseres Volkes. Es ist die Aufgabe der politischen Führung, diese Frage dereinst zu lösen.[19]

Und es gelte:

> Ähnlich der militärischen und politischen Aufrüstung bzw. Mobilmachung unseres Volkes hat auch eine wirtschaftliche zu erfolgen, und zwar im selben Tempo, mit der gleichen Entschlossenheit und wenn nötig auch mit der gleichen Rücksichtslosigkeit. Interessen einzelner Herren dürfen in der Zukunft dabei keine Rolle mehr spielen. Es gibt nur ein Interesse, und das ist das Interesse der Nation, und eine einzige Auffassung, das ist die, dass Deutschland politisch und wirtschaftlich in die Lage der Selbsterhaltung gebracht werden muss.[20]

Hitler schließt seine Denkschrift mit den Sätzen:

> Ich stelle damit folgende Aufgabe:
> I. Die deutsche Armee muss in vier Jahren einsatzfähig sein.
> II. Die deutsche Wirtschaft muss in vier Jahren kriegsfähig sein.[21]

Die Wirtschaft hatte sich in den Dienst der forcierten Aufrüstung zu stellen, die Nation hatte die Aufgabe, sich auf den unvermeidlichen Krieg vorzubereiten. Dem totalitären Staat sollte eine «totale Preispolitik» (Schmölders) entsprechen. Das hieß nicht Verstaatlichung im Sinne der Lenkung aller Produktionsunternehmungen, sondern bei Erhalt der Privatwirtschaft deren Ausrichtung auf die Notwendigkeiten der Rüstung und des vorzubereitenden Krieges. Hans Dichgans, Leiter des Eisenreferats der Wagner-Behörde, beschrieb 1977 die Aufgabe so:

> Der Preiskommissar hatte in dieser Rüstungswirtschaft eine zweifache Aufgabe: Er sollte die Preise, insbesondere auch die Preise für Rüstungsgüter niedrig halten, damit der Staat für eine gegebene Geldmenge möglichst viele dieser Güter erhielt. Aber daneben war das Reich daran interessiert, die Produktion von Rüstungsgütern möglichst zu steigern. Das wiederum setzte ein Preissystem voraus, das den Unternehmer an Erhöhung und Rationalisierung der Produktion finanziell interessierte.[22]

Wir werden sehen, dass an diesem Punkt später die Überlegungen von Schmölders, der zum wissenschaftlichen Beraterkreis von Wagner gehörte, und diejenigen des internen Kenners Yorck einsetzten.

Auf dem «Parteitag der Ehre» kündigte Hitler am 9. September 1936 nach dem Aufzählen der Leistungen des neuen Staates unter seiner Führung und nach der Skizzierung der bolschewistisch-jüdischen Gefahr die zweijährige Dienstzeit in der Armee an und proklamierte:

> In dieser Liebe zu unserem Volk und in dieser Bereitwilligkeit, uns für die Freiheit und Unabhängigkeit einzusetzen bis zum Letzten, fühlen wir uns verbunden mit all den Völkern, die einer gleichen Regung gehorchen. Deutschland aber kann glücklich sein zu wissen, dass sein innerer und äußerer Friede aus eigener Kraft gewahrt und gesichert ist. Je turbulenter die Welt um uns wird, umso tiefer wird die Treue des deutschen Volkes zu seiner nationalsozialistischen Bewegung werden, der es seine geschichtliche Auferstehung dankt. (Friedrichs 4, 52 f.)

Aufrüstung und militärische Ausbildung, wirtschaftlicher Aufbau mit dem Ziel der Autarkie sowie geistig-politische Ausrichtung des Volkes auf die Werte und Ziele des Nationalsozialismus sollten eine Einheit bilden, um Deutschlands Existenz nach innen und nach außen zu sichern.

Am 18. Oktober 1936 wurde die «Verordnung des Führers und Reichskanzlers zur Durchführung des Vierjahresplans» veröffentlicht. Knapp gehalten, stellte sie jedoch entscheidende Weichen für die Zukunft eines Umbaus der deutschen Wirtschaft:

> Die Verwirklichung des von mir auf dem Parteitag der Ehre verkündeten neuen Vierjahresplans erfordert eine einheitliche Leitung aller Kräfte des deutschen Volkes und die straffe Zusammenfassung aller einschlägigen Zuständigkeiten in Partei und Staat.
> Die Durchführung des Vierjahresplans übertrage ich dem Ministerpräsidenten Generaloberst Göring.
> Ministerpräsident Generaloberst Göring trifft die zur Erfüllung der ihm gestellten Aufgabe erforderlichen Maßnahmen und hat soweit die Befugnis zum Erlass von Rechtsverordnungen und allgemeinen Verwaltungsvorschriften. Er ist berechtigt, alle Behörden, einschließlich der Obersten Reichsbehörden und alle Dienstzellen der Partei, ihrer Gliederungen und der ihr angeschlossenen Verbände, anzuhören und mit Weisungen zu versehen. (Friedrichs 4, 268)

Göring teilte den organisatorischen Apparat in sechs Gruppen auf: 1. Erzeugung deutscher Roh- und Werkstoffe, 2. Rohstoffverteilung, 3. Arbeitseinsatz, 4. Landwirtschaftliche Erzeugung, 5. Preisbildung, 6. Devisenangelegenheiten. Für die Gruppe 5 wurde mit einem Gesetz vom 29. Oktober 1936 eine Sonderregelung geschaffen. Entscheidend war § 1:

> Zur Überwachung der Preisbildung für Güter und Leistungen jeder Art, insbesondere für alle Bedürfnisse des täglichen Lebens, für die gesamte landwirtschaftliche, gewerbliche und industrielle Erzeugung und für den Verkehr mit Gütern und Waren jeder Art sowie für sonstige Entgelte, wird ein Reichskommissar bestellt. (Friedrichs 4, 279 f.)

Innerhalb des großen Apparates des Vierjahresplans wurde damit eine besondere Reichsbehörde geschaffen, die für die «Genehmigung, Festsetzung, Überwachung oder Bildung von Preisen und Entgelten» zuständig war (§ 2).

Göring hatte einen Tag zuvor in einer Rede im Berliner Sportpalast die Aufgaben des Vierjahresplans umrissen:

> Was ist der zweite Vierjahresplan? Ich fasse ihn zusammen in einem einzigen fundamentalen Satz: die Sicherung der deutschen Ehre und die Sicherung des deutschen Lebens. ... Der Sinn meiner Vollmachten, die der Führer mir übertragen hat, ist die Zusammenfassung aller Kräfte, die einheitliche Lenkung aller Kräfte auf das eine Ziel. (Friedrichs 4, 269)

Nach dem üblichen Rückblick auf das seit 1933 Geleistete kam er zu den technologischen Aufgaben der Zukunft wie zum Beispiel der Herstellung von Benzin und Mineralölen aus der deutschen Kohle sowie der Aufschließung der eigenen Eisen-, Erz- und Leichtmetallvorkommen. Den Unternehmern rief er zu: Die Wirtschaft

> hat eine große, große Verantwortung. Der einzelne Unternehmer und Industrielle soll nur nicht darauf warten, was der Staat anregt, was der Staat fordert, sondern er soll von sich allein aus Mittel und Wege suchen und keine Anstrengung scheuen, um dieses Werk zu unterstützen. Meine Herrn Unternehmer! Sie sprechen immer von der freien Initiative der Wirtschaft. Jetzt haben Sie die freie Initiative. Wenden Sie sie an! (Friedrichs 4, 275)

Es sollte also eine staatlich gelenkte Wehrwirtschaft mit genügendem Freiraum für privatwirtschaftliche Initiativen entstehen, die aber in der Klammer der politischen Vorgaben des staatspolitischen Willens zu stehen hätten. Staatsdirigismus und unternehmerische Eigenverantwortung sollten eine konstruktive Zusammenarbeit zum Wohl und für die Ziele des Ganzen eingehen. Es sollte keine Planwirtschaft nach sowjetischem Modell sein.

Als Reichspreiskommissar ernannte Hitler Josef Wagner. Dieser musste eine neue Behörde in Berlin einrichten, für die er bewährte Mitarbeiter aus seinem Breslauer Regierungspräsidium mit nach Berlin nahm: Unter ihnen waren der Ministerialdirektor Erich Flottmann (1895–1945), die Ministerialdirigenten Robert Brebeck und Fritz Wohlhaupt, die Ministerialräte Metzner und Kramer, der Oberregierungsrat Czech, der Ministerialrat Otto Bauch sowie der Regierungsrat Peter Graf Yorck von Wartenburg. Diese «Breslauer Gruppe» hatte im Amt eine starke Stellung. Der Geschäftsverteilungsplan vom 20. Januar 1937 sah Flottmann als Vertreter Wagners, als Generalreferent Brebeck und «zur besonderen Verwendung» «Dr. Graf Yorck von Wartenburg». Aufgeteilt war die Behörde in sechs Abteilungen: I. Allgemeine Abteilung; II. Ernährung, Land- und Forstwirtschaft; III. Gewerbliche Wirtschaft, Handel und Handwerk; IV. Verkehr, Versicherungswesen, Geld, Bank- und Börsenwesen, Grundstückswesen, Wohnungspolitik, Miete, kulturelle Leistungen, sonstige Entgelte und Beiträge; V. Bergbau, Mineralöl- und Treibstoffwirtschaft, Energiewirtschaft; VI. Preis- und Kostenuntersuchungen.

Bald hatte die Behörde rund fünfhundert qualifizierte verbeamtete Mitarbeiter. Durchsetzt waren die einzelnen Abteilungen mit einigen frühen Nationalsozialisten und SS-Angehörigen. Peter Yorck hatte zwar einen unteren Beamtenrang, war aber «zur besonderen Verwendung» unmittelbar Wagner zugeordnet. In der Abteilung I leitete er zudem das Referat «Fragen der Organisation und der Zusammenarbeit mit den Reichs- und Landesbehörden». Man kann davon ausgehen, dass er über die Arbeitsweise und die Arbeitsergebnisse dieser zentralen Stelle bestens Bescheid wusste. Er saß in einer Behörde, die die Preisfestsetzung so steuern sollte, dass die Produktion von Lebensmitteln und Rüstungsgütern der Kriegsvorbereitung diente.

Noch mehr als in Breslau, wo er vorrangig klassische Verwaltungsarbeit zu leisten hatte, wurde Yorck nun in die Mechanismen nationalsozialistischer Wehrwirtschaft verstrickt. Durch die vielfältigen Kontakte mit den anderen Reichs- und Landesbehörden bekam er Einblicke in deren Arbeit und erwarb sich eine große Personalkenntnis in den obersten Reichsbehörden. Später war er im Kreisauer Kreis der Mann mit den besten Verbindungen zur Ministerialbürokratie und hatte Kontakte zu möglichen Mitstreitern beim Sturz der Hitler-Diktatur.

Im Amt selbst gab es eine Reihe von Beamten, die sich gegenüber einzelnen Entscheidungen und Maßnahmen kritisch zeigten, sich aber nicht zu einem widerständigen Verhalten durchringen konnten. Dazu gehörte Robert Brebeck, der kein Nationalsozialist war und mit dem Yorck engen Kontakt hielt. Eindeutiger Gegner des Nationalsozialismus war Nikolaus Graf von Üxküll-Gyllenband (1877–1944) geworden. Das NSDAP-Mitglied von 1933 war von August 1937 bis 1941 im Reichskommissariat angestellt und entwickelte sich immer mehr zu einem Mann des Widerstands in engem Kontakt zu seinen Neffen Claus und Berthold von Stauffenberg. Yorck war mit «Nux», wie er allgemein genannt wurde, entfernt verwandt und gut bekannt.

Schon am 26. November 1936 wurden Preiserhöhungen durch die sogenannte Preisstoppverordnung verboten. Am 1. Dezember wurde das Gesetz gegen die Wirtschaftssabotage bekannt gemacht, in dem es hieß:

> Ein deutscher Staatsangehöriger, der wissentlich und gewissenlos aus grobem Eigennutz oder aus anderen niederen Beweggründen den gesetzlichen Bestimmungen zuwider Vermögen nach dem Auslande verschiebt oder im Auslande stehen lässt und damit der deutschen Wirtschaft schweren Schaden zufügt, wird mit dem Tode bestraft. Sein Vermögen wird eingezogen. Der Täter ist auch strafbar, wenn er die Tat im Auslande begangen hat. (Friedrichs 4, 281)

Es folgte eine Reihe von Runderlassen, Leitsätzen und Verordnungen, die die komplizierten Probleme des Preisstopps widerspiegeln. Über die Arbeit des Preiskommissariats unterrichteten vor allem die *Mitteilungsblätter des Reichskommissars für die Preisbildung*

(1937–1945) und später das von Erich Flottmann herausgegebene Sammelwerk *Das deutsche Preisrecht* (1943). Für die deutsche Vorkriegs- und Kriegszeit wurde diese Reichszentralbehörde von größter Bedeutung.

Kapitel III

Auf dem Weg in den Widerstand

Im Grafenkreis

Im Oktober 1936 begann Claus Schenk Graf von Stauffenberg (1907–1944) sein Studium an der Kriegsakademie in Berlin. Er hatte Kontakte zu seinem Vetter Caesar von Hofacker (1896–1944), zu Fritz-Dietlof von der Schulenburg (1902–1944), Nikolaus von Üxküll, Albrecht von Kessel, Ulrich Wilhelm Schwerin von Schwanenfeld, Adam von Trott zu Solz (1909–1944) und Otto Ehrensberger (1887–1968). Auch seinen Vetter Peter Yorck besuchte er häufig. Claus von Stauffenberg war gut unterrichtet über das Denken dieser Berliner Freunde und sollte später in ihnen aktive Mitverschwörer haben.

Yorck hatte über seinen Kontakt zu Stauffenberg hinaus in seiner Berliner Anfangszeit schon Verbindung zum sich bildenden militärischen Widerstand. Er kannte Hans Oster (1887–1945), seit 1938 Chef der Zentralabteilung im Amt Ausland/Abwehr im Oberkommando der Wehrmacht unter Admiral Wilhelm Canaris (1887–1945), und dessen engsten Mitarbeiter Hans von Dohnanyi (1902–1945). Er kannte Ludwig Beck (1880–1944), bis August 1938 Generalstabschef des Heeres, ferner Erwin von Witzleben (1881–1944), von 1934 bis 1940 Befehlshaber im Wehrkreis III (Berlin), und Paul von Hase (1885–1944), Stadtkommandant von Berlin. Yorcks jüngerer Bruder Heinrich, genannt «Hennerle», der in Stettin stationiert war, brachte öfter einen mit ihm befreundeten Sohn von Oster in die Hortensienstraße 50 in Berlin-Lichterfelde mit, in das Reihenhaus von Marion und Peter Yorck. Heinrich Yorck selbst stand in engem Kontakt zu Witzleben. Nach der Entlassung von Reichswehrminister Werner von Blomberg (1878–1946) und General Werner von Fritsch (1880–1939) im Februar 1938 und vor allem nach dem 9. November 1938 mit der Zerstörung von Synagogen und anderen jüdischen Einrichtungen sowie den folgenden antijüdischen Verordnungen suchte Yorck verstärkt Kontakte zum sich langsam organisierenden Widerstand um Witzleben, Oster, Franz Halder (1884–1972) und Beck. Aber er musste die ernüchternde Erfahrung machen, dass der vorgesehene militärische Staatsstreich im Zusammenhang mit der Sudetenkrise und dem Münchner Abkommen von Ende September 1938 scheiterte.

Auch das Schweigen der traditionellen deutschen politischen Bildungseliten zur Entrechtung und Ausgrenzung der jüdischen Bürger ließ Yorck illusionsloser über ein deutsches Widerstandspotenzial denken. Waren es am Anfang der NS-Zeit einzelne Vorbehalte, die er gegen die «Wende 1933» gehabt hatte, so verdichtete sich seine Ablehnung im Jahre 1938 zu dem Entschluss, konsequent Widerstand gegen das NS-System zu leisten. Die Frage eines alternativen politischen und gesellschaftlichen Systems wurde für ihn moralisch und politisch zentral. Auch die eigene Situation, einem Staatswesen zu dienen, das für ihn im Innern immer totalitärer agierte und nach außen mit der Besetzung der Tschechoslowakei den Schritt in einen europäischen Imperialismus getan hatte, erforderte eine Korrektur des eigenen Selbstverständnisses. Dafür galt es zunächst, einen Kreis von alten Freunden um sich zu sammeln, von denen er wusste, dass sie ebenfalls unter dem Unterdrückungs- und Eroberungsstaat litten.[1] Dazu gehörten Albrecht von Kessel, der Freund aus Roßlebener Schulzeiten und nun junger Diplomat, Caesar von Hofacker, damals Prokurist bei den Vereinigten Stahlwerken in Berlin, Fritz-Dietlof von der Schulenburg, vormals Polizeivizepräsident von Berlin und seit August 1939 Stellvertretender Oberpräsident in

Schlesien und damit Stellvertreter des Gauleiters Wagner, Otto Ehrensberger, Ministerialdirigent im Auswärtigen Amt, der schon erwähnte Nikolaus von Üxküll sowie dessen Neffe, der Völkerrechtler Berthold von Stauffenberg (1905–1944), ein Bruder Claus von Stauffenbergs.

Yorck schlug vor, an einer neuen Reichsverfassung zu arbeiten, Kessel referierte zu «Ideen über eine zukünftige Verfassung des deutschen Volkes» und trat für eine «radikale Dezentralisierung und eine Wiederherstellung und Erweiterung der Selbstverwaltung» ein,[2] Ehrensberger skizzierte Grundzüge einer neuen Verfassung auf bundesstaatlicher Ebene.[3] Eine Fülle von verfassungsrechtlichen Problemen wurde diskutiert, ohne dass man sich auf ein gemeinsames Konzept einigen konnte. Der später von der Gestapo sogenannte «Grafenkreis» war für Yorck der Beginn eines systematischen Nachdenkens über ein nachnationalsozialistisches Staatswesen. In den Texten des Kreisauer Kreises finden sich viele Positionen dieses frühen Freundeskreises wieder.

Der «Grafenkreis» selbst brachte es aufgrund der verschiedenen Lebensläufe seiner Mitglieder nicht zu einer festen Denk- und Aktionsgruppe, aber der vertrauensvolle Kontakt der Mitglieder untereinander riss nicht ab. Einige von ihnen wie Schulenburg, Schwerin, Hofacker und Berthold von Stauffenberg gehörten bis zum Schluss dem weiteren Kontaktnetz des Kreisauer Kreises an.

Kritische Theorie

1933 gründete der Reichsjustizkommissar Hans Frank (1900–1946) die Akademie für Deutsches Recht, deren Aufgabe darin bestehen sollte, an der Veränderung und Weiterentwicklung des deutschen Rechts auf dem Fundament der nationalsozialistischen Weltanschauung mitzuarbeiten. Es wurden verschiedene Arbeitsgruppen gebildet, darunter eine für Wirtschaftswissenschaften. Dazu gehörte neben anderen der «Ausschuss für die Reform des wirtschaftswissenschaftlichen Studiums» unter dem Vorsitz von Jens-Peter Jessen (1895–1944), damals Ordinarius an der Berliner Universität, seit 1939 Herausgeber der Fachzeitschrift *Schmollers Jahrbuch für Gesetzgebung, Verwaltung und Volkswirtschaft*. Das Protokoll der Sitzung dieses Ausschusses vom 29. Juli 1939 mit zwei kurzen Eingangsreferaten von Jessen und Schmölders enthält einen längeren Diskussionsbeitrag von Peter Yorck.[4] Dieser wies darauf hin, dass mit dem Preiskommissariat der Versuch gemacht worden sei, die staatliche Wirtschaftslenkung zu einer politischen Verwaltungsaufgabe zu machen. Allerdings habe das vorrangig aus Juristen bestehende Verwaltungspersonal kaum hinreichende volks- und betriebswirtschaftliche Kenntnisse. Hier müsse für die Juristen eine Vorbildung erfolgen, die von der Universität in ihren Lehrplan einzubauen sei. Der allgemeine Bildungsstand von den Elternhäusern und den Schulen her sei so lückenhaft, dass die Universität auch in die juristische Ausbildung allgemeine Bildungselemente aufnehmen müsse. Der Debattenredner Yorck schlägt vor, Philosophie, Geschichte oder dergleichen «in den Stundenplan obligatorisch» aufzunehmen. Aus der Hochschule sei ein «allgemein gebildeter Mann mit Spezialkenntnissen» zu entlassen. Auch umgekehrt müssten die Wirtschaftswissenschaften bestimmte juristische Themen in ihr Studienprogramm einbauen. Seine persönliche Wertung: «... halte ich es für einen Bestandteil eines Mannes, der höherer Beamter werden will, dass er in irgendeinem Stadium seines Studiums gelernt hat zu denken.»[5] Seine Forderung für die weitere Referendarausbildung: mehr volkswirtschaftliche Referenten in die Finanzverwaltung.

Yorck verlangt hier nichts anderes als eine Studienreform, die sich an den späteren Aufgaben orientiert. Die Zweigleisigkeit der beiden Studiengänge Jura und Volkswirtschaft müsse zugunsten eines Systems verändert werden, in dem der Jurist volkswirtschaftliche Einblicke und der Volkswirtschaftler einen Fundus rechtswissenschaftlicher Kenntnisse erhält. Wenn Yorck zusätzliche philosophische und geschichtliche Vorlesungen für den

Abbildung 23: Peter Yorck im Garten seines Freundes Martin von Katte in Zolchow.

Stundenplan vorschlägt, so spiegelt das die Erfahrung wider, dass nur eine umfassende humanistische Bildung das Fundament für die notwendige Spezialausbildung ist. Yorck hatte in den vorangegangenen Jahren Amtsinhaber erlebt, die bedenkenlose Exekutoren der ihnen «von oben» gegebenen Vorschriften waren. Seine Vorstellung vom Beamten war eine andere: ein umfassend gebildeter, selbstständig und kritisch denkender Mensch im Dienste einer staatspolitischen Aufgabe.

Zu Beginn der Berliner Jahre sehen wir Yorck im engsten Kontakt zu bekannten Rechts- und Wirtschaftswissenschaftlern. Er hörte in ihren Ausschusssitzungen nicht nur zu, sondern diskutierte als Mitarbeiter einer Zentralbehörde auch mit den universitären «Theoretikern». Durch die eigene Tätigkeit im Preiskommissariat und durch diese Diskussionen lernte Yorck die Probleme der sogenannten gelenkten Wirtschaft kennen. Ihn nur als Verwaltungsjuristen zu sehen, wäre daher genauso verfehlt, wie ihn nur als humanistischen Feingeist alten Typs zu verstehen. Er lernte gleichzeitig ökonomischen Realismus wie kritisches Denken. Mit dieser Haltung kam er in eine Reichsbehörde, die politische, ökonomische und soziale Macht ausübte, um staatlichen Ordnungswillen und militärischen Expansionswillen sicherzustellen.

Die Mitarbeit Yorcks in der Akademie für Deutsches Recht in der Klasse Wirtschaftswissenschaft war für ihn der Beginn einer subversiven wissenschaftlichen Tätigkeit.[6]

Teilnahme am Polenfeldzug

Im Zuge der Mobilmachung der deutschen Wehrmacht wurde Yorck am 25. August 1939 als Reserveoffizier in das Panzerregiment 15, das später in Südpolen operierte, eingezogen, wo er dem Kommandeur als Adjutant diente. Auch sein Bruder Hans, genannt «Hanusch», wurde eingezogen. Dieser zweitjüngste Bruder, der allen in Klein-Oels und Kauern, vor allem der Mutter, so viel bedeutete, fiel bereits am 9. September 1939 bei Skupie östlich von Warschau. Peter versuchte, die verzweifelte Mutter brieflich zu trösten: Der Gefallene bleibe im Geist und in den Herzen der Hinterbliebenen zurück und stifte Segen. Peter wusste genau, was in seiner Mutter vor sich ging, war sie doch für fast alle die emotionale Mitte der Familie. Sie litt Qualen wie Millionen anderer Mütter in Deutschland, die ihre Kinder hergeben mussten. Der Tod im Feld als Erfüllung des Lebens – bei Kriegsanfang floss Yorck diese alte Hoch- und Trostformel noch aus der Feder. In dem Brief heißt es:

> Geliebtes Goldchen! Meine Gedanken sind bei Dir und bei Euch allen. Könnten sie Dir doch helfen. Die Unbegreiflichkeit des Geschehens wird durch das eigene Kriegserlebnis begreifbarer. Dem Schmerz wird die Dumpfheit genommen, wenn man selbst um sich Kameraden im Gefühl siegreichen Kampfes hat sterben sehen. Ihr Leben schien seine Erfüllung erhalten zu haben. Gottes schwere

Abbildung 24: Peter Yorck als Leutnant der Reserve, um 1942.

Hand war vielleicht doch gütig und hat Hansens Schönheit durch das Leben nicht zerbrechen lassen wollen. Seine Liebe für Dich dauert gewisslich weiter fort und, wenn möglich, mehr als bisher wird er für uns alle Güte und Liebe ausstrahlen. Einem jeden von uns wird bewusst werden, was er dem Einzelnen war. Ich fühle mich in vielen Dingen oft der Richtigkeit meiner Ansicht sicher, wenn sein Herz mir Recht gab. Diese geistige Gemeinschaft wird fortbestehen und uns noch enger aneinander binden. Das muss unser Trost sein und damit erweisen wir unserem Hans einen Dienst unserer Liebe.

Geliebtes Goldchen, mit all unserer Liebe denke ich an Dich. Behalte den Willen zum Leben und zur Liebe für Deine Kinder.

Ich umarme Dich in sorgender zärtlicher Liebe und küsse voll Innigkeit und Dir unaussprechlich nahe die Hand. Dein treuer Sohn Peter.

Abbildung 25: Hans Yorck mit seiner Mutter Sophie an ihrem 65. Geburtstag am 29. Juni 1937.

Peter Yorck, der seit Jahren immer engsten Kontakt mit seinen Geschwistern – außer mit Paul – gehabt hatte, tauschte sich mit ihnen über den Tod des Bruders aus. So schrieb er an seine Schwester Dorothea:

Unser gemeinsames Leid um unseren Hanusch wird unsere Verbundenheit nur vertiefen und die geschwisterlichen Bande enger knüpfen.

Eine Fotografie, auf der Hans Yorck in seinem 28. Lebensjahr seine Mutter an ihrem 65. Geburtstag am 29. Juni 1937 die Treppe der Villa hinuntergeleitet, zeigt ihn als in der Tat ansehnlichen Mann. Er war leidenschaftlicher Landwirt und Gutsbesitzer mit sozialer Verantwortung, und Peter liebte ihn in seiner Natürlichkeit, aber auch Zerbrechlichkeit; konfliktlos verwalteten sie gemeinsam das Gut Kauern. Wie schwer dieser Verlust für die Mutter war, berichtet Marion:

Hans fiel schon im September 1939. Seine Mutter reagierte darauf wie eine antike Mutter. Sie war völlig außer sich, dass ihr geliebter Hans, für den sie während der Schwangerschaft sieben Monate gelegen hatte, tot sein sollte. Wir haben sofort Dävy aus Wernersdorf geholt, denn sie war der einzige Mensch, der mit dieser verzweifelten Frau sprechen konnte. Dävy hatte schon für sie gesorgt, als Peters Vater 1923 ganz plötzlich starb. Sie hatte sich ins Bett gelegt und wollte nicht mehr aufstehen.[7]

Nun entfaltete auch ihr Sohn Peter, der von Jugend an eine starke Mutterbindung hatte, die seelsorgerliche Fähigkeit, die verzweifelt Trauernde zu trösten. Der Feldpostbrief an die Mutter wird dem selbst am Polenfeldzug teilnehmenden Sohn schwergefallen sein – musste er doch die Möglichkeit seines eigenen Soldatentodes vor Augen haben. Ein Trost für die ganze Familie war es, dass Hanusch dank Yorcks Kontakten zu den zuständigen Militärverwaltungsstellen im Mausoleum des Schlossparks beigesetzt werden konnte; ein Mausoleum, das die Geschichte der Familie Yorck über einhundertfünfundzwanzig Jahre hinweg vergegenwärtigt.

Im Oktober 1939 wurde Yorck wegen Bandscheibenproblemen felddienstuntauglich geschrieben; zuvor erhielt er noch das EK II, das Eiserne Kreuz zweiter Klasse. Er kehrte nun nach Berlin

Abbildung 26: Hans Yorck als Soldat, 1939.

zu seiner Dienststelle zurück. Im November hoffte er erneut auf einen militärischen Staatsstreich, um die politischen Voraussetzungen für einen Waffenstillstand und Friedensverhandlungen zu schaffen und vor allem, um die SS- und Polizeiverbrechen in Polen zu beenden. Überdies war ihm die Abneigung vieler Generäle gegen einen Frankreichfeldzug bekannt, den Hitler gegen den Rat der Experten forcierte. Aber auch diesmal war das widerständige Militär nicht handlungswillig.

Ob und wie weit Yorck über die Vernichtungspolitik gegen die polnische Intelligenz und die Juden informiert war, wissen wir nicht, da unmittelbare Zeugnisse dafür fehlen, aber als Frontoffizier kannte er die Führerbefehle und die nachfolgenden Ordern seiner

Kommandeure, und die Einsatzgruppen werden ihm begegnet sein. Dass hier kein «normaler» Krieg nach den Regeln des Völkerrechts geführt wurde, sondern die Bevölkerung unter Enteignung, Vertreibung, ethnischer Säuberung und Zwangsarbeit zu leiden hatte, muss ihm bekannt gewesen sein. Den Beginn des Krieges als Unterdrückungs-, Ausbeutungs- und Vernichtungskrieg hatte er miterlebt. In Polen begann, was später in der Sowjetunion seinen Höhepunkt finden sollte.

Yorck wohnte und arbeitete von Oktober 1939 bis zum Juli 1944 im Machtzentrum des Führerstaates. Wie er den Hitler-Stalin-Pakt, den Kriegseintritt Englands und Frankreichs sowie den Einmarsch der Roten Armee in Ostpolen und ins Baltikum bewertete – darüber gibt es keine Zeugnisse. Es fehlen uns die Briefe an seine Frau Marion, die nach seiner Verhaftung am 20. Juli 1944 vorsorglich vernichtet wurden.

Ruhe und Ordnung in Klein-Oels

Von Berlin aus kam Yorck immer wieder nach Klein-Oels. Was ihm dies nach den Erfahrungen des Krieges bedeutete, geht aus Briefen an seine unverheiratete Schwester Dorothea hervor. Sie lebte mit ihrer Mutter in der «Villa» am Rande des Schlossparks von Klein-Oels, war oft krank und musste sich Ende 1939 zu einem längeren Kuraufenthalt nach Elmau in den bayerischen Alpen begeben. Im Spätsommer 1940 berichtet er ihr aus dem Urlaub in Kauern und bekennt:

> Die Gemeinsamkeit mit Hans ist hier doch besonders stark und wohltuend, wenn man sich über den Schmerz seiner körperlichen Ferne erheben kann. Für uns ist alles hier noch von ihm belebt, und in dem Leben der Leute ist er so gegenwärtig, dass er überall gegenwärtig erscheint.

Abbildung 27: 1931 zog Sophie Gräfin Yorck in die am Rande des Schlossparks von Klein-Oels gelegene «Villa».

Dann schildert er in vielen Einzelheiten die Einbringung der Ernte und besingt zugleich den Segen des Landmannes. Schließlich teilt er ihr mit, dass Marion nach der Einberufung des Gärtners zur Mutter in die «Villa» ziehe, um den Garten in Ordnung zu halten:

> Das Sinnvolle solcher Beschäftigung geht einem bei wirklich ländlichem Leben immer mehr auf, und es befriedigt eine solche Beschäftigung mehr als die notwendig tatenlose Teilnahme an den kriegerischen Geschehnissen oder einer kritischen an dem übrigen Zeitgeschehen. Zur Kritik steht man ja meist zu nah und oft zu befangen und in der Erkenntnis nicht weit genug. Es besteht die Gefahr zur Negation, die leicht zu einer stark negativen Lebenseinstellung überhaupt führt. Wenn ich nur unsere Heimat ansehe, so ist vielleicht in dem eigenen Wurzelloswerden die Gefahr zu finden, für eine bewegte Zeit nicht mehr genug Kraft zu besitzen als in dem fremden Geschehen. Und gerade diese Gefahr wird stark

Abbildung 28: Dorothea Gräfin Yorck von Wartenburg, um 1940.

gebannt durch ein Leben, wie wir es in Kauern zurzeit führen, das zum Elementaren und Naturgemäßen, zu seiner Ruhe und Ordnung hinführt.

Die Schwester wird verstanden haben, was ihr Bruder meinte. Die Wurzeln seines Lebens und seines Selbstverständnisses lagen in der Heimat, in der man ein Leben im Einklang mit der Natur führen konnte. Das Leben in der Stadt hielt Yorck nur aus, wenn er sich immer wieder auf dem Land erholen konnte. So ist es nur natürlich, wenn der Bruder seinen Brief mit den Worten beschließt:

Dir, liebste Do, wünsche ich nun doch eine baldige Besserung, die die dortige Luft nur vollbringen wird, wenn Dir ein inneres Ausgependeltsein gelingt. Es scheint mir ein Zeichen der Zeit, dass uns allen das «In sich Ruhen» und «In der uns gemäßen Art Ruhen» so schwer fällt und man abwehrt, wo es anzugreifen gilt. Wenn Dir die Berge das sind, was wir in Kauern erleben, wird der Erfolg Deines Dortseins nicht auf sich warten lassen.

Die Gesundung stellte sich jedoch vorerst nicht ein. In der Zwischenzeit hatten Marion und Peter Dorotheas Zimmer in der «Villa» neu eingerichtet. Zu seiner kranken Schwester hatte Yorck ein besonders fürsorgliches Verhältnis entwickelt. Sie schenkte ihm das Buch *Philipp II. oder Religion und Macht* von Reinhold Schneider. Er wolle es lesen, antwortete er, aber die Zeit sei knapp: «Das gesellige Leben raubt uns die Wochenabende …» Damit dürften die Abendgespräche mit den Kreisauer Freunden gemeint gewesen sein. Ob Dorothea um Peters Engagement im Widerstand wusste?

In seinem Dankesbrief für das Buchgeschenk berichtet er von seinem Empfinden, dass alles immer hektischer werde, aber bei vielen die Nachdenklichkeit wachse:

> Von Zeit zu Zeit hält man den Atem an, um besser zu lauschen und sich seines Standorts zu versichern und zu prüfen, was ist Wahn und was ist Wirklichkeit. Dabei erscheinen Tatsachen plötzlich schon als unwirklich und Phantasien als innere Tatsachen höchst real. Den Fehler der Ungeduld, in ihn verfällt man immer wieder und lernt deshalb immer von Neuem oder besser, man wird belehrt.

Der Verlauf des Wirklichen wurde für Yorck immer wahnsinniger. Ganz locker schreibt er aber auch, dass er am 17. Juni 1940, Dorotheas Geburtstag, einen kräftigen Schluck italienischen Rotweins auf sie trinken wolle:

> Vor allem wünsche ich, dass die Kuren den versprochenen und erwarteten Erfolg haben werden und als Lohn der Schinderei die Gesundheit wirkt.

Goldchen schildert er ihr als «sehr frisch und munter», fügt aber hinzu:

> Es wird nicht leicht sein, sie später bei der Stange zu halten und einen Rückfall in die Lebensgewohnheiten des reichlichen Essens und spät ins Bettgehens zu verhindern.

Und wenn sie von der Kur über Berlin nach Hause fahre, solle sie in sein «Strohwitwerheim» kommen:

> Maria würde sicherlich trefflich für Dich sorgen, und ich würde sie hinsichtlich der Getränke unterstützen. An die Weinlosigkeit hier müsste ich mich nach dem Überfluss Italiens erst gewöhnen. Das glückliche Temperament dieser Leute hängt sicher damit zusammen, dass die mit dem Wein aufwachsen. Und leben.

Maria Krause, genannt «Mariechen», gehörte seit Jahren zum Haushalt der Yorcks. Auf einer kurzen Dienstreise nach Italien hatte Peter italienische Lebensart kennengelernt, die auf ihn belebend gewirkt zu haben scheint. Wein zu trinken, war für den Preußen aus Schlesien ein seltener Genuss.

Gegen die Zwänge der Kriegswirtschaft

Am 4. September 1939, wenige Tage nach Kriegsbeginn, wurde die sogenannte Kriegswirtschaftsverordnung (KWVO) bekannt gemacht, in der es eingangs heißt:

> Die Sicherung der Grenzen unseres Vaterlandes erfordert höchste Opfer von jedem deutschen Volksgenossen. Der Soldat schützt mit der Waffe unter Einsatz seines Lebens die Heimat. Angesichts der Größe dieses Einsatzes ist es selbstverständliche Pflicht jedes Volksgenossen in der Heimat, alle seine Kräfte und Mittel Volk und Reich zur Verfügung zu stellen und dadurch die Fortführung eines geregelten Wirtschaftslebens zu gewährleisten. Dazu gehört vor allem auch, dass jeder Volksgenosse sich die notwendigen Einschränkungen in der Lebensführung und Lebenshaltung auferlegt.[8]

Es folgen 28 Paragrafen über kriegsschädliches Verhalten, über Kriegssteuern und Kriegslöhne und über Kriegspreise mit dem entscheidenden § 22:

> Preise und Entgelte für Güter und Leistungen jeder Art müssen nach den Grundsätzen der kriegsverpflichteten Volkswirtschaft gebildet werden.[9]

1941 erschien eine Broschüre von 49 Seiten über «§ 22. Die Preisbildung nach der Kriegswirtschaftsverordnung», deren Verfasser Yorck und Schmölders auch die später veröffentlichten Erlasse und Anweisungen zu diesem Problemkomplex berücksichtigten. Im Vorwort schreiben sie über ihre Absichten:

> Die vorliegende Schrift stellt einen Versuch dar, in Zusammenarbeit von Wissenschaft und Praxis den volkswirtschaftlichen Sinn der deutschen Preispolitik anhand ihrer Entwicklung und im Hinblick auf die Besonderheiten der kriegswirtschaftlichen Verhältnisse allgemeinverständlich herauszuarbeiten; zugleich verfolgt sie die Absicht, die in der gemeinschaftlichen Arbeit an den Grundsätzen der Preispolitik und in den Verhandlungen mit den maßgebenden wirtschaftlichen Organisationen zutage getretenen Gedankengänge der Kriegspreispolitik weiteren Kreisen zugänglich zu machen.[10]

Günter Schmölders, der Fachmann für Finanzwissenschaft, Verfasser des Buches *Geld und Kredit. Probleme der Wirtschaftspolitik*, seit 1938 in Köln, war nach seiner Teilnahme am Polenfeldzug 1940 in die Grundsatzabteilung der Wagner-Behörde als Berater berufen worden. Hier sah er seinen alten Bekannten aus Breslauer Zeit wieder: den gerade zum Oberregierungsrat beförderten Peter Yorck, der tief in der Praxis des Reichskommissariats steckte. Beide zusammen konzipierten die Aufklärungsschrift. Nach einem Rückblick auf die Preisüberwachung zur Unterdrückung konjunktureller Preissteigerungen (1933–1936), die mit dem Namen von Carl Goerdeler (1884–1945) verbunden war, wird die Preisbeherrschung in der Kriegswirtschaft unter dem Stichwort «kriegsverpflichtete Preisbildung» behandelt. Die beiden Fachleute schreiben einen akademischen Stil, ohne nationalsozialistischen Jargon. Im zweiten Teil der Broschüre geht es um «Die Grundsätze der kriegsverpflichteten Preisbildung» und die Sachgebiete «Die Selbstkosten in der kriegsverpflichteten Volkswirtschaft», «Die Ermittlung des angemessenen Gewinnes» und «Verantwortliche Preisstellung; Preissenkung und Gewinnabführung».

Die Verfasser wissen, dass die zentralen «Steuerungsmittel der gelenkten Volkswirtschaft» Preisbildung, Produktions- und Verbrauchslenkung, Investitionslenkung und Lenkung des Geld- und Kapitalmarktes sind. Da sie dieses System nicht offen angreifen können, erklären sie die volkswirtschaftlichen Probleme, die sich aus der staatlich gelenkten Volkswirtschaft ergeben. Ihr Hauptinteresse dabei dient der Frage nach der Rolle der Unternehmer in einem nach politischen Kriterien gelenkten System. In welchem Maße können sie dann überhaupt noch ihre privatwirtschaftliche Verantwortung wahrnehmen? Es geht darum, wie die Anforderungen der kriegsverpflichteten Volkswirtschaft mit dem privatwirtschaftlichen Verhalten in Einklang gebracht werden und wie weit sich das unternehmerische Preisgebaren «den großen Gesichtspunkten des Allgemeininteresses ein- und unterordnet». Am Schluss heißt es:

> Auf dieses Ergebnis sind alle Bestimmungen des Kriegspreisrechtes, von den leitenden Grundsätzen bis zu den letzten Einzelregungen, ausgerichtet; das Bewusstsein der durch den Krieg jedem Einzelnen auferlegten Verpflichtung, das Verständnis für die Bedeutung der Preis- und Währungsstabilität und das Verantwortungsgefühl jedes am Wirtschaftsleben Beteiligten müssen zusammenwirken, um der Kriegführung und Kriegsfinanzierung ihre unabdingbaren wirtschaftlichen Grundlagen zu sichern.[11]

Es kann zunächst kein Zweifel bestehen: Die beiden Autoren unterstellen sich dem Inhalt und der Logik der KWVO, die die Kriegsproduktion und die Finanzierung des Krieges sichern soll. Da sie aber wissen, dass die gelenkte Wirtschaft nicht die staatliche Planwirtschaft ist, sondern auf das Mitspielen und die Mitverantwortung der Unternehmer und Unternehmen angewiesen ist, streben sie eine größtmögliche Erhaltung marktwirtschaftlicher Gesetz- und Regelmäßigkeiten innerhalb der Rahmenbedingungen der Kriegswirtschaft an. Das Schlimmste ist zu verhüten: die totale Unterwerfung der Wirtschaft unter staats- und kriegspolitische Ziele. Die Autoren versuchen, die noch vorhandenen Mechanismen einer sach- und menschengerechten Wirtschaftsordnung argumentativ zu retten. Was sie befürchten, ist die totale Kommando- und Maßnahmewirtschaft, die sich rücksichtslos auf das eine Ziel konzentriert: die Erhöhung der Rüstungsproduktion mit allen Mitteln.

Diese Befürchtung sollte sehr schnell Realität werden, als Albert Speer (1905–1981) von 1942 bis 1945 ein Reichsministerium für Rüstung und Kriegsproduktion bekam. Es war konsequent, dass von 1942 an die Bedeutung des Reichspreiskommissariats sank. Die von hier kommenden Impulse und Strategien wurden immer mehr verschlungen von der Logik und Praxis eines total geführten Krieges.

Im November 1940 wurde im Rahmen der Wirtschaftswissenschaftlichen Klasse der Akademie für Deutsches Recht eine «Arbeitsgemeinschaft für Preispolitik» gegründet, deren Vorsitzender Günter Schmölders wurde. Neben einer Reihe von bekannten Universitätsprofessoren gehörten dazu auch die drei Mitarbeiter des Reichspreiskommissariats von Engelberg, Metzner und Peter Yorck. Sie sahen ihre Aufgaben darin,

> grundsätzliche Fragen der Preispolitik in gut vorbereiteten Aussprachen mit den maßgebenden Sachbearbeitern des Reichskommissars für die Preisbildung zu klären und auf diesem Wege an zentralen wirtschaftspolitischen Problemen aktiv mitzuarbeiten.[12]

Im Protokoll der ersten Sitzung am 23. November 1940, in der der Vorsitzende über den Stand der Preispolitik und Professor Rittershausen aus Breslau über «Preispolitik als Währungspolitik» referierten, ist festgehalten:

> In der anschließenden Aussprache kam die Bedeutung der Preispolitik als Schlüsselstellung der gesamten Wirtschafts- und Sozialpolitik und die Notwendigkeit zum Ausdruck, für die Kriegswirtschaft und die kommende Friedenswirtschaft volle Klarheit über die Funktion des Preises in der gelenkten Volkswirtschaft zu gewinnen.

Durch eine Reihe von Fachgesprächen, an denen Vertreter des Preiskommissariats, des Statistischen Reichsamtes und des Auswärtigen Amtes beteiligt waren, bekam Yorck einen immer besseren Einblick in die Personalstruktur und vor allem in die Denkstrukturen der verschiedenen Behörden. Das publizistische Ergebnis war der Sammelband *Der gerechte Preis*, der 1940 erschien.

Schon bei der Mitarbeit in dieser Arbeitsgruppe musste Yorck klar geworden sein, dass er sich im Vorfeld einer getarnten Ablehnung der NS-Preispolitik befand. Das wurde vollends deutlich, als zwei Jahre später die 216 Seiten umfassende Studie *Der Wettbewerb als Mittel volkswirtschaftlicher Leistungssteigerung und Leistungsauslese* erschien, die von Schmölders herausgegeben wurde. Sie erhielt zehn Beiträge, die verschiedene Aspekte der Wettbewerbsproblematik in Geschichte und Gegenwart behandelten. Etliche Aussprachen zwischen den Autoren und anderen Gesprächsteilnehmern gingen dieser Veröffentlichung voraus. Auf diese Weise kam Yorck ab 1941 in Kontakt mit Adolf Lampe (1897–1948), dem Freiburger Nationalökonomen, mit dessen Kollegen Walter Eucken (1891–1950) sowie mit Franz Böhm (1895–1977).

Zentral für die Schrift dürfte der Aufsatz von Eucken über «Wettbewerb als Grundprinzip der Wirtschaftsverfassung»[13] sein, in dem er von der Frage ausgeht, welche Rolle in der Gegenwart der Leistungswettbewerb spiele. Seine Antwort: «Heute übt der Leistungswettbewerb ... nur eine subsidiäre Funktion bei der Lenkung des Gesamtprozesses aus.» Und zwar aus zwei Gründen:

– «Zuweisungen von Arbeitskräften, Rohstoffen, Halbwaren usw., die von Zentralverwaltungsstellen vorgenommen werden, – nicht der Wettbewerb – entscheiden darüber, was und wie viel von den industriellen Betrieben produziert wird. Auf Kontingente und Kennziffern kommt es an, nicht auf die Preisbildung auf den Märkten. In unserer Wirtschaftsordnung dominieren eben die Elemente zentral geleiteter Wirtschaft.»[14]

– Da jede produzierte Ware in einer gelenkten Volkswirtschaft einen Käufer findet, gibt es keinen Anreiz, mehr zu leisten.

Eucken fragt nun, ob diese staatliche Lenkungswirtschaft in der Nachkriegszeit eine Zukunft habe. Damit kritisiert er die bestehende Wirtschaftspraxis nicht unmittelbar, sondern versucht mit Hinweisen auf notwendige Änderungen nach dem Krieg indirekt die gegenwärtige Wirtschaftsordnung als ein System ohne Zukunft zu entlarven. Das bestehende System verdanke sich den Notwendigkeiten der Aufrüstung und der Kriegsführung. Es konzentriere alle Kräfte auf die Lösung dieser Aufgaben und nehme keine Rücksicht auf die Bedürfnisse der Konsumenten und der Unternehmer. Nach dem Krieg werde man vor folgenden Aufgaben stehen:

– Ersatz der abgenutzten Anlagen und Maschinen
– Erhaltungs- und Erneuerungsarbeiten
– Beschaffung neuer Rohstoffe und Halbwaren
– gesteigerte Versorgung mit Nahrung, Kleidung und Wohnung

Eine «Zentralverwaltungswirtschaft» könne diese verschiedenen Aufgaben nicht leisten. Sie scheitere an der Befriedigung zersplitterter und wechselnder Bedürfnisse der Konsumenten und könne die Verbindung von Bedürfnissen und Produktion nicht herstellen. Die Zentralstellen ließen die Produktion an den Bedürfnissen vorbeilaufen. Deshalb gelte:

> Das ist so lange der Fall, wie nicht Markt, Handel, Preise wieder den Kontakt zwischen Bedürfnissen und Produktion wirksam herstellen und damit entscheidende Funktionen in Lenkung des Wirtschaftsprozesses von den bisherigen Zentralverwaltungsstellen übernehmen, solange also die Wirtschaftsordnung nicht von Grund aus umgestaltet ist.[15]

Und: Das gegenwärtige Preissystem erlaube keine zutreffende Bewertung der einzelnen Güter und Leistungen. In einer dynamischen Verkehrswirtschaft könne es keinen von oben verfügten Preisstopp geben. Auch die währungspolitischen Bedingungen müssten geändert werden. Die Kreditexpansion müsse gestoppt werden, um andere Voraussetzungen für das Wirtschaften zu schaffen. Das klare Fazit: «Die heutige Wirtschaftsordnung ist keine Dauerordnung.»[16] Diese mitten im Krieg entstandene kritische Darlegung bedeutete im Klartext, dass nach dem Krieg alles anders werden müsse und dass die NS-Wirtschaft sich selbst an ihr historisches Ende bringen würde, unabhängig von Sieg oder Niederlage. Dies gesagt zu haben, geht eindeutig in die Nähe einer systemkritischen Analyse.

Eucken schreibt weiter: Viele postulierten die Rückkehr zur alten «freien Marktwirtschaft» und forderten:

> Freie Wirtschaft. Weg mit dem Papierkrieg! Fallenlassen der Bindungen, die heute bestehen; fort mit den Rationierungen, Kennziffern und dergleichen. Man lasse den Unternehmern freie Hand und ebenso den Unternehmerzusammenschlüssen. Der Einzelne oder die Syndikate sollen wieder verkaufen wie früher, unbeengt durch Kennziffern, Zuweisungen und andere Eingriffe staatlicher Stellen.[17]

Das Feld beherrschen Konzerne, Kartelle und Trusts. Das Ergebnis ist die Macht auf der einen Seite und die Unfreiheit der Massen auf der anderen Seite. Auch unter den Bedingungen einer Zentralverwaltungswirtschaft bilden sich, so Eucken, private Machtgruppen, die sich im Gesamtsystem gruppenanarchisch verhalten. Was ist zu tun? Gibt es zwischen der Zentralverwaltungswirtschaft und der «freien» Wirtschaft einen «dritten Weg»? Für Eucken ist dies die «Ordnungsaufgabe» der Zukunft. Mit einer Fülle von Argumenten legt er dar, dass nur eine Wirtschaftsordnung sachgerecht sei, in der es Spielregeln des Leistungswettbewerbs gebe, für die der Staat verantwortlich ist. Dieser arbeite mit «indirekt wirkenden Mitteln, indem er eine brauchbare Ordnung schafft und erhält. Die Konsumenten aber haben maßgebenden Einfluss auf die Lenkung des Wirtschaftsprozesses.»[18] Die Ordnungspolitik des Staates sei darauf gerichtet, wirtschaftliche Machtzusammenballungen zu verhindern oder zu begrenzen. Die Funktionsfähigkeit des Marktes habe er durch eine Wettbewerbsordnung zu sichern. Er müsse «Wirtschaftsverfassungspolitik» betreiben, wenn er den Übergang von der Kriegs- in eine Friedenswirtschaft schaffen wolle, die «wirtschaftlich funktionsfähig und menschenwürdig» sei. Euckens letzter Satz umreißt die ordnungspolitische Aufgabe der Zukunft:

> Es kommt darauf an, dass das Pendeln zwischen vermachteter «freier» Wirtschaft und Zentralverwaltungswirtschaft aufhört und dass es gelingt, eine andersartige Form der Wirtschaftsordnung zu schaffen.[19]

Ohne Zweifel haben wir hier ein Plädoyer für das, was man später die «soziale Marktwirtschaft» nannte.

Dieses Ordnungsmodell entwickelte sich nicht am praxisfernen theoretischen Reißbrett, sondern aus den Erfahrungen heraus, die man mit einer «gelenkten Volkswirtschaft» im NS-System gemacht hatte. Die Kreisauer formulierten später in ihren «Grundsätzen für eine Neuordnung» vom 9. August 1943:

> Die Reichsregierung sieht die Grundlage des Wiederaufbaus der Wirtschaft in einem geordneten Leistungswettbewerb, der sich im Rahmen staatlicher Wirtschaftsführung vollzieht und hinsichtlich seiner Methoden ständiger staatlicher Aufsicht unterliegt.
> Wo die vorhandenen Bindungen und Verflechtungen der Wirtschaft (Monopole, Kartelle, Konzerne) diesen Leistungswettbewerb ausschließen, ist es Aufgabe der Wirtschaftsführung, die Grundsätze des geordneten Leistungswettbewerbs zur Geltung zu bringen und die Interessen der Gesamtheit zu wahren. (Br. 1, 313)

An dieser Stelle gibt es eine große Übereinstimmung zwischen Eucken und den Kreisauern, wobei Yorck es war, der die Positionen der Freiburger Lampe und Eucken in die wirtschaftsordnungspolitischen Diskussionen der Kreisauer einbrachte. Eucken begann seinen Beitrag mit den Worten:

> Die erste Frage ist im Rahmen unseres Gesamtproblems eine Vorfrage. Sie lautet: Welche Rolle spielt der Leistungswettbewerb heute? – Darauf brauche ich nur kurz zu antworten, da Graf Yorck hiervon soeben ein anschauliches Bild gegeben hat. Lediglich einige prinzipielle Feststellungen, die sich mit der Darstellung des Grafen Yorck durchaus vereinbaren lassen, sind nötig.[20]

Yorck lieferte aus der Alltagserfahrung einer Behörde heraus eine anschauliche Darstellung der «Funktion des Wettbewerbs in der gelenkten Volkswirtschaft». Positiv sieht er zunächst die Tatsache, dass das aktuelle Wirtschaften unter der Devise des Gemeinschaftswohls stehe, die nicht verletzt werden könne. Aber es drohe in der Kriegswirtschaft mit ihrem Rüstungsbedarf die Leistungskonkurrenz verlorenzugehen. Deshalb habe der

> Reichskommissar für die Preisbildung auf einzelnen Gebieten den Versuch unternommen, das Wettbewerbsprinzip der staatlichen Preislenkung dienstbar zu machen und die Verhältnisse dergestalt zu ordnen, als ob ein freier Wettbewerb in vollständiger Konkurrenz vorhanden sei. Damit sollten nach Möglichkeit alle Vorteile echten Leistungswettbewerbs der Kriegswirtschaft dienstbar gemacht werden.

Das Problem bestehe nun darin, dass das regelnde staatliche Gebot den Umfang der Warenerzeugung und die Warenlenkung bestimme, das heißt, dass «die Auswahl nicht nach dem Gesichtspunkte der reinen Wirtschaftlichkeit, sondern der staatspolitischen Dringlichkeit und Zweckmäßigkeit» getroffen werde.[21] Die marktwirtschaftliche Funktion des Preises sei durch das «Marken- und Zuteilungssystem» weithin außer Kraft gesetzt. Auch könne in diesem System der gelenkten Kriegswirtschaft das «Missverhältnis zwischen Warenangebot und Kaufkraft» nicht beseitigt werden. Yorck deutet hier mit der gebotenen Vorsicht an, dass sich die staatliche Reglementierungspolitik kontraproduktiv auf die Gesetzmäßigkeiten eines leistungs- und wettbewerbsorientierten Marktes auswirken muss.

Die Preisstoppverordnung habe zum Ziel gehabt, ungerechtfertigte Preiserhöhungen zu verhindern und den wirtschaftenden Menschen den Erfolg ihrer Tüchtigkeit zukommen zu lassen. Das Ergebnis aber sei, dass es auf allen wirtschaftlichen Gebieten keinen ausgeglichenen Markt mehr gebe. Man versuche nachträglich, verzerrte Verhältnisse zu glätten. – Das heißt im Klartext: Der Preisstopp ist de facto ein wirtschaftspolitisches Instrument, das alle auf einem Markt existierenden Größen durcheinanderbringt. Man organisiert mit besten gemeinwohlorientierten Zielen ein praktisches Chaos.

Anhand ganz konkreter Fälle zeigt Yorck, welche problematischen Folgen sich aus der Praxis der reglementierten Wirtschaft ergeben. Sehr detailliert skizziert er unter anderem die Dachpappenproduktion, die Kernseifenpreisregelung, die Textilwirtschaft, die Vergabepolitik der Reichsbahn, die Produktion von Baracken und von Munition. Aus genauer Kenntnis seiner beruflichen Erfahrung stellt Yorck dar, wie es aufgrund von vorgegebenen Ausführungs- und Preiskriterien zu Ungleichgewichten im gesamten Herstellungs- und Verkaufspreissystem komme. In einzelnen Bereichen sieht er kleine Lichtblicke, aber es müsse bewusster und gezielter darangegangen werden, eine Praxis zu entwickeln, die die Leistung und den Leistungswillen nicht schmälere. Es gelte, Anreize zur Leistung zu schaffen und die Auslese durch Leistung zu fördern. Ein solcher Plan hatte unter den obwaltenden Machtbedingungen keine Chance. Dennoch einige Schlupflöcher für Leistungsanreize und Leistungsauslese aufzuzeigen, wirkt wie der verzweifelte Versuch, das Maß des Unsinnigen zu reduzieren, ohne seine Ursachen beseitigen zu können. Yorck musste so argumentieren, aber jeder kundige Hörer und spätere Leser wusste um die Aussichtslosigkeit eines reformistischen Weges in einem politisch totalitären System.

In der Wettbewerbsschrift finden sich noch weitere Beiträge von bekannten Wirtschaftswissenschaftlern, unter anderem von Franz Böhm, Leonhard Miksch, Erich Preiser, Theodor Beste, Hans Peter und Theodor Wessels. Trotz einiger Unterschiede in der Einschätzung der gegenwärtigen Lage besteht der große Konsens in dem Nachweis der Notwendigkeit, nach einer kurzen Übergangszeit eine Wettbewerbswirtschaft wiederherzustellen.

Bei näherem Hinsehen ist diese Schrift aus dem Jahre 1942 ein kritischer Aufschrei gegen die ideologisch normierte Kommandowirtschaft des NS-Systems. Es ist Widerständigkeit gegen eine Wirtschaftspraxis, die keine Zukunft haben konnte. Verschiedene Nationalökonomen befanden sich hier auf dem Weg zu einem politischen Widerstand gegen das System im Ganzen.

Zwischen Peter Yorck und Adolf Lampe entwickelte sich ein besonderer schriftlicher Kontakt. Vom 6. März 1941 stammt ein erster Brief von Lampe an Yorck, in dem er ihm «einige Exemplare der Leitsätze» schickte, die zusammenfassen, was Lampe in einer der Sitzungen des Preisausschusses vorgetragen hatte. Beigefügt hatte er Thesen über Wirtschaftsführung und Weltanschauung und ein längeres Gutachten über «Die Lage des Handels in der Kriegswirtschaft». Darüber hinaus schenkte er ihm ein Exemplar seiner *Allgemeinen Wehrwirtschaftslehre* von 1938.

Erstaunlicherweise fasste sich Yorck in seinem Antwortbrief an Lampe vom 5. April 1941 sehr kurz. Er berichtet über seine Arbeit an § 22 der KWVO und bedankt sich für die übersandten Schriften, die er bei einem Urlaub auf dem Lande lesen wolle. Seinerseits legt er seinem Brief einen Referentenentwurf für den Bereich des Handels bei. Zu dem von Lampe wohl erwarteten schriftlichen Gedankenaustausch kam es nicht.

In seinem Schreiben vom 3. Mai 1941 antwortete Lampe mit einem langen Bericht über seine Arbeit und die damit zusammenhängenden Schwierigkeiten. Er zeigt sich als Mensch und Wissenschaftler von den Fehlentwicklungen im Krieg zutiefst aufgewühlt, wobei er sich mit Kritik an seinen Kollegen bewusst zurückhält. Das Schreiben des Universitätsprofessors an den Praktiker in einer staatlichen Preisbehörde dürfte ein Vertrauenserweis sein für den Empfänger des Briefes, denn der Absender äußert unverblümt, dass er die offizielle Wirtschaftspolitik für einen Weg in die «totale Zwangswirtschaft» halte. Von der 1933 propagierten Selbst- und Mitverantwortung der Wirtschaft sei nichts mehr vorhanden. Es dominierten die militärischen Interessen und Ziele, die Ökonomie habe ihnen gegenüber keinen selbstständigen Rang mehr. Ein leiser resignativer Unterton in dem langen Brief ist nicht zu überhören. Aber Lampe war gewillt, weiterhin über eine wissenschaftlich fundierte Wirtschaftsordnungspraxis nachzudenken und die Verantwortlichen zu beraten. Unentwegt schrieb dieser Nationalökonom Gutachten für Ministerien, Wirtschaftsverbände und einzelne Produktions- und Handelssparten. Es war ein Kampf gegen den volkswirtschaftlichen Unsinn einer ideologiegeleiteten Politik.

Yorck dürfte gespürt haben, dass zwischen den Zeilen dieses langen Briefes nichts anderes stand als die Angst des nationalökonomisch gebildeten Professors vor einem Chaos in Wirtschaft und Staat. Lampe lag wohl viel daran, Yorck mit eindeutigen Informationen zu beliefern, die für seine Urteilsbildung in seiner Arbeit im Reichspreiskommissariat wichtig sein konnten. In seinem nächsten Brief vom 19. Juni 1941 bedankte er sich bei Yorck für die Aufnahme «in Ihrem schönen Heim» Ende Mai sowie für die «anregenden Stunden der Aussprache» und kündigt einen neuen Besuch Ende Juni an mit der Bitte um «eine Ihnen zusagende Stunde zu persönlichem Gedankenaustausch».

Helmuth James von Moltke erwähnt in einem Brief an seine Frau Freya vom 27. Mai 1941 ein Gespräch bei Yorck «mit 2 Volkswirtschaftlern» (MB, 251 f.). Einer davon könnte Adolf Lampe gewesen sein. Mit der Verbindung von Yorck und Lampe entstand ein erster intensiverer Kontakt zwischen den Freiburger Ökonomen und den Kreisauern, der nie abgebrochen wurde. Im Februar 1943 schickte Lampe an Yorck und Goerdeler die von ihm verfassten Arbeiten für die Arbeitsgemeinschaft Erwin von Beckerath. Yorck war also, später auch noch durch Constantin von Dietze (1891–1973), über die wirtschaftswissenschaftlichen Arbeiten der Freiburger und ihrer Kombattanten bestens informiert. Bei der Abfassung der Kreisauer Entwürfe zur Neuordnung Deutschlands dürften auch die Freiburger Denkschriften vom November/Dezember 1938 und vom Januar 1943 bekannt gewesen sein. Ihre Titel lauteten «Kirche und Welt. Eine notwendige Besinnung auf die Aufgaben des Christen und der Kirche in unserer Zeit» und «Politische Gemeinschaftsordnung. Ein Versuch zur Selbstbesinnung des christlichen Gewissens in den politischen Nöten unserer Zeit».[22]

Wirtschaftsstab Ost

Am 26. April 1942, dem Tag der letzten großen Rede Hitlers im Reichstag,[23] sprach Yorck mit dem Nachfolger Josef Wagners, Hans Fischböck (1895–1967), einem Parteimitglied und SS-Brigadeführer, über eine Versetzung in ein Wehrmachtsamt. Wagner war am 9. November 1941 als Reichspreiskommissar abgesetzt und am 12. Januar 1942 aus der Partei ausgeschlossen worden. Fischböck trat am 15. Januar 1942 seine Nachfolge an. Zuvor war er als Generalkommissar für Wirtschaft und Finanzen in den besetzten Niederlanden für die Eingliederung der niederländischen Wirtschaft in die deutsche zuständig. Yorck hatte seinen alten Chef verloren und sah unter dem neuen Vorgesetzten, der ein überzeugter Nationalsozialist war, Schwierigkeiten auf sich zukommen. Fischböck entsprach der Bitte des Grafen. Am 15. Juli 1942 wurde er ins Oberkommando der Wehrmacht zum Wirtschaftsstab Ost einberufen, der schon über ein Jahr existierte.

Schon im Vorfeld des Überfalls der deutschen Wehrmacht auf die Sowjetunion am 22. Juni 1941 waren Planungen angelaufen, um die eroberten Gebiete im Osten für die deutsche Wirtschaft zu nutzen. Es ging nicht um ihre Befreiung vom Bolschewismus, sondern um eine systematische Ausbeutung der Länder, die die deutsche Wehrmacht eroberte. Auf Weisung von Göring, dem Beauftragten für den Vierjahresplan, wurde eine sogenannte Grüne Mappe erarbeitet, die der Truppenführung und den Wirtschaftsdienststellen zur Orientierung über die wirtschaftlichen Aufgaben dienen sollte. Dort heißt es:

> Nach den vom Führer gegebenen Befehlen sind alle Maßnahmen zu treffen, die notwendig sind, um die sofortige und höchstmögliche Ausnutzung der besetzten Gebiete zugunsten Deutschlands herbeizuführen. …
> Die Ausnutzung der neu zu besetzenden Gebiete hat sich in erster Linie auf den Gebieten der Ernährungs- und der Mineralölwirtschaft zu vollziehen. So viel wie möglich Lebensmittel und Mineralöl für Deutschland zu gewinnen, ist das wirtschaftliche Hauptziel der Aktion. …
> Die erste Aufgabe ist es, sobald wie möglich zu erreichen, dass die deutschen Truppen restlos aus dem besetzten Land verpflegt werden, um so die Verpflegungslage Europas zu erleichtern und die Verkehrswege zu entlasten. …
> Das Schwergewicht bei der Erfassung von Nahrungsmitteln für die heimische Wirtschaft liegt bei Ölfrüchten und Getreide.[24]

Die Ziele waren eindeutig formuliert: die Ausplünderung der sowjetischen Rohstoffe, der Industrie und der Landwirtschaft. Unter dem SS-Obergruppenführer und Staatssekretär Paul Körner (1893–1957) wurde ein Wirtschaftsführungsstab eingerichtet, dem Mitglieder aus den beteiligten Ministerien angehörten. Die praktische Arbeit leistete als Ausführungsorgan der Wirtschaftsstab Ost, den seit August 1941 General Otto Stapf (1890–1963) leitete.

Weder durch Yorck selbst noch durch ihm Nahestehende erfahren wir, welche konkreten Aufgaben er in diesem nicht gerade kleinen Apparat hatte. Die Quellenlage ist sehr spärlich. Nach einer

Stellenbesetzungsliste war er von 1942 bis 1944 stellvertretender Gruppenleiter, dann Gruppenleiter I/Ia in der Gruppe IV Wirtschaft.[25] Zusätzlich nahm er an vielen Sitzungen der Haupttreuhandstelle Ost teil, einer Behörde, die im Herbst 1939 von Göring gegründet worden war, um das Vermögen des polnischen Staates zu erfassen, zu verwalten und zu verwerten sowie das Geld- und Kreditwesen zu regeln. Das Ziel war die Eingliederung der polnischen Wirtschaft in einen «großgermanischen Wirtschaftsraum» unter der Führung Deutschlands.

An welcher Stelle Yorck in dem Apparat auch gearbeitet haben mag: Er war Mitarbeiter einer Dienststelle, die an den Verbrechen der deutschen Besatzungspolitik beteiligt war.[26] Außer Frage steht, dass er genau wusste, was in den Ländern des Ostens an und hinter den Fronten geschah. Die Realität eines Eroberungs-, Ausbeutungs- und Vernichtungskrieges mit weltanschaulichen Prämissen kannte er genau. Er war Mitwisser des Völkermords durch Einheiten der Einsatzgruppen, der Wehrmacht und verschiedener Behörden.

Aufgrund der Arbeit in seiner Behörde, einem Teil des Oberkommandos der Wehrmacht, war er aber gleichzeitig ein Mittäter. Wenn er auch nicht persönlich ein Kriegsverbrechen begangen hat, so war er doch verstrickt in die Verbrechen der deutschen Wehrmacht. Genau hier lag das persönliche moralische Problem vieler Männer im Widerstand: Sie waren Angehörige von Funktionseliten im Dienst eines verbrecherischen Systems, das sie gleichzeitig zutiefst ablehnten, aber nicht kurzfristig aufheben konnten. Sie waren Gefangene in einem System, das sich nicht durch einen einfachen moralischen Aufstand aufbrechen, sondern nur durch eine organisierte politische Konspiration mit dem Ziel der Anwendung militärischer Gegenmacht überwinden ließ. Ihr sittliches Bewusstsein war in dieser Situation zutiefst verletzt. Gerade sie, die sich zum Widerstand entschlossen hatten, wussten um ihre tiefe schuldhafte Verstrickung. Sie wussten um ihre Mitschuld an der Katastrophe und bekannten sie sich untereinander.

Auch wenn sie sich im einen oder anderen Fall widerständig verhielten oder Einzelmaßnahmen boykottierten, waren sie im Ganzen in ein System «kalkulierter Morde» integriert. Und sie wussten, dass die angestrebte Befreiungstat eines Attentates und eines gelungenen Staatsstreichs nicht die nachträgliche Exkulpation für ihre Mitverantwortung am deutschen Irrweg bedeutet hätte. Die blutigen Hände waren nicht reinzuwaschen. Alles schrie nach Vergebung und Neuanfang.

Im Falle Yorcks wird man in aller Vorsicht vermuten dürfen, dass sein persönlicher Weg zu einem immer bewussteren Glauben an den vergebenden Gott und seine Öffnung zum Abendmahl als Vergebungsmahl mit der Erkenntnis seiner Mitschuld zusammenhing. Diesem *Mea culpa* entsprang seine Bereitschaft, sich für ein radikal Neues gegen das radikal Böse einzusetzen.

Kapitel IV

Im Kreisauer Kreis

Die Begegnung mit Helmuth James von Moltke

Peter Yorck und Helmuth James von Moltke nahmen im Vorfeld des Krieges unabhängig voneinander Kontakte mit Militärs auf. Moltke führte im Sommer 1938 ein erstes Gespräch mit Beck und Halder.[1] Etwa zur gleichen Zeit, als Yorck seinen «Grafenkreis» zusammenrief, versammelte Moltke alte Freunde und Bekannte aus der Zeit der Schlesischen Arbeitslager um sich. Wie es zu der Begegnung zwischen Marion und Peter Yorck mit Helmuth James von Moltke am Dienstag, dem 16. Januar 1940, in der Wohnung der Yorcks in der Hortensienstraße kam, wissen wir nicht genau. Vorausgegangen war am 8. Januar ein Essen von Moltke mit Legationsrat Kessel, «einem der Adlati von Weizsäcker, der jetzt auf drei Monate nach Genf geht» (MB, 104). Moltke kannte diesen Freund von Yorck seit 1935. Es ist möglich, dass Kessel Yorck ermunterte, Moltke einzuladen. Die beiden kannten sich nur flüchtig aus der Zeit der Schlesischen Arbeitslager und waren sich 1938 bei der Taufe des Sohnes von Hans Adolf von Moltke und seiner Frau Davida (Dävy) auf dem Gut in Wernersdorf, das auf dem Weg von Kreisau nach Breslau lag, begegnet. Obwohl sie miteinander verwandt waren, sprachen sie sich lange mit Sie an.

Mit Moltke und Yorck trafen sich zwei Angehörige aus alten preußischen Adelsfamilien. Beide waren Schlesier, Juristen, Kenner der Landwirtschaft und Freunde des ländlichen Lebens. Beide hatten bürgerliche Frauen geheiratet, hatten kein elitäres Standes-

Abbildung 29: Helmuth James von Moltke im Zug, um 1940. Da Moltke als Völkerrechtler im Amt Ausland/Abwehr im Oberkommando der Wehrmacht in Berlin tätig war, konnte er nur die Wochenenden in Kreisau verbringen.

bewusstsein und lebten ein wenig aufwendiges Leben in der Stadt und auf dem Land. Und beide hatten ein weitverzweigtes Netz von Freunden und Bekannten in militärischen Kreisen und in zivilen Dienststellen. Yorck verfügte zu dieser Zeit über engere Beziehungen zum militärischen und zivilen Widerstand als Moltke. Seit 1937 hatte er Kontakte zum Stabschef des Amtes Ausland/Abwehr im OKW Oster, zu Generalfeldmarschall Witzleben, zum Berliner Stadtkommandanten Hase und zu General Beck, die das Zentrum des militärischen Widerstands stellten.[2] So war er über die Staatsstreichpläne von 1938 genau informiert. Zudem besaß er kontinuierliche Kontakte zu resistenten Mitarbeitern im Auswärtigen Amt. Als Mitarbeiter im Regierungsapparat hatte er beste Kenntnisse über Strukturen und Personen in den Berliner Ministerien. Zwei Ereignisse waren es 1938, die ihn von einer widerständigen Haltung zur Führerdiktatur endgültig zum bewussten, risikobereiten Widerstand gegen das NS-System führten: im Februar die Entlassung des Reichskriegsministers Blomberg und des Oberbefehlshabers des Heeres General Fritsch sowie im November die Pogromnacht mit der anschließenden antijüdischen Gesetzgebung. Und die Besetzung der Tschechoslowakei im März 1939 zeigte ihm, dass es Hitler nicht mehr nur um die Revision von Versailles ging, sondern um einen neuen deutschen Imperialismus im Geist der Rassenlehre der nationalsozialistischen Weltanschauung.

An jenem Mittag im Januar 1940 trafen sich zwei junge Männer, die im radikalen Gegensatz zur Theorie und Praxis des Nationalsozialismus standen. Ihnen konnte es nicht mehr nur um Korrekturen im System gehen, sondern um die Überwindung des Systems selbst. Um dies gemeinsam vorantreiben zu können, musste man sich untereinander verständigen, wie ein Deutschland nach dem Nationalsozialismus aussehen sollte. Eine noch so radikale Gegnerschaft gegen den Hitlerismus, die in einen blinden Aktionismus führen könnte, reichte ihnen von Anfang an nicht aus. Vielmehr musste eine realpolitische Überwindung dieses verbrecherischen Systems mit einer radikalen Neubesinnung auf christliche Werte und humanistisch-emanzipatorische Traditionen und mit einem entsprechenden Neuaufbau der politischen und gesellschaftlichen Ordnung verbunden werden, die die Phase der Usurpation Deutschlands durch arisch-germanische Mythologie, durch sozialdarwinistische Rassenlehre und durch heidnischen Imperialismus ablösen sollte. Beiden Männern war nach den Erfahrungen von 1938 und 1939 klar, dass man sich nicht mehr allein auf die Wehrmacht als zum Staatsstreich bereite Kraft verlassen konnte, sondern den Widerstand auf ein breiteres Fundament der im Volk vorhandenen Hitlergegner stellen musste. Doch zunächst hatten sie sich untereinander über die Einschätzung der

Abbildung 30: In dem Reihenhaus von Marion und Peter Yorck in der Hortensienstraße 50 in Berlin-Lichterfelde fanden zahlreiche Treffen des Kreisauer Kreises statt.

politischen Lage sowie über Grundsatzfragen und Ziele einer Neuordnung zu verständigen. Moltke hatte am 16. Januar 1940 an seine Frau Freya geschrieben:

> Zu Mittag habe ich mit Peter Yorck, dem Bruder von Davy, gegessen oder vielmehr bei ihm. Er wohnt draußen am Botanischen Garten in einem winzigen Haus, das sehr nett eingerichtet ist. Ich glaube, wir haben uns sehr gut verständigt, und ich werde ihn wohl öfter sehen … (MB, 106)

Und in der Tat: Genau das wurde für viereinhalb Kriegsjahre Wirklichkeit. Es wurde eines der engsten Gesinnungs- und Arbeitsverhältnisse, die es im deutschen Widerstand gegeben hat. In den Wochen nach dem gemeinsamen Mittagessen trafen sie sich in kurzen Abständen in Moltkes Wohnung in der Derfflingerstraße oder in der Hortensienstraße. Zunächst wurden beide Wohnungen die Begegnungs- und Gesprächszentren des sich in der Folgezeit langsam bildenden festen Freundeskreises.

Was die beiden Adeligen miteinander besprachen, lässt sich aus dem im Juni 1940 beginnenden Briefwechsel erschließen. Moltke blieb bei seinem Stil, jeweils nach einer bestimmten Phase der Gespräche die Ergebnisse, wie er sie sah, aufzuschreiben und zur Gegenlese seinem Partner zuzuschicken. Der unverbindliche Dauerdialog lag ihm nicht, er wollte einen schriftlich fixierten Konsens als Voraussetzung gemeinsamen Handelns festhalten. Dabei ging er mit der Sprache und mit den Begriffen sehr genau um. Eine allgemeine emotionale Übereinstimmung mit vagen Begründungen und unscharfen Zielen reichte ihm nicht aus. Vielmehr drängte er auf eindeutige Texte, die Richtschnur für ein konsequentes Verändern der Wirklichkeit sein sollten. Dabei waren ihm in unendlichen, manchmal mühsamen Diskussionen gefundene und dann gemeinsam akzeptierte Positionsbestimmungen wichtiger als Einzelleistungen, die zur bloßen Gefolgschaft einluden. Mit Yorck entwickelte er, was der Freundeskreis werden sollte: eine Gruppe, deren Mitglieder miteinander einen argumentativen Dauerdialog führten. Jeder war mit seinen individuellen Gaben, mit seinen besonderen Lebenserfahrungen und mit seinem speziellen Berufswissen beteiligt.

Moltke und Yorck begannen mit einer traditionellen Grundsatzdiskussion über das Wesen und die unverwechselbaren Funktionen des Staates als Voraussetzung für den Entwurf einer zukünftigen Neuordnung in Deutschland. Natürlich war bei ihren Überlegungen die unmittelbare Gegenwart stets präsent. So begann der erste Brief Moltkes an Yorck vom 17. Juni 1940 mit dem Satz:

> Nun, da wir damit rechnen müssen, einen Triumph des Bösen zu erleben, und während wir gerüstet waren, alles Leid und Unglück auf uns zu nehmen, stattdessen im Begriffe sind, einen viel schlim-

> meren Sumpf von äußerem Glück, Wohlbehagen und Wohlstand durchwaten zu müssen, ist es wichtiger als je, sich über die Grundlagen einer positiven Staatslehre klar zu werden. (Br. 1, 118)

Unter Verletzung der Neutralität der Niederlande, Belgiens und Luxemburgs war die Westoffensive eröffnet worden. Diese Staaten kapitulierten schnell, ebenso wie Frankreich schon am 17. Juni um einen Waffenstillstand bat. Im schroffen Gegensatz zu den meisten Deutschen, die diese Siege als Revanche für Versailles emphatisch feierten, sprach Moltke von einem «Triumph des Bösen». Hitler hatte nach dem Überfall auf Polen in kürzester Zeit einen weiteren großen Sieg errungen. Die Zustimmung für ihn erreichte in Deutschland einen absoluten Höhepunkt. Dass gerade diese gegen jedes Völkerrecht errungenen Siege die Dominanz des Hitler-Deutschland in Europa wahrscheinlicher machten, betrachtete Moltke als Triumph destruktiver Kräfte über die europäische Staaten- und Völkerwelt. Diese radikale Analyse konnte nur von einem Menschen gedacht und gesagt werden, für den Hitler unter dem Schein des Gegenteils der Inbegriff des «Bösen» als des zerstörerischen Prinzips auf der politischen Handlungsebene geworden war. Eine Leidenszeit für das deutsche Volk hatte Moltke mit dem Beginn des europäischen Krieges erwartet, eine gleisnerische Triumphzeit war gekommen. Aber hinter der Verblendung und Täuschung durch spektakuläre militärische Siege sah er den Sumpf der Perversion des Politischen. Der Preis der militärischen Erfolge war im Innern der ungehemmte Ausbau eines totalen Staates als endgültiger Auflösung von Recht und Gerechtigkeit. Moltke griff in seinem Brief vom 17. Juni 1940 auf eine Diskussion zurück, die Yorck und er mit Schulenburg am 4. Juni geführt hatten. Als Kriterium für einen Staat hatte Moltke die Gerechtigkeit vorgeschlagen, die «darin bestünde, dass im Rahmen des Staatsganzen ein jeder sich voll entfalten und entwickeln könnte». Yorck hatte versucht, dieser freien Entfaltungsmöglichkeit des Einzelnen eine «schwere Hypothek» aufzuerlegen. In der schriftlichen Aufnahme des abgebrochenen mündlichen Gesprächs ging es Moltke darum, eine Verständigung über diesen Begriff zu erreichen. Zunächst definierte er in drei Punkten sein Staatsverständnis:

> 1. Es ist nicht die Bestimmung des Staates, Menschen zu beherrschen und durch Gewalt oder durch Furcht vor Gewaltanwendung zu zügeln, vielmehr ist es die Bestimmung des Staates, die Menschen in eine solche Beziehung zueinander zu bringen und sie darin zu erhalten, dass der Einzelmensch von jeder Furcht befreit in voller Sicherheit und doch ohne Schaden für seinen Nächsten zu leben und zu handeln vermag.
> 2. Es ist nicht die Bestimmung des Staates, Menschen zu wilden Tieren oder zu Maschinen zu machen, vielmehr ist es die Bestimmung des Staates, dem Einzelmenschen denjenigen Rückhalt zu geben, der es ihm ermöglicht, Körper, Geist und Verstand ungehindert zu betätigen und zu entwickeln.
> 3. Es ist nicht die Aufgabe des Staates, unbedingten Gehorsam und blinden Glauben an sich oder an etwas anderes vom Menschen zu fordern, vielmehr ist es die Bestimmung des Staates, den Einzelmenschen dahin zu führen, dass er nach den Geboten der Vernunft lebt, diese Vernunft bei allen Dingen betätigt, und ihn zugleich dahin zu leiten, dass er seine Kraft nicht in Hass, Ärger, Neid verschwendet oder sonst unrecht handelt.
>
> Die letzte Bestimmung des Staates ist es daher, der Hüter der Freiheit des Einzelmenschen zu sein. Dann ist er ein gerechter Staat. (Br. 1, 118 f.)

Für Moltke sind das Zielbestimmungen der zukünftigen staatsrechtlichen Gestaltung. Natürlich wusste er, dass der neue Staat dem Einzelnen eine «Hypothek» als «Zugeständnis an die Wirklichkeit» aufladen müsse. Die volle Freiheit werde sich erst «durch geeignete Erziehung» in längeren Prozessen entwickeln können. Die Staatszielbestimmungen von Moltke sind nur zu verstehen, wenn man sie als radikale Gegenposition zu Theorien damals bekannter Staatsrechtslehrer und zur Praxis der NS-Herrschaft begreift. So hatte Ernst Forsthoff 1933 in seiner Programmschrift «Der totale Staat» definiert:

> Der totale Staat muss ein Staat der totalen Verantwortung sein. Er stellt die totale Inpflichtnahme jedes Einzelnen für die Nation dar. Diese Inpflichtnahme hebt den privaten Charakter der Einzelexistenz auf. Er muss jeden zur Rechenschaft ziehen, der sein persönliches Geschick nicht der Nation völlig unterordnet. Dieser Anspruch des Staates, der ein totaler ist, macht das Wesen des neuen Staates aus.[3]

Dieser totale Staat ist ein Führerstaat, der hierarchisch strukturiert ist. Er bekämpft jede Form liberalen und demokratischen Denkens und muss alles «rücksichtslos ausmerzen», was «seine Autorität nicht anerkennt». Nachdem dieser totale Staat Wirklichkeit geworden war, musste er die «große Säuberungsaktion» beginnen, die dazu diente, «in Vollziehung der Unterscheidung von Freund und Feind alle diejenigen auszumerzen, die als Artfremde und Feinde nicht länger geduldet werden konnten». Und Otto Koellreutter ergänzte 1934 in seiner Broschüre «Der Deutsche Führerstaat»:

> Aus dem Wesen der Führung im deutschen Führerstaate folgt, dass die Gewaltentrennung in dem neuen Staatstypos kein politisches Prinzip mehr sein kann. Die oberste politische wie die letzte Rechtsgestaltung liegen in der Hand des Führers. Er vereinigt in seiner Person die Funktion der Gesetzgebung und der obersten Exekutive. In Staatsnotzeiten muss auch – wie die Röhm-Revolte gezeigt hat – die Funktion des obersten Gerichtsherrn in der Hand des Führers liegen. Der Führer und Reichskanzler kann seinen Willen in der Form des Gesetzes, aber auch durch selbstständige Verordnungen kundtun.[4]

Diese und andere Staatsrechtler haben in deutlicher Klarheit das neue Rechtsverständnis eines totalen Führerstaats formuliert, und die faktische Rechtspraxis des «neuen Staates der nationalen Revolution» entsprach genau diesen staatsrechtlichen Konstruktionen. Tatsächlich wurde mit Gewalt regiert, um Menschen in Angst und Schrecken zu halten, um ihre mögliche Widerständigkeit zu brechen, um Gehorsam gegenüber den vielen Uniformträgern zu erzwingen, um sie in einen durchorganisierten Machtapparat einzupassen und um sie zu gehorsamen Instrumenten im System zu machen. Im Kern bedeutete für Moltke die im NS-System dominierende Praxis die systematische Zerstörung des Menschen als eigenständiger Person, die Verweigerung seiner Freiheit im Denken und Handeln. Eine staatsoffizielle Weltanschauung nahm den Menschen die autonome Wahlfreiheit in Fragen des Glaubens und des Gewissens. Für Moltke war dies alles das Ende der christlich-humanistischen Tradition und des europäisch-liberalen Erbes der Aufklärung.

In seinen Staatszielbestimmungen richtet sich Moltke gegen diesen radikalen Abbau der bürgerlichen Weiterentwicklung in der Ideen- und Verfassungsgeschichte. Sein Gegensatz zum Nationalsozialismus ist im Kern ein anthropologisch-ethischer. Die Beseitigung der Mittelpunktstellung des Einzelnen, der als Mensch eine mit ihm geborene Würde hat, sei nur zu überwinden, wenn die Aufgabenstellung des Staates radikal anders bestimmt werde. Die Schutzbestimmung des Staates für das Leben und das Recht des Individuums zurückzugewinnen, bleibe ein Grundimpuls für den Widerstand. Dieser richte sich nicht nur gegen einzelne Untaten oder Verbrechen des NS-Systems, sondern gegen das Ganze des NS-Systems, das für Moltke eine geistige Katastrophe, eine Krisenerscheinung von apokalyptischen Ausmaßen ist. Deshalb kann er auf Deutungskategorien wie das Böse, das Teuflische und das Dämonische zurückgreifen, nicht um sich in eine mystisch-dunkle Sprache zu flüchten, sondern um das bizarre Geschehen um sich herum überhaupt realitätsnah ausdrücken zu können. Die biblische Begriffssprache und die literarische Bildersprache interpretierten die zeitgenössische Wirklichkeit am treffendsten. Seine

Deutung der Zeit sollte deshalb immer mehr eine religiöse Komponente erhalten.

Die Gegenwart war für Moltke nur noch verstehbar durch den Rückgriff auf bezeugte Wahrheiten und Weisheiten aus der Bibel. Den Nationalsozialismus hatte er schon in den letzten Vorkriegsjahren als den radikalsten Ausläufer des neuzeitlichen säkularistischen Denkens interpretiert. Dass das jüdisch-christliche Erbe durch biologistisch-materialistische Selbstentwürfe für die Ordnung von Staat und Gesellschaft ersetzt wurde, hatte sich in seinem Verständnis zur epochalen Geisteskrise schlechthin ausgewachsen, in der sich die Gegenkräfte und Widersacher einer humanen Kultur real austobten. Wer sich dem Trend zur Auflösung bewährter Ordnungen widersetzte und einen realen Widerstand gegen den herrschenden Zeitgeist leisten wollte, musste sich dafür oder dagegen entscheiden. Vermittelnde Kompromisse hatten in diesem dualistisch-antagonistisch verstandenen Kampf keinen Platz. Entweder würde dieses nationalsozialistische Lügensystem überwunden, oder alles würde in ein blutiges Nichts versinken.

Moltke wird ein Geschichtsdeuter, für den es um dieses Entweder-oder in der Zukunft geht. Dabei denkt er konsequent anthropozentrisch. Sein Menschenbild ist von reformatorischer Anthropologie und von europäischer Aufklärung mit ihren menschenrechtlichen Normen bestimmt. Er wusste, dass sich in der Bewegung des Nationalsozialismus die zu den «Prinzipien von 1789» gegenläufige deutsche Traditionslinie durchgesetzt hat: die antiliberale und antidemokratische Tradition der politischen Romantik und der idealistischen Staatsphilosophie, die beide ein gesellschaftliches Ungleichheitssystem für naturgegeben hielten und einen als Persönlichkeit gedachten Staat in den höchsten geschichtlichen und sittlichen Rang erhoben. Im Nationalsozialismus hatte für ihn die antiemanzipatorische Linie der deutschen Ideengeschichte ihren Höhepunkt erreicht. Jede Auseinandersetzung mit ihm musste deshalb bei der Frage des Menschen- und Staatsverständnisses beginnen. Und wenn man das NS-System für eine fundamentale Verfehlung des Humanen, des Staatlichen und des Politischen hielt, dann konnte die Konsequenz nicht nur in einem radikalen prinzipiellen Nein bestehen, sondern das Nein musste in den geistigen und politischen Willen umgesetzt werden, dieser Bewegung die Möglichkeit der weiteren Geschichte kompromisslos zu nehmen. Für Moltke war der Nationalsozialismus nicht ein Phänomen zwischen Wahrheit und Lüge, sondern eine Lüge selbst. Deshalb gab es an ihm nichts zu reformieren und nichts von ihm für die Zukunft zu übernehmen.

Dieses radikale Entweder-oder führte im Denk- und Sprachstil Moltkes in die Nähe apokalyptischer Ängste. Er sah die fast wonnevolle Zerstörung einer jahrtausendealten Kultur und Religion. Für ihn wäre der totale Sieg des nationalsozialistischen Gegenentwurfs das Ende der Geschichte der deutschen und europäischen Kulturentwicklung zugunsten eines angewandten Barbarentums gewesen. Deshalb war Widerstand für ihn eine Entscheidung, die gegenüber dem pervertierten Bestehenden nur revolutionär sein konnte. Moltke sah sich immer bewusster als ein Mensch, der sich dieser Aufgabe verschreiben musste. Dafür scheute er dann keinen Einsatz an Zeit und Geld, an Reflexion und Aktion. Mit dem Reformator Luther war ihm klar geworden, dass es in der säkularen Krise seiner Zeit um die Entscheidung Gott oder Abgott ging. Der Abgott hatte seine Anbeter, verfügte über militärische Macht und entschied über das Schicksal von Völkern. Der wahre Gott hatte nur die Macht seines Wortes, das Menschen in ihrem Gewissen und bei ihrer Verantwortung für die Schöpfung Gottes treffen konnte. Moltke sah in seiner Gegenwart die Macht des triumphierenden Abgottes und die Ohnmacht Gottes. Aber zum Jahresbeginn 1940 stand er am Anfang eines Weges, der bis zum Ende seines Lebens noch viele Stationen durchlaufen sollte, und zwar nun in engster Zusammenarbeit mit Peter Yorck.

Auf Moltkes ersten Brief antwortete sein neuer Gesprächspartner am 7. Juli 1940. Yorck nahm zunächst das Stichwort «Triumph des Bösen» auf und schrieb:

> Nur in einer Beziehung vermag ich mich dieser Beurteilung anzuschließen, nämlich insoweit, als es sich bei diesen Ereignissen um die von einem Menschen gewollte Durchsetzung des Nihilismus handelt, nicht aber hinsichtlich dessen, was sich unabhängig oder gar gegen diesen Willen vollzieht – der das Böse will und das Gute schafft. (Br. 1, 120)

Yorck unterschied zwischen dem, was der Sieger Hitler wollte, und der Reaktion der betroffenen Menschen auf die Zerschlagung ihrer bisherigen Geisteswelt und Lebensform. Nach einer Reise durch «Feindländer» sah er die Bereitschaft, statt nach «Revision und Revanche» zu rufen, sich geistig und politisch neu zu orientieren, und konstatierte:

> Selbst wenn – wie ich hoffe – wir zurzeit den pathetischen Abschluss einer Epoche erleben, muss auf die Keime geachtet werden, die das neue Leben aus den Ruinen treiben sollen. (Br. 1, 120)

Zwischen Yorck und Moltke gab es in der Analyse und Wertung des Nationalsozialismus keinen Unterschied: Für sie war er politisch angewandter Nihilismus. Aber für Yorck war kein Sieg so radikal und endgültig, dass sich nicht in der Niederlage ein neues Potenzial von Geisteskräften bildete. Er konnte nicht an den Endsieg des Menschenfeindlichen glauben. Der Tyrann blieb für ihn eine zwischenzeitliche Erscheinung auf dem Weg zu einer umfassenden Neuorientierung. Moltkes apokalyptischer Geschichtsangst setzte er das Urvertrauen entgegen, dass Gott, der Schöpfer und Erhalter des Lebens, seine Welt nicht durch menschliche Hybris zerstören lasse. Yorck hatte Zutrauen zu dem *deus absconditus*, zu dem verborgenen Gott in der Geschichte, dass dieser seine Welt nicht an seine Widersacher bis zum bitteren Ende ausliefere. Und er vertraute darauf, dass immer wieder Menschen da sein würden, die sich nicht in die bleibende Knechtschaft eines «Großtyrannen» (Luther) begäben. Gegen dessen Anmaßung, von den

Menschen die totale Unterordnung des Leibes, der Seele und des Geistes unter die von ihm gesetzten Normen zu verlangen, werde es immer auch den Aufstand der Unterdrückten im Namen eines freien Gewissens geben.

Yorck konnte nicht ohne kritische Nachfragen die Staatszielbestimmungen Moltkes übernehmen. Er musste auch hier die vorgelegte Argumentation ergänzen. Gegen die Tendenz bei Moltke, dem Staat vorrangig die Funktion zu geben, für die Freiheit des einzelnen Menschen Sorge zu tragen, setzte er die «Rückbezogenheit» des Einzelnen auf den Staat. Er schrieb:

> Diese Rückbezogenheit von Einzelmensch und Gemeinschaft scheint mir bei der Erörterung das Wesentliche, und in ihr liegt die Kumulation von Recht und Pflicht, die ich in dem Gespräch als Hypothek auf dem Einzelmenschen bezeichnete. Ich wollte damit die Freiheit für sich selbst umwerten zu der Freiheit für die anderen, die nach meinem Dafürhalten nur die Grundlage staatlichen Lebens sein kann. (Br. 1, 121)

Der Staat hat für Yorck nicht nur eine Funktion im Dienst der Menschen, sondern die Menschen haben umgekehrt die Pflicht, diesem Staat als ihrer Rechtsordnung zu dienen. Der Staat ist seinerseits an «Recht und Sittlichkeit» gebunden. Der Einzelne kann nicht «der politischen Willkür des allgewaltigen Staates» ausgeliefert werden.

Moltke hatte aus dem unmittelbaren Erleben eines totalitären Staates seine gegenläufigen Vorstellungen formuliert, während Yorck die Garantie der bürgerlichen Freiheit und die Mitverantwortung der Staatsbürger miteinander zu verbinden suchte.

Und noch eine kurze Anmerkung machte er, die eine neue Gesprächsrunde eröffnen sollte:

> ... gilt es noch zu beachten, dass nämlich Recht und Sittlichkeit untrennbar zusammengehören und auch der Staatswille sich der

> Sittlichkeit beugen muss. Der wahre Inhalt des Staates ergibt sich mir nun dort, wo er als Trieb göttlicher Ordnung den Menschen erscheint und von ihnen empfunden wird. (Br. 1, 121)

Für Yorck wird der wahre Inhalt des Staates nur erkennbar, wenn man ihn als eine von Gott gegebene und zugleich den Menschen aufgegebene Ordnung anerkennt. Hier wurde von Yorck zum ersten Mal ein theologisches Argument eingeführt, womit er Moltke zu einer Themenerweiterung in der Staatsproblematik provozierte. In zwei Briefen vom 12. und 15. Juli 1940 stellte sich dieser den Anfragen von Yorck, der auf die Notwendigkeit einer Verständigung in diesen Fragen hingewiesen hatte, wenn es zu einer Zusammenarbeit kommen sollte (Br. 1, 122 f.).

In Erinnerung an seine frühere Zusammenarbeit mit Menschen anderer Nationen schrieb Moltke, dass die «geistige Gemeinschaft mit den Besten der anderen Nationen» so schnell wie möglich wiederhergestellt werden müsse. Allerdings werde es schwer sein, «die jetzige Erscheinungsform» (gemeint ist das NS-System) zu überwinden. Aber:

> Es ist unsere Aufgabe, uns zu einer so klaren Erkenntnis durchzuringen, dass wir es uns und anderen ermöglichen, aus dieser Klarheit heraus die jetzige Erscheinungsform zu überwinden, nicht aber dürfen wir im Interesse der Erhaltung der jetzigen Erscheinungsform (und dazu gehört auch der Sieg und seine Früchte) unsere Erkenntnis und die Erkenntnis anderer vernebeln. (Br. 1, 122)

Im Klartext: Eine neue geistige Gemeinschaft der Nationen und eine neue politische Ordnung hätten zur Voraussetzung, dass Deutschland in sich selbst den Nationalsozialismus überwinde. Auch militärische Siege konnten diese Erkenntnis Moltkes nicht trüben und seinen politischen Willen zur Überwindung des Systems nicht schmälern.

Hinter solchen Sätzen stand die Befürchtung, dass durch die

schnellen und triumphalen Siege über Polen und Frankreich ansonsten regimekritische Zeitgenossen ihren Widerstandswillen zurücknähmen. Und in der Tat: Vor allem in Militärkreisen war die Bereitschaft zu einem Staatsstreich gesunken. Die früheren Widerstandsallianzen waren weithin zerbrochen. Moltke ließ sich jedoch nicht irritieren. Für ihn war klar, dass ein siegreicher Nationalsozialismus keine internationale Gemeinschaft stiften konnte. Er hatte aber auch die Notwendigkeit einer geistigen und politischen Umorientierung in den alliierten Ländern erkannt, wenn ein neues Zeitalter in Europa beginnen sollte. Natürlich setzte er schon jetzt auf Kerne des Widerstands in den besetzten Ländern, die nicht nur um die Befreiung von den Armeen Hitlers kämpften, sondern gleichzeitig für ein neues Gemeinwesen. So hatte die schnelle militärische Niederlage Frankreichs einen notwendigen Neuaufbau dieses Staates überdeutlich gemacht. Schon hier zeigt sich, dass Moltke den deutschen Widerstand im Zusammenhang mit dem nationalen Widerstand anderer europäischer Völker sah. Später sollte er konsequenterweise entsprechende Kontakte ins Ausland aufnehmen.

Zum eigentlichen Inhalt des Yorck'schen Briefes bemerkte Moltke zunächst, dass man aneinander vorbeigeredet habe. Er habe über das Staatsrecht, Yorck über die Stellung des Einzelnen zum Staat gesprochen. Dessen Formulierung über die «Freiheit für andere» interpretierte Moltke als «Dienst», gab aber zu bedenken, dass beides nur aus der Freiheit des Einzelnen ohne staatlichen Zwang entspringen könne. Es gelte: «Kein Staatsrecht ist imstande, Menschen zu bessern.» Vor allem bestritt Moltke, dass der Staat einem sittlichen Gebot unterstehe. Nur Personen könnten Ethik und Sittlichkeit haben. Unter einem ethischen Gesetz stünden allerdings die Inhaber der staatlichen Macht. Für sie sei der kategorische Imperativ von Kant gültig, so zu handeln, dass das eigene Handeln zur allgemeinen Richtschnur genommen werden könne. Gegen Yorcks Definition vom Staat als «Trieb göttlicher Ordnung» setzte Moltke fast bekenntnishaft den Satz:

> Ich stehe auf dem Standpunkt, dass die Staatslehre zu dem Gebiet der Philosophie, nicht zu dem der Theologie gehört, und ich halte es für außerordentlich gefährlich, einer staatlichen Ordnung eine religiöse Erklärung und einen religiösen Unterbau zu geben. (Br. 1, 123)

Hier zeigte sich ein nicht unerheblicher Unterschied zwischen den Briefpartnern. Für Moltke war der Staat eine von menschlicher Vernunft und moralischer Verantwortung getragene nützliche und hilfreiche Institution, die keinen metaphysischen Rang hatte, keiner religiösen Begründung bedurfte, sondern durch und durch ein säkulares Phänomen war, das zu seiner Lenkung rational-vernünftigen Kriterien unterlag. Yorck hingegen sah im Staat nicht nur eine zweck- und zielbestimmte, auf menschlicher Vernunft gegründete Institution, sondern eine Schöpfungsordnung Gottes, die vom Menschen innerlich als Voraussetzung für ein gutes Zusammenleben bejaht werden musste. Ein schöpfungstheologisches stand gegen ein rational-funktionalistisches Staatsverständnis. Der eine dachte den Staat theologisch in reformatorischer Tradition, für den anderen war er Gegenstand einer philosophischen Reflexion.

Dass Moltke sich so vehement gegen eine theologische Interpretation wehrte, dürfte auch historische Gründe gehabt haben, waren ihm doch die Predigten und Schriften vieler Theologen bekannt, die den jeweiligen Staat – sei es die Monarchie oder der Führerstaat – als eine Ordnung Gottes priesen und ihm gegenüber gehorsame Untertänigkeit einforderten. Natürlich kannte er die Kriegstheologie auf deutschen Kanzeln und die nationalreligiösen Predigten gegen Demokratie und Republik. Auch wie die Deutschen Christen Hitler und seinen Staat als Geschichtswillen Gottes verkündigten, erregte bei ihm Abscheu vor religiöser Deutung und frommer Inanspruchnahme säkularer Ereignisse.

In der Zeit ihres Schriftwechsels schickte Yorck an Moltke einen Aufsatz seines Bruders Paul über «Das Bild des abendländischen Staates» und bat um sein Urteil. Paul Yorck hatte auf 26 Schreibmaschinenseiten einen eigenständigen theologischen Entwurf über «Staat und Person», «Staat und Recht», «Kirche und Staat» und über «Kirche und Gesellschaft» ausgearbeitet.[5] Am 21. Juli 1940 antwortete Moltke und sprach dem Verfasser seinen Glückwunsch «zu der klaren und überzeugenden Darstellung eines m. E. obskuren Zusammenhanges» aus, um dann fortzufahren:

> Trotzdem überzeugt mich die Schrift nicht. Sie ist vielleicht gute Theologie, aber keine Staatslehre. Sie ist für mein Gefühl Romantik und will einen Zustand herstellen, wie er vor der Reformation und vor dem Zeitalter der Aufklärung möglich gewesen wäre. (Br. 1, 127)

In dem Bewusstsein, selbst noch in einem Klärungsprozess zu sein, formuliert er thesenhaft seinen augenblicklichen Erkenntnisstand:

> Für mich stehen auf der einen Seite: Religion, Offenbarung durch Christus und die Propheten, Glaube und Gehorsam, auf der anderen Philosophie, Weisheit durch Anwendung der Vernunft, Erkenntnis. Beide Linien treffen sich in der Ethik, da m. E. die christliche Morallehre sich mit der aus der Vernunft abzuleitenden deckt. Da aber die Offenbarung eine Gnade ist, deren nicht alle Staatsbürger teilhaftig werden können, da in der Heiligen Schrift keine allgemeingültigen Regeln für das Leben der Gemeinschaft geoffenbart sind, sondern nur Sonderbestimmungen für den Staat der Juden, lässt sich aus der Offenbarung ein Staatsrecht nicht ableiten, und jeder Versuch in dieser Richtung muss m. E. zu unfruchtbaren Diskussionen führen. …
> Verlässt uns aber die Offenbarung, so bleiben uns von dem Standpunkt dieser Schrift aus neben der freien Spekulation nur die Vernunftschlüsse, und bei dieser Wahl ziehe ich die Vernunftschlüsse vor. (Br. 1, 127 f.)

Moltke beendet seinen Brief mit dem Satz:

> Das ist alles ziemlich wirr, und es soll meine Vorstellungen nur andeuten. Ich will versuchen, dasselbe geschlossen und geformt zu sagen, ehe das Jahr um ist, und dann können wir vielleicht wieder darüber sprechen. (Br. 1, 128)

Die Frage ist, ob Moltke die Abhandlung von Paul Yorck, die als kritische historisch-theologische Reflexion über das Schicksal des abendländischen Staatsverständnisses vom Mittelalter bis in die unmittelbare Gegenwart hinein gedacht war, richtig verstanden und interpretiert hatte. Oder war ihm der Sprachstil dieses theologisch und kirchengeschichtlich gebildeten protestantischen Laien so fremd, dass er Mühe hatte, sein zentrales Anliegen herauszuhören? Jedenfalls zeigt sich, dass Moltke den Autor unter einer ganz anderen Fragestellung gelesen hatte.

Der Autor erörtert nämlich das Verhältnis von Person und Staat, von Staat und Recht und im zentralen Abschnitt das Verhältnis von Staat und Kirche. In diesem Abschnitt geht der Verfasser auf das neuzeitliche Staatsverständnis von Machiavelli bis zur Gegenwart ein. Die «Idee des totalen Staates» ist für Paul Yorck die Konsequenz der Verselbstständigung des Staates gegenüber der Religion. Wenn überhaupt, sei es allein die Religion, die diesen störe, seinen Totalitätsanspruch gegenüber den Bürgern und ihrer Lebenswelt durchzusetzen. Der Staat selbst habe den Staatskult zur neuen Religion erhoben. Aber bei genauerem Zusehen sei es nicht die Religion allgemein, die den Staat in seiner ungehemmten totalitären Entfaltung störe, sondern die Kirche als historisch-empirische Institution, die das Evangelium verkündige und die Gebote Gottes zur Sprache bringe. Diese Kirche sei die eigentliche Provokation für einen Staat, der alles zerstöre, was sich ihm entziehe. Seiner Tendenz, sich alle Wirklichkeiten verfügbar zu machen, könne nur die Kirche in eigener Vollmacht, die sie aus ihrem göttlichen Auftrag beziehe, entgegentreten. Sie spreche mit ihrer Botschaft und ihrer Lehre dieselben Menschen an wie der Staat mit seinen Normen und Zielen, allerdings nicht als abstrakte und isolierte Individuen, sondern als Wesen mit ihren vielfachen Bindungen und Verschränkungen. Sie schütze diese davor, sich an einen selbst ernannten Götzen zu binden und die Freiheit ihres Gewissens, die sie als Geschöpfe ihres Schöpfers hätten, zugunsten der Selbstversklavung an die Direktiven staatlicher Bevormundung abzugeben. Aber genau dieses Opfer verlange der totale Staat.

Für Paul Yorck hat die Kirche den Auftrag, in aller Öffentlichkeit die von ihr vertretene Sache ohne Scheu und Kompromisse zu vertreten. Sie soll die Grenzen des staatlichen Zugriffsrechts auf seine Bürger aufzeigen und auf die inhumanen Folgen staatlicher Willkür hinweisen. Auch und gerade der Staat mit seiner Versuchung, gewachsene existenzielle und kulturelle Bindungen, Zuordnungen und Verschränkungen zugunsten einer vereinheitlichten Gewaltordnung zu zerstören, müsse sich den Einspruch der Kirche gefallen lassen. Sie mundtot zu machen, sie gleich- oder ausschalten zu wollen, bedeute schließlich seine Selbstzerstörung. In dieser besonderen historischen Situation, in der der Staat sich über alle und alles erheben wolle, habe die Kirche sogar das Recht und die Pflicht, im Namen der unmündig gemachten Menschen Widerstand zu leisten. Wenn sie im Namen ihres Herrn konsequent handele, könne sie das Martyrium nicht scheuen. Auf der anderen Seite könne sie dem Staat, der seine Grenzen anerkenne, eine Bundesgenossin für eine bessere Lebenswelt in Freiheit und Gerechtigkeit sein. Sie könne verantwortlicher Staatlichkeit helfen, das moderne Zerstörungspotenzial zu bändigen. Das aber hat nach Paul Yorck zur Voraussetzung, dass bei den Menschen in Europa eine Umwandlung des religiösen Bewusstseins einsetze, um zu einer neuen Gemeinsamkeit eines europäischen, abendländischen Kulturkreises zurückzukehren. Allerdings könne dies nur durch eine klare kirchliche Verkündigung des Evangeliums von Jesus Christus geschehen.

Sosehr für Paul Yorck die Kirche im Gegenüber zum Staat eine Korrektur- und Widerstandsfunktion haben kann, so wichtig ist ihm die Vielfalt der anderen Lebenswelten mit ihren sozialen und kulturellen Bindungen, die nicht in eine verordnete «Uniformität» gebracht werden dürften. Wenn das Prinzip des Lebens die Vielfalt sei, bestehe die Aufgabe darin, ausgehend von der erkannten und anerkannten Gotteskindschaft jedes Menschen alle Lebensräume, die sich gegenseitig ergänzen und wechselseitig durchdringen, zu gestalten. Darin bestehe die Einheit des Ganzen, die mögliche «Harmonie». Der Staat müsse die Voraussetzungen schaffen, die es dem einzelnen Menschen ermöglichten, in allen Bereichen seines Lebens zum Bewusstsein seiner selbst, das heißt zur bewusstseinsmäßigen und tätigen Freiheit als Staatsbürger, zu kommen.

Zweifellos wird hier bei Paul Yorck der in der protestantischen Tradition seltene Versuch gemacht, das nie konfliktfreie und unter Umständen dramatische Verhältnis von Staat und Kirche zu bestimmen. Ungewöhnlich ist seine Bestimmung der Kirche als Grenze staatlicher Zuständigkeit. In kirchlicher und milieuprotestantischer Mentalität wurde die Kirche nicht als das entschiedene Bollwerk gegen den totalen Staat wahrgenommen. Eine Mehrheit neigte dazu, auch den Staat Hitlers noch als «gute Ordnung Gottes» zu verstehen. Paul Yorck dachte und argumentierte nicht mehr im Stil einer traditionellen Zwei-Reiche-Lehre, die den Staat seiner Eigengesetzlichkeit überlässt, sondern stellte ihn wie alle weltliche Wirklichkeit unter den Anspruch der Gebote des einen Gottes und unter die Inhalte des Evangeliums von Jesus Christus.

Moltke hatte, wie seine Antwort zeigt, noch keinen Sinn für diese Art neuer Theologie, die sich unter den Erfahrungen der Gegenwart gebildet hatte. Sein Thema war in diesen Monaten der Staat, nicht das Verhältnis von Kirche und Staat. Im Gespräch mit den beiden Yorcks war er an einer nichttheologischen Staatsbegründung aus der Kraft der menschlichen Vernunft interessiert, wofür er Philosophie und Theologie scharf trennen musste. Er sah, dass es im Neuen Testament weder eine theologische Staatsbegründung noch eine Staatsethik für die junge Christenheit gab, und seine Schlussfolgerung blieb: Der Staat bedarf weder einer theologischen Begründung noch einer besonderen Ethik, sondern wird von der Vernunft, Erkenntnis und Weisheit der Menschen entsprechend geschaffen.

Nun hatte Paul Yorck weder eine gesonderte Theologie des Staates noch eine gesonderte Lehre der Kirche entfaltet, sondern den zeitgenössischen totalen Staat mit seinen realen Konsequenzen für das Leben der «Untertanen» analysiert und bewertet. Er fragte sich, wie in einer bestimmten historisch-politischen Situation die Kirche den Staat von seiner Selbstperversion befreien könne. Weder an staatsrechtlichen Grundsatzfragen noch an komplizierten dogmatischen Konstruktionen war er interessiert, sondern an einer Kirche, die sogar zum Martyrium bereit wäre.

Paul Yorck sprach damit eine Realität an, die Moltke bislang kaum in den Blick genommen hatte: Kirche in ihrer geistlich-theologischen Substanz und als real existierende öffentliche Institution. Der Kern der Yorck'schen Ausführungen war: Nur eine Kirche als bewusste Kirche Jesu Christi hat die Voraussetzungen, den Nationalsozialismus als letzte Stufe des neuzeitlichen Säkularismus zu überwinden. Moltke setzte in dieser Zeit noch auf die Renaissance des aufgeklärt-liberalen Menschenbildes und der politischen Philosophie der Aufklärung. Religion und Glaube, Religiosität und Kirche, biblische Botschaft und kirchliches Leben nahm er wahr, waren für ihn aber mehr Sektoren privater Entscheidung. Das Denkmodell, beide Bereiche in eine Beziehung zu bringen, sie zwar zu unterscheiden, aber nicht zu scheiden, war ihm noch nicht geläufig. Aber als ein wacher und lernfähiger Geist hielt er seine eigene Position im Gespräch mit den Yorcks noch nicht für sein letztes Wort. Er kündigte an, bis zum Jahresende ein umfassendes Thesenpapier zu erstellen. Am 20. Oktober 1940 schickte er dieses seinen Freunden unter dem Titel «Über die Grundlagen der Staatslehre» (Br. 1, 132 ff.).

Doch zuvor gab es noch weitere Diskussionsrunden, mündlich

und schriftlich. Am 29. Januar 1940 besuchte Yorck Moltke zum ersten Mal in dessen Wohnung über einer Garage in der Derfflingerstraße, die er von seinem Schwager Carl Deichmann gemietet hatte. Im Februar und März war Moltke dreimal zu Abendgesprächen bei den Yorcks, am 16. April begab sich Yorck wieder in die Derfflingerstraße und Moltke am 24. April zum Mittagessen in die Hortensienstraße. Inzwischen hatte die deutsche Wehrmacht am 9. April Dänemark und Norwegen besetzt. Am 10. Mai, als sich Moltke zu einem Urlaub in Kreisau aufhielt, begann die militärische Offensive gegen Frankreich, und in England wurde Winston Churchill Premierminister. Am 29. Mai wurde Wagner verhaftet, was Moltke zu dem Kommentar veranlasste:

> Uns widerfährt leider ein großes Missgeschick: Wagner ist definitiv abgesetzt und mit ihm Schulenburg. ... Dieser Sturz Wagners ist für Schlesien ein sehr großer und schmerzlicher Verlust. (MB, 141)

Für Moltke und Yorck war Wagner im NS-Apparat eine Ausnahmeerscheinung. Ob es zwischen ihnen mehr als nur amtliche Beziehungen gegeben hatte? Wie war die Beziehung von Schulenburg zu Wagner? Hofften die Freunde auf ihn als einen möglichen renitenten Nationalsozialisten? Wenige Tage später, am 4. Juni, trafen sich Yorck und Moltke mit dem ebenfalls abgesetzten Schulenburg. Dabei wird man die Lage besprochen haben.

In dieser Zeit des ersten Schriftwechsels hörten die persönlichen Besuche und Diskussionen nicht auf. Vom 16. bis 19. August 1940 trafen sich in Kreisau das Ehepaar Yorck, Horst von Einsiedel und Eduard Waetjen (1907–1994) mit den Moltkes, und umgekehrt war Helmuth James von Moltke Anfang September für einige Tage in Kauern. In Berlin kam es bis zum Jahresende regelmäßig zu Treffen zwischen Yorck und Moltke, bei denen später auch Otto Heinrich von der Gablentz und Horst von Einsiedel zugegen waren. In wechselnden Zusammensetzungen diskutierten sie über Moltkes «Grundlagen der Staatslehre» und über ihre

Kurzfassung. Schon in dieser Zeit begegnet uns ein Stil im Freundeskreises, der bis zum Ende durchgehalten wurde: Über mehrere themenorientierte Diskussionen in verschiedenen Zusammensetzungen wurde ein zusammenfassender Text erarbeitet, der dann erneut zur Debatte stand. Wenn man schließlich Übereinstimmung erzielt hatte, wurde das Papier als von allen akzeptiert angesehen. Ziel war immer Konsens, abgestimmt wurde nie.

Und noch etwas zeigte sich bereits im Jahre 1940: Alle verfügten noch über ein anderes Kontaktnetz, das sie für Sachgespräche nutzten. So hielt Yorck den Kontakt zu Ehrensberger, Kessel, Schulenburg, Abs und vielen anderen, und Moltke traf sich regelmäßig mit Waetjen, Deichmann, mit dem amerikanischen Botschafter Alexander Comstock Kirk und dem amerikanischen Journalisten Wallace Deuel, mit den Diplomaten Hans Adolf von Moltke und Otto Carl Kiep (1886–1944), mit dem Rechtsanwalt Paul Leverkühn (1893–1960), mit Franz Joseph Furtwängler (1894–1965) und vielen anderen. Um die beiden «Gründer» des Kreisauer Kreises und diejenigen, mit denen kontinuierliche Arbeitskontakte gehalten wurden, bildete sich ein Kranz von kompetenten Gesprächspartnern, die man jeweils mit ihrem spezifischen Sachwissen konsultieren konnte. Dieser Kreis um die Kreisauer herum entwickelte sich ständig weiter, sodass man am Ende etwa einhundert Persönlichkeiten zu diesem Umfeld rechnen kann. Zwischen vielen von ihnen existierten wiederum mehr oder weniger lose Querverbindungen, die in Einzelfällen nützlich sein konnten.

Das kritische Wächteramt der Kirche

Im August 1940 stieß Otto Heinrich von der Gablentz (1898–1972) als wichtiger Gesprächspartner zu Yorck und Moltke. Er hatte Rechts- und Staatswissenschaften studiert, war promovierter Volkswirtschaftler und von 1931 bis 1935 Referent im Reichswirtschaftsministerium, aus dem er auf Druck der Partei entlassen wurde. Beeinflusst war er von der Jugendbewegung, der Berneuchener Bewegung, die sich seit 1922 für eine spirituelle und liturgische Erneuerung des Protestantismus einsetzte, und vom Religiösen Sozialismus. Auch theologisch hochgebildet, hatte er einen weiten Überblick über mehrere Wissensgebiete und engagierte sich als Michaelsbruder in der Kirche. Dass Moltke ihn in die Völkerrechtsgruppe der Abwehr holen wollte, zeigt, wie sehr er ihn als Person schätzte.[6]

Von der Gablentz hatte als deutscher Delegierter an der Grundsatzarbeit der Genfer Ökumene teilgenommen, 1938 in dem Sammelband *Die Kirche Christi und die Welt der Nationen* einen Artikel über «Die materiellen Grundlagen einer internationalen Ordnung» geschrieben und auch an dem 1938 erschienenen Memorandum *Die Kirche und die internationale Krisis* mitgearbeitet. Von der Gablentz, der stark von Paul Tillich und den russischen Religionsphilosophen Wladimir Solowjew und Nikolaus Berdjaew beeinflusst war, verband schöpfungstheologische und christologische Aussagen. Für ihn waren allgemeine Gottesaussagen ohne Wert; im Zentrum eines christlichen Glaubens und jeder christlichen Theologie sah er Jesus Christus als den Gekreuzigten und Auferweckten. Das Evangelium von und über diesen Christus zu verkündigen, sei die wichtigste Aufgabe der Kirche. In der Menschwerdung Gottes biete sie dem Hörer dieses Wortes die Möglichkeit zur eigenen Menschwerdung an, und aus dem Zentrum der biblischen Botschaft ließen sich «christliche Grundsätze» ableiten. Davon benannte das Memorandum unter anderem: das Gebot des verantwortlichen Umgangs mit politischer Macht, die Gleichheit aller Menschen und den Respekt vor der Menschenwürde. Und weiter:

> Der wichtigste Grundsatz ist der, dass keine echte Regierung ohne Recht und dass kein Recht ohne Ethos bestehen kann, d. h. ohne ein im Gewissen verankertes Pflichtbewusstsein auf der Seite der Glieder der Volksgemeinschaft.

Abbildung 31: Otto Heinrich von der Gablentz, um 1939.

Und über die Aufgabe der Kirche heißt es:

> Angesichts des Bestrebens, Nation oder Staat zu verabsolutieren und die Gehorsamspflicht gegenüber dem Staat der gegen Gott gleichzusetzen, ist es die Pflicht der Kirche, Vaterlandsliebe und Religion aus ihrer Verstrickung zu lösen und furchtlos zu lehren, dass Staat und Nation zu dem Bereich der relativen irdischen Güter gehören. Gott allein ist absolut, und Er allein hat einen Anspruch auf bedingungslosen Gehorsam.

Von der Gablentz, der als unmittelbarer Teilnehmer die ökumenische Diskussion sehr genau kannte, sah natürlich auch, wie wenig

Raum ihr im Deutschland dieser Jahre gegeben wurde. Als Moltke ihn anschrieb, konnte er davon ausgehen, dass dieser sich seinen Fragen öffnen würde. In den Eingangszeilen seines Briefs bat er um Verständnis und Entschuldigung dafür, wenn er ihn vielleicht als «Ausbeuter fremden Geistes» benutze. Moltke wagte es, ihm eine Reihe von Thesen vorzulegen, und erwartete den Beginn einer Gesprächsrunde. Den sachlichen Teil seines Briefs beginnt er mit dem Satz:

> Wir gehen wohl beide davon aus, dass die Staatslehre mit Theologie nichts zu tun hat. Nun erhebt sich die weitere Frage, ob es für den Staat, für eine mit dem Attribut der Souveränität ausgestattete Gemeinschaft, eine Ethik gibt.

Nach seiner jetzigen Erkenntnis gebe es «für den Staat als solchen weder seinen Bürgern gegenüber noch anderen Staaten oder Bürgern anderer Staaten gegenüber ethische Gebote». Die Konsequenz sei:

> Wenn es keine Staatsethik gibt, dann kann niemand, gegen seine eigenen ethischen Gebote handelnd, sich mit dem höheren Staatsinteresse entschuldigen. (Br. 1, 126)

Im zweiten Teil des Briefes fragte Moltke von der Gablentz nach einer «protestantischen Lösung» des Verhältnisses von Staat und Kirche, nach einer Lösung des Dilemmas, dass es keine vom Staat abhängige Kirche geben könne, aber «der Moralkodex im Staate und vornehmlich der Staatsdiener in Übereinstimmung mit der christlichen Morallehre gehalten werden muss».

Von der Gablentz ließ sich bis zum 9. August 1940 Zeit mit seiner Antwort (Br. 1, 128 ff.). Am 23. August trafen sich beide zu einer mündlichen Aussprache. Das Ergebnis ihres Dialogs fasste Moltke in einem Brief vom 31. August in Thesenform zusammen:

Lehre vom Staat.

1. Theologie und Staatslehre sind getrennte Gebiete; es gibt keinen christlichen Staat.
2. Wenn wir heute eine Staatsgrundlehre formulieren wollen, so gehen wir von Grundsätzen der Ethik aus, die eine «humanistische» Ethik ist und unabhängig von dem Offenbarungsgehalt einer christlichen oder einer anderen Religion.
3. Der Sinn des Staates besteht darin, Menschen die Freiheit zu verschaffen, die es ihnen ermöglicht, die natürliche Ordnung zu erkennen und zu ihrer Verwirklichung beizutragen.
4. Für den Staat gibt es jedoch keine ethischen Gebote: weder dem eigenen Bürger noch einem anderen Staat, noch Bürgern eines anderen Staates gegenüber; der Staat ist amoralisch.

Lehre vom Staatsmann.

1. Es ist die Aufgabe des Staatsmannes, den Sinn des Staates, wie er oben 1,3 formuliert ist, zu erfüllen.
2. Um diese Aufgabe erfüllen zu können, muss er sich durch die ethischen Gebote, aus welcher Quelle immer er sie ableiten mag, verpflichtet fühlen, die Ordnung aus der Natur der Dinge zu erkennen und danach zu handeln vermögen.
3. Diese Aufgabe erfordert einen Mann von Erkenntnis, Selbstverleugnung und Selbstsicherheit, welche nach Ihrer Auffassung nur aus der christlichen Offenbarung geschöpft werden können; denjenigen, der diese Fähigkeiten hat, nehmen Sie als Christen in Anspruch, selbst wenn er sich nicht zum Christentum bekennt. In diesem Sinn sprechen Sie von dem «Christlichen Staatsmann».
4. Wir sind uns darüber einig, dass die Schaffung des christlichen Staatsmannes und seine Erhaltung eine Erziehungsaufgabe ist. (Br. 1, 130 f.)

Diese Skizze zeigt, wie ernsthaft und mühsam um eine Verständigung gerungen wurde. Moltkes Drängen auf den Verzicht einer Institutionenethik für den Staat dürfte nicht zuletzt den Hintergrund haben, dass er nach den Erfahrungen mit dem NS-Staat unter allen Umständen vermeiden wollte, dass der Staat als oberste Instanz für Moral und Sitte auftritt. Er habe nicht das Mandat, den Bürgern ethisch verpflichtende Normen und Regeln zu geben. Das würde zu einer Kumulation von staatlicher Macht und Moral führen, mit der der Bürger in eine Zwangsjacke gesteckt werde, die den letzten Rest seiner Autonomie in Fragen des Gewissens vernichte. Folgerichtig konzentrierte Moltke alles auf die Frage, welche Qualität denn der einzelne Staatsmann als Person haben müsse, um den «amoralischen Staat» zu regieren. Als Person müsse er sich gebunden fühlen an ethische Gebote und moralische Verhaltensweisen. Als Staatsmann könne er nicht «amoralisch» sein. Es sei ihm aber weniger wichtig, wie der Staatsmann seine persönliche Bindung begründe. Von der Gablentz dagegen wollte den «christlichen Staatsmann», der seine notwendigen Tugenden und Handlungsmaximen unter dem Einfluss der christlichen Offenbarung erworben habe. Er müsse kein bekennender Christ sein, eine Verankerung in kulturchristlicher Tradition reiche ihm aus.

Von der Gablentz schob in seinem Brief vom 7. September (Br. 1, 133 ff.) «einige Abschwächungen» wie diese nach: «Es gibt keine unmittelbare Lehre vom Staat, sondern nur eine solche vom Menschen im Staat» und: «Ich möchte nicht vom christlichen Staatsmann reden, sondern nur vom rechten Staatsmann.» Hier gelangen ihm einige Formulierungen, die für die Kreisauer Grundsatzarbeit später hilfreich werden sollten. Zur Anthropologie schrieb er:

> Der Mensch vollendet sich ... nicht in der abstrakten Ausbildung allgemeiner Kräfte, sondern in der konkreten Gestaltung der Umwelt und Mitwelt. Gerechtigkeit heißt nicht allein: eine Sphäre der Freiheit schaffen, sondern heißt, dem zur Freiheit erzogenen Menschen die Möglichkeit zur richtigen Gestaltung des sozialen und wirtschaftlichen Lebens zu geben. (Br. 1, 134)

Freiheit müsse in partizipative Mitverantwortung für die Gestaltung der gesamten Wirklichkeit umgesetzt werden. Dazu bedürfe der Mensch eines geordneten Gemeinwesens, das die an das Recht gebundene Macht des Staates zur Durchsetzung seiner Aufgaben benötige. Und über das Verhältnis von Kirche und Staat bemerkte von der Gablentz,

> dass die Kirche sich kein Lebensgebiet vorenthalten kann. Der Staat muss sich die Verkündigung der Kirche gefallen lassen. Die Kirche ist sozusagen der geborene Zensor des Staates. Gerade der autoritäre Staat braucht eine solche objektive unabhängige Stelle, wenn er sich die Kritik der Untertanen in der Art des 19. Jahrhunderts nicht mehr gefallen lassen will oder kann. Der Papst muss der Beichtvater des Kaisers sein. Nur die Kirche hat die Möglichkeit der Objektivität und des Verantwortungsgefühls, vor denen der Staat sich beugen kann. Die heutige Kirche entspricht aber diesen Voraussetzungen genauso schlecht wie der heutige Staat. (Br. 1, 135)

Von der Gablentz war es, der in der ersten Diskussionsphase auf dem Weg zum Kreisauer Kreis die stärksten theologischen Worte sprach. Im Kern meinte er: Die Kirche mit ihrer Verkündigung sei das entscheidende Gegenüber zum Staat, könne sie doch Menschen zur Übernahme weltlicher Verantwortung erziehen. Der Staat lebe von Voraussetzungen, die er selbst nicht schaffen könne. Er sei auf die pädagogische und kulturstiftende Vorarbeit der Kirche angewiesen. Durch die von ihr erzogenen Laien komme ein weltliches Christentum zustande. Das «allgemeine Priestertum aller Gläubigen» werde konkret in der Erfüllung weltlicher Aufgaben.

Natürlich wusste von der Gablentz, dass die Kirchen seiner Gegenwart diese Erziehung zum weltlichen Christen nicht leisten konnten, wie auch der aktuelle Staat jede Mitarbeit der Kirchen in seinem System ablehnte. Seine Hoffnung setzte er auf einzelne Christen, die als Laien ihr weltliches Priesteramt wahrnahmen. Er erlebte bei seinen Gesprächspartnern im Freundeskreis um Yorck und Moltke genau dies: Die Kreisauer waren ein Beispiel dafür, wie sich Menschen als bewusste Christen ohne unmittelbare Anbindung an die Amtskirchen in den von ihnen als notwendig erkannten politischen Widerstand begaben.

Durch die intensiven Gespräche mit von der Gablentz war der Gesprächsfaden zwischen Yorck und Moltke etwas lockerer geworden. Am 1. September erhielt Yorck von Moltke einen Zwischenbericht (Br. 1, 131 ff.). Moltke möchte zu ihrem «eigentlichen Thema, nämlich des Verhältnisses von Einzelmensch und Staat, zurückkehren». Zuvor begann er mit einem selbstkritischen Geständnis: «Ich habe unsere früheren Schreiben nochmals durchgesehen und mich von der Unzulänglichkeit meiner ersten Formulierungen überzeugt.» Er gestand ein, dass Yorcks Stichworte von der «Hypothek der Freiheit», von der «Pflicht zum Dienen» und von der «Rückbezogenheit auf die Gemeinschaft» berechtigt seien, und schlug vor, von «Freiheit im Rahmen der natürlichen Ordnung» zu sprechen. Er versuche, «meine Freiheit sowie Ihre Hypothek in einer Bestimmung» zusammenzufassen.

Drei Männer – Peter Yorck, Helmuth James von Moltke und Otto Heinrich von der Gablentz – versuchten in den Sommermonaten 1940, eine gemeinsame Basis für eine politische Zusammenarbeit zu finden. Durch von der Gablentz wurde das ursprüngliche Thema des Verhältnisses von Staat und Individuum und die Frage nach den Staatszielen erweitert. Von der Gablentz war bewusster als seine Partner in der Kirche und in der reformatorischen wie in der zeitgenössischen Theologie zu Hause. Als Michaelsbruder lebte er aus dem täglichen Lesen der Schrift, aus dem sonntäglichen Gottesdienst mit seiner Liturgie und mit seinen Gebeten. Die Feier des Abendmahls war ihm das Zentrum des kirchlich-gemeindlichen und bruderschaftlichen Lebens. Auch seine Verankerung in der ökumenischen Bewegung, die sich zu dieser Zeit sehr stark mit den Fragen einer internationalen Rechts- und Friedensordnung befasste, machte ihn zum versiertesten Kirchenmann und Theologen im Freundeskreis. Auf seinen Einfluss war es zurückzuführen, dass die Überlegungen zur politischen Philosophie um Gedanken zu einer theologischen Ethik des Politischen ergänzt wurden. Die Folge war, dass unter den Freunden die Frage nach der Kirche, nach ihrer Aufgabe in Verkündigung, Lehre und Seelsorge eine immer größere Rolle spielte. Ihr kritisches Wächteramt gegenüber dem Staat und ihre Erziehungs- und Kulturfunktion wurden deutlicher gesehen als zuvor.

Wirtschaftliche und politische Perspektiven

Während des Sommers 1940 erschloss sich mit der Frage nach der richtigen Wirtschaftsordnung für Moltke ein weiteres Thema, in dem Yorck täglich zu Hause war. Zunächst jedoch war sein Gesprächspartner ein alter Freund, der gelernte Volkswirtschaftler Horst von Einsiedel. In Gesprächen und Briefen ging es um die Frage, wie die Wirtschaft bei einer Neuordnung aussehen sollte. Moltkes Brief vom 16. Juni 1940 (Br. 1, 116 f.) fiel in die Zeit des siegreichen Frankreichfeldzugs: «Wir sind von dem Umschwung noch so weit entfernt wie Voltaire von der französischen Revolution ...» Der Weg «zwischen geistiger Überwindung und tatsächlichem Umschwung» sei weit. «Damit muss man sich trösten und neu denken.»

Moltke fragte zunächst, ob bei einer geplanten Wirtschaft nicht die Gefahr bestehe, dass sie «eine Stellung im Leben des Menschen einnehmen kann, die alle Nachteile eines vergotteten Staates hat und noch unmittelbarer vom Standpunkt des Nutzens aus gesehen wird». Hier offenbart sich die Sorge Moltkes vor einer Planwirtschaft, die, nur auf den ökonomischen Nutzen ausgerichtet, eine weitere Zwangsordnung analog dem totalen Staat sein könnte. Um sich dem Grundgerüst einer neuen Wirtschaftsordnung zu nähern, entwarf er einige Grundsätze:

1. Die wirtschaftliche Betätigung ist ein Feld, auf dem jeder Einzelne eine Funktion zu erfüllen haben muss, damit er sich in sichtbarer und fassbarer Weise zu bewähren imstande ist und mit eigener Leistung zu dem körperlichen oder geistigen Wohl aller beiträgt.
2. Das Ziel der wirtschaftlichen Betätigung aller insgesamt ist:
   a) dem Einzelnen die notwendigen Lebensgüter zu verschaffen,
   b) dem Einzelnen einen gerechten Anteil an den überschüssigen Lebensgütern zu verschaffen,
   c) dem Einzelnen die Möglichkeit zu geben, sich der Pflege der Schönheit im allumfassenden Sinn zu widmen.

   Das Ziel der wirtschaftlichen Betätigung aller insgesamt ist es aber nicht:
   a) Einzelnen einen ungerechten Anteil an den überschüssigen Lebensgütern zu verschaffen,
   b) Einzelne, viele oder alle durch die Eröffnung großer Ablenkungsmöglichkeiten über ihre eigenen inneren Unzulänglichkeiten hinwegzuhelfen, sodass sie es sich ersparen können, an ihrer eigenen Erziehung zu arbeiten,
   c) zu produzieren, als Herrschaftsverhältnisse von Sachen über Menschen zu schaffen,
   d) Herrschaftsverhältnisse von Menschen über Menschen zu schaffen.
3. Zweck der wirtschaftlichen Betätigung muss es sein, den Einzelmenschen freier zu machen, indem er sich über die Natur erhebt, nicht aber ihn unfreier zu machen, indem anstelle einer Abhängigkeit von Sachen eine solche von Menschen tritt, die genauso groß ist, wenn man von einem Unternehmer abhängt, wie wenn man von einem Beamten abhängt.
4. Zweck der wirtschaftlichen Betätigung ist es, die Mittel für alle höheren Zwecke zur Verfügung zu stellen, ohne den Inhalt der höheren Betätigung bestimmen zu wollen.

Das höchste Ziel der wirtschaftlichen Betätigung – abgesehen von ihrem erzieherischen Wert – kann nur sein, der Befriedigung der

> Sinne – also im letzten Ende der Schönheit – zu dienen, ohne dafür mit der Forderung des Herzens nach Gerechtigkeit in Konflikt zu geraten und damit ohne den Einzelmenschen in seiner Freiheit so zu beengen, dass er nicht imstande ist, Körper, Geist und Verstand frei und voll zu entwickeln. (Br. 1, 116 f.)

Moltkes Entwurf kann den Eindruck erwecken, als spräche hier ein Utopist, der sich eine heile Welt erträumt. Doch dieser Text hatte eine andere Funktion: Er entlarvt eine Wirklichkeit, die von ganz anderen Prämissen und Intentionen bestimmt war. Von ihrem Typ her war die NS-Wirtschaft Kommandowirtschaft im Dienst staatlich-militärischer Ziele.

Der Gedankenaustausch mit Einsiedel über diesen ersten Entwurf ging weiter. Ein Zwischenresümee zog Moltke in einem Brief vom 15. Juli 1940 (Br. 1, 124 f.), in dem er einige Einwände Einsiedels berücksichtigte, jedoch auf die Notwendigkeit hinwies, an einem begriffsgenauen Programm weiterzuarbeiten. Auch von der Gablentz und selbstverständlich Yorck wurden in diesen Arbeitsprozess über Fragen einer neuen Wirtschaftsordnung einbezogen. So schreibt Moltke am 25. Juni 1941:

> Abends waren Einsiedel und ich bei Yorcks. Sie waren nett wie immer, und Einsiedel und Yorck haben sich, scheint mir, ganz gut verständigt. (MB, 257)

Und am 13. Juli 1941 heißt es:

> Nach dem Essen haben wir uns der ernsthaften Arbeit zugewandt und bis nach 12 geredet. Ich hatte den Eindruck, dass etwas herauskam; die beiden anderen bestritten den Hauptteil des Abends, und ich saß so mehr als Kritiker und Schiedsrichter dabei, da ich ja von diesen Sachen doch weniger verstehe als die beiden. (MB, 267)

Yorck, Moltke und von der Gablentz arbeiteten mit großem Einsatz an Texten, die Orientierung für die kommende Politik geben sollten. Und welches Thema sie auch behandelten: Sie waren getrieben vom Widerstand gegen einen allmächtigen Staat, der den Menschen für seine nationalistischen Herrschaftsziele instrumentalisierte. Das gemeinsame Ziel war eine Kultur selbstverantwortlicher Freiheit im Dienst eines selbstverwalteten Gemeinwesens.

Das Ergebnis der ersten großen Gesprächsrunde in der Zeit von Januar bis Oktober 1940 fasste Moltke in der Denkschrift «Über die Grundlagen der Staatslehre» vom 20. Oktober 1940 zusammen (Br. 1, 136 ff.). Es war der Versuch, in systematischer Form den Ertrag der intellektuellen Kommunikation der letzten Monate festzuhalten. Immer zu beachten bleibt dabei, dass Moltke protokollierte und systematisierte, was Yorck, von der Gablentz und andere zuvor erarbeitet hatten. Aber nicht nur die Gemeinsamkeiten, sondern auch die noch kontroversen und offenen Fragen werden skizziert. Es ist ein redliches und faires Dokument, das der Autor nach seiner Dienstzeit oder während kurzer Wochenendbesuche in Kreisau schrieb. Kurze Einleitungsworte zeigen die geistige Situation, aus der heraus die Freunde denken und planen müssen:

> Bei dem Versuch, sich von dem zu schaffenden Staat ein Bild zu machen, muss man wieder von vorne anfangen. Alles, was feststand und fest gegründet schien, ist heute zweifelhaft geworden. (Br. 1, 136)

Moltke und Yorck trafen sich politisch in der Einschätzung, dass klare Abschiede zu vollziehen waren, um einem neuen Selbstverständnis Raum zu geben. Sie waren der Überzeugung, dass mit dem Ende des Nationalsozialismus auch eine kritische Durchsicht älterer Traditionen – der antiliberale, antidemokratische, antisozialistische und antisemitische Teil der deutschen Ideen- und Realgeschichte –, an die der Hitler-Staat anknüpfte, notwendig war. Im Blick auf den Staat sprach Moltke in seiner Denkschrift von dessen drei Beziehungen: zum Einzelnen, zur Wirtschaft und zum Glauben. Jede Beziehung habe zwar ihre eigene Bedeutung, sei aber mit den anderen Beziehungen verschränkt. Sie stünden in einem Spannungsverhältnis, das bis zur Gegensätzlichkeit gehen könne, sodass sie in der Praxis «eines ständigen Ausgleichs» bedürften.

Für alle Kreisauer spielten philosophische und politologische Texte aus der deutschen und europäischen Ideengeschichte eine ihre eigenen Überlegungen begleitende Rolle. Moltke, Yorck, von der Gablentz und Einsiedel waren mit der deutschen Geistes- und Kulturgeschichte so verwachsen, dass sie dem nationalsozialistischen Missbrauch der bedeutenden philosophischen und literarischen Werke nur mit Grauen zusehen konnten.

Welches Erbe war den Deutschen zuerst genommen worden? Die bürgerlichen Menschen- und Grundrechtsartikel der Weimarer Verfassung. Weder in Presse und Literatur noch in Theater und Film oder wo auch immer gab es freie Meinungsäußerungen, wenn man nicht mit Partei- oder Staatsstellen in Konflikt geraten und eventuell vor Gericht kommen wollte.

In der ersten Denkschrift Moltkes gibt es auch einen längeren Abschnitt über «Die Beziehung zwischen Staat und Wirtschaft» (Br. 1, 140 ff.). Er war das Ergebnis der Dreiergespräche zwischen Einsiedel, von der Gablentz und dem Verfasser. Kraft seiner «Hoheitsrechte über die Wirtschaft» habe der Staat zu verhindern, dass aus wirtschaftlichen Herrschaftsverhältnissen Herrschaftsverhältnisse über Menschen würden. Ohne die Notwendigkeit «funktioneller» Herrschafts- und Abhängigkeitsverhältnisse zu bestreiten, geht es Moltke darum, dass menschliche Beziehungen vom Prinzip der Verantwortung füreinander getragen sind. Die totale Wirtschaftsabhängigkeit der Einzelnen von den Eigentümer- und Kapitalinteressen müsse der Staat verhindern.

Im Abschnitt «Die Beziehung zwischen Staat und Glauben» (Br. 1, 142 ff.) wiederholt Moltke weithin, was er schon mit den Freunden diskutiert und brieflich festgehalten hatte. Vehement vertat er die Ansicht, dass der Staat nicht theologisch begründet werden könne, dass er abstrakt sei und deshalb außerhalb der Morallehre stehe, um sicherzustellen, dass allein der im staatlichen Dienst handelnde Mensch eine Verantwortung im Sinne der von ihm gelebten und vertretenen Ethik haben kann.

Weil das so ist, richtet sich sein ethisches Hauptinteresse auf die Qualität der Regierenden, Staatsmänner genannt. Und hier hat der Glaube seine Bedeutung, wenn der Glaubende als Einzelner, als Staatsmann oder Bürger, in eine Beziehung zum Staat kommt.

Sein Gegenentwurf eines «christlichen Staatsmannes» beinhaltet die Forderung nach einer Rückkehr des deutschen Volkes in die Tradition eines lebendigen Christentums und zu den Werten der politischen Aufklärung. Sein wachsender Widerstand war nicht nur gegen Hitler als Volksverführer gerichtet, sondern schloss die Kritik am Verhalten der Mehrheit der Deutschen ein.

Die Diskussion ging weiter. Moltke sprach am 9. November 1940 mit Einsiedel und von der Gablentz, einen Tag später mit Yorck über «die kleine Ausarbeitung». Am 16. November schrieb er an Yorck und von der Gablentz Briefe, die einen Einblick in die neue Diskussionslage erlauben (Br. 1, 147 f.; 148 f.). In dem Brief an Yorck beharrte er auf seiner These, dass sich «der gesamte Inhalt des Staates» aus seinen Beziehungen zum Einzelnen, zur Wirtschaft und zum Glauben ableiten ließe und dass es eine besondere Beziehung zwischen Staat und Glauben gebe. Massiv lehnte er Yorcks Tendenz ab, der Wirtschaft eine untergeordnete Rolle im gesamten Staatskomplex zu geben.

Seine Meinung, dass die Ökonomie theologisch und ethisch den gleichen Rang habe wie die Geistes- und Naturwissenschaften, sollte später Kreisauer Gemeingut werden. Moltke stimmte Yorck zu, wenn dieser auf die Tatsache hinwies, dass jede nur denkbare Staatsvorstellung bei den Europäern «durch Christentum und klassische Geistes- und Geschichtsbildung» geformt sei. Diese Herkunft kann Moltke nicht bestreiten, aber gegen Yorck führte er an, dass der moderne Staat ein Industriestaat sei, der nicht nur aus alten Traditionen leben könne, sondern neuzeitliche liberale und soziale Elemente in seine Verfasstheit einbeziehen müsse.

Immer noch kontrovers war zwischen beiden die Frage, ob «der Persönlichkeit des Staates eine selbstständige Staatsethik entsprechen muss». Hier blieb Moltke bei seinem Ansatz, dass nur Menschen eine Ethik und Moral haben können. Er schob aber noch ein Argument nach, das wieder seine Abneigung gegen die Staatsphilosophie des deutschen Idealismus zeigt: «Ist der Staat eine moralische Persönlichkeit, so ist man m. E. auf einem Wege, die über Hegel zur Vergottung des Staates führt.» (Br. 1, 148)

Trotz der Differenzen sah Moltke zwischen Yorck und sich keine «sachliche, sondern eine formale Meinungsverschiedenheit». Weitere Gespräche sollten das klären. Sie hat es gegeben, aber Briefe wurden nicht mehr ausgetauscht. Sie sahen sich nun in der Folgezeit häufig und führten einen intellektuellen Dauerdialog, in dem sich die anfänglichen Differenzen immer mehr abschleifen sollten.

Die November-Briefe an Yorck und von der Gablentz bildeten den Abschluss der grundsätzlichen Diskussionen zwischen den frühen Kreisauern Moltke, Yorck, von der Gablentz und Einsiedel. Letzterer erhielt von Moltke die Aufgabe, ganz konkrete Fragen zur Agrarpolitik zu behandeln. Am 28. November legte er bei einem Abendgespräch seine Ideen zu «Fragen der Agrarpolitik» vor (Br. 1, 149 ff.). Deren Inhalte gingen später in die Kreisauer Texte ein. Horst von Einsiedel und sein Freund Carl-Dietrich von Trotha bildeten in der Folgezeit eine enge Arbeitsgemeinschaft über wirtschaftspolitische Fragen, verstärkt durch Trothas Frau Margarete, die promovierte Volkswirtschaftlerin war. Und zu dieser Gruppe gehörte bei den Abschlussgesprächen selbstverständlich Peter Yorck, verfügte dieser doch über Kenntnisse aus der wirtschaftsorganisatorischen Praxis einer Reichsbehörde.

Zum Jahresende 1940 kam es zu einer weiteren Gesprächsrunde. Am 5. Dezember konferierten Yorck, Moltke und von der Gablentz, am 11. Dezember trafen sich bei Yorck Abs, Kessel und

Schulenburg, am 13. Dezember war Yorck bei Moltke, und am 14. waren beide Yorcks zusammen mit Carl Deichmann bei Moltke, am 16. wieder Yorck bei Moltke. Anfang des Jahres 1941 wurden die Beratungen fortgesetzt: Am 25. Januar waren Yorck und Kessel bei Moltke, am 3. Februar kamen zu einem langen Abend bei den Yorcks Albrecht Haushofer (1903–1945) und Moltke zusammen. Dieser schrieb an Freya:

> Yorck und ich können doch sehr gut miteinander, wenn ich auch doch ein ganzes Stück weiter links stehe als er. (MB, 229)

Und später urteilte er:

> Unzweifelhaft kann ich mit ihm besser und schneller und nützlicher als mit sonst irgendjemanden. Außerdem sind wir so völlig gleich, ich meine gleichgestellt … Yorck ist eigentlich der einzige, mit dem ich mich wirklich beratschlage … (MB, 287)

Nach einer kurzen Pause – Moltke war krank und im Urlaub – wurden die Gespräche fortgeführt: am 29. März 1941 bei Yorck und am 20. April bei Moltke. Am 24. April nahmen die Yorcks ohne ihren Freund Helmuth James an den Feierlichkeiten zum fünfzigsten Todestag des Feldmarschalls Helmuth von Moltke in Kreisau teil. Genau unter diesem Datum gab Moltke seine nächste Denkschrift «Ausgangslage, Ziele und Aufgaben» heraus, welche die Ergebnisse des Diskussionsprozesses der Monate Dezember 1940 bis April 1941 zusammenfasste.

Der Text beginnt mit einer Analyse der geschichtlichen Entwicklung vom Mittelalter über die Neuzeit bis zur gegenwärtigen Situation. Mit der Reformation zerfiel die durch die katholische Kirche getragene Einheit in eine Unsumme von kleinen Gebilden, die später nur noch durch die sich bildenden Nationalstaaten zusammengehalten wurden. Unter der Macht des modernen Zentralstaates als Ordnungsfaktor, der das gesamte bürgerliche Leben

Abbildung 32: Horst von Einsiedel (rechts) und Carl-Dietrich von Trotha mit seiner späteren Ehefrau Margarete, um 1933.

bestimmte, löste sich die Verantwortung des einzelnen Bürgers allmählich auf.

Nach dieser Analyse werden die Ziele für eine andere Zukunft bestimmt:

- Wiederherstellung des Gefühls «der inneren Gebundenheit an Werte, die nicht von dieser Welt sind»,
- Erringung der Freiheit mit der zu ihr gehörenden Bindung,
- Entwicklung des Verantwortungsgefühls für das Wohl der menschlichen Gemeinschaft,

– Wiederherstellung der Ausdrucksformen der Gemeinschaft durch Worte, Symbole und Kunst.

Als Ziele im Sinne geistiger Entwicklungsrichtungen ergeben sich:
– das Ende der Machtpolitik,
– das Ende des Nationalismus,
– das Ende des Rassegedankens,
– das Ende der Gewalt des Staates über den Einzelnen.

Moltke und Yorck hofften, dass der Krieg selbst mit seiner Offenbarung der Perversionen der neuzeitlichen und aktuellen Irrwege diese Ziele vorantreiben werde. Am Ende des Krieges werde es «eine Bereitschaft zur Einkehr und Buße» geben.

Auf vielen Seiten wird durchgespielt, welche außen- und innenpolitischen Möglichkeiten beim Untergang und einer Neuordnung Deutschlands existieren. Schon diese frühe Schrift widerlegt endgültig das Klischee, die Kreisauer seien in erster Linie ein philosophisch-politischer Diskutierclub ohne konkrete politische Ziele und Handlungsstrategien gewesen. Das «andere Deutschland», das sie meinten, wird in diesen Überlegungen überdeutlich. Schon hier finden sich erste Vorschläge für eine europäische politische und wirtschaftliche Union. Im Zentrum aber steht die Freiheit des Einzelnen. Moltke nimmt den Ertrag der Diskussion mit Yorck auf, wenn er formuliert:

> Die Freiheit des Einzelnen muss einer der wesentlichen Programmpunkte jeder politischen Neuordnung sein. Die Freiheit darf jedoch nicht als ein absolutes Recht dargestellt werden, sondern lediglich als ein Korrelat der inneren Bindung und ihres äußeren Erkennbarwerdens.
>
> Die Gewährung von Freiheit ist daher als Vorleistung an den Einzelnen anzusehen, die ihn verpflichtet, sich um die Gegenleistung zu bemühen. In diesem Rahmen muss das Ziel sein die völlige Redefreiheit, die Druckfreiheit im Rahmen einer selbstverwaltungsmäßigen Kontrolle und die Bewegungsfreiheit. (Br. 1, 160)

Vom Wert der Landwirtschaft

Im Zusammenhang mit den ersten Kreisauer Entwürfen zur Neuordnung Deutschlands nach dem Krieg spielten im Blick auf die Landwirtschaft Gespräche mit Großgrundbesitzern und Agrarwissenschaftlern eine wichtige Rolle. Es war Peter Yorck, der seinen alten Freund Ernst von Borsig und dessen Frau Barbara bei einem Wochenendbesuch am 4. und 5. Juli 1941 dafür gewinnen konnte, agrarpolitische Wochenenden auf deren Gut Groß-Behnitz bei Nauen, etwa 40 Kilometer westlich von Berlin, auszurichten. Ernst von Borsig (1906–1945) war der jüngste Sohn des Berliner Großindustriellen gleichen Namens, der nach einem landwirtschaftlichen Studium seit 1933 das Landgut in Groß-Behnitz westlich von Nauen zusammen mit seiner Frau verwaltete.[7] 1933 hatte er bei Adolf Weber in München eine Dissertation über *Reagrarisierung Deutschlands? Eine Untersuchung über ihre Möglichkeiten und Grenzen* geschrieben, die 1934 veröffentlicht worden war.

Im Vorfeld dieser Reise aufs Land hatte Yorck im Juni und Juli eine Reihe von Vorgesprächen mit Moltke und Einsiedel geführt, die für ihn auch in Agrarfragen die wichtigsten Partner waren. Auch mit Professor Zastrow, einem «Hauptkämpen für den Großgrundbesitz», hatten Yorck und Moltke eine Unterredung, die der Sammlung aller Argumente für oder gegen eine Agrarreform diente (MB, 271).

Nach einem aufregenden Gespräch mit Carlo Schmid (MB, 299 f.), den er in einer Sitzung der Akademie für Deutsches Recht kennengelernt und zu sich in die Garagenwohnung eingeladen hatte, fuhren Peter und Marion Yorck am frühen Nachmittag des 11. Oktober 1941 zusammen mit Moltke sowie Clarita und Adam von Trott zu Solz auf das Anwesen der Borsigs, die als gute Land- und Forstwirte in Agrarkreisen bekannt waren. Anwesend waren außerdem Margarete und Botho von Wussow.[8]

Helmuth James von Moltke beschrieb in einem Brief an Freya mit der ihm gegebenen Beobachtungsgabe das Haus und den Besitz. Den Hausherrn bezeichnete er als einen «milden Landwirt», der hauptsächlich Kartoffel- und Gemüseanbau betreibe. «Er ist klug und aufgeschlossen, etwas zu sehr Landwirt.» (MB, 300 f.)

Am Nachmittag begann eine «ernsthafte Disputation», die sich nach zehn Minuten in ein Duell zwischen Trott und Moltke verwandelte

> über die Frage der Berechtigung, sich über den Staatsaufbau Gedanken zu machen, wobei ich die These vertrat, dass die Berechtigung dazu in der Brust eines jeden Menschen liege und keines äußeren Anlasses bedürfe. Trott hingegen meinte, die Konkretisierungsmöglichkeit müsse mindestens im Ansatz und als Wahrscheinlichkeit gegeben sein. Mir schien, dass ich im Ganzen die Oberhand hatte, zumal ich in guter Form war und von Yorck unterstützt wurde. (MB, 301 f.)

Nach einem guten Abendessen mit «allgemeiner Unterhaltung» ging es am Sonntagmorgen weiter mit einem dreistündigen Spaziergang durch Felder und Wälder. Dabei interessierten sich die auf Gütern aufgewachsenen Yorck und Moltke am meisten für die Ergebnisse von Waldversuchen. So berichtete Letzterer:

> Die ganzen drei Stunden bin ich mit Borsig gegangen, und wenn ich nicht nach dem Wald und seinen Versuchen fragte, so haben wir uns über Agrarpolitik unterhalten. Er vertrat dabei ganz liberale Thesen: «Bewegung zum besseren Wirt über den Konkurs», «freies Spiel der Kräfte» usw., ich hingegen die These, dass man sich erst ein Bild davon machen müsse, welcher Art das Leben auf dem Lande sein solle, wie viele Menschen dort leben müssten und was für Menschen und dass man dann diejenigen Mittel anwenden müsste, die geeignet seien, dieses Ziel zu erreichen ohne Rücksicht darauf, ob diese Mittel einem sonst sehr gut in das Konzept passten, weil es sich um die Heilung eines krankhaften Zustandes han-

Abbildung 33: Ernst von Borsig mit seinem Sohn Manfred auf Gut Groß-Behnitz, um 1942.

dele. B[orsig] war rasend zäh, ich wohl auch nicht in bester Form, und so ging die Unterhaltung aus wie das Hornberger Schießen. Ich berichtete Y[orck] davon, der sich amüsierte, aber behauptete, er hätte sich das so gedacht. B[orsig] sei schon aus Gründen der Tradition hart gesotten altliberal, und es würde mehrerer Anstürme bedürfen. (MB, 302 f.)

Den Freunden begegnete in Borsig ein Mann, der die Maßstäbe der industriellen Produktion im Rahmen einer liberalen Marktwirtschaft auf den Agrarsektor anwendete. Eine konsequente Ökonomisierung der Landwirtschaft durch einen Wettbewerb aller Höfe und Güter untereinander um den verkaufsgünstigsten Preis auf einem offenen Markt zu fordern, war eine Position, die gegen jede ordnungspolitische Lenkung der Landwirtschaft durch den Staat stand.

Diese Landpartie mit eingestreuten Diskussionseinheiten sollte der Vorbereitung weiterer systematischer Gespräche über Agrarfragen und Agrarpolitik dienen. Schon am 19. Oktober 1941 berichtete Moltke:

> ... besprachen Yorck & ich noch agrarpolitische Fragen. Wir wollen ein agrarpolitisches Weekend bei Borsig machen, und das musste geplant werden. Y[orck] will oder soll erst einmal die Fragestellung ausarbeiten, Borsig das Referat übernehmen und ein anderer das Vorreferat. Wenn das fertig ist, dann sollen etwa zehn Leute eingeladen werden, die verschiedene Landschaften, Betriebstypen und agrarpolitische Richtungen verkörpern. Kurz, wir sind noch am allerersten Punkt, und wir besprechen erst einmal die Aufgabenstellung. (MB, 306)

An diesem Abend erschienen auch noch Ulrich Wilhelm von Schwerin, Gutsbesitzer und Diplom-Landwirt, und dessen Frau Marianne[9] sowie Botho von Wussow, ebenfalls von Haus aus Landwirt, mit seiner Frau Margarete.

Hier wird wieder die zeitlich und intellektuell aufwendige Arbeitsweise der Kreisauer deutlich: Zuerst mussten die richtigen Fragen formuliert werden, um einen zielgerichteten gemeinsamen Denkprozess in Bewegung zu setzen. Diesmal sollte Yorck als Experte für Agrarpolitik diese Aufgabe übernehmen. Sodann galt es nach kontroverser Diskussion – am Tisch saßen Praktiker und Repräsentanten verschiedener ordnungspolitischer Standpunkte – zu verantwortbaren gemeinsamen Positionen kommen.

Nach Gesprächen mit den an der Landwirtschaft interessierten Freunden legte Einsiedel, der in dieser Frage immer engen Kontakt

Abbildung 34: Clarita und Adam von Trott zu Solz, Pfingsten 1944.

mit Yorck hielt, unter dem 28. November 1940 einen Entwurf über «Fragen der Agrarpolitik» vor (Br. 1, 172 ff.). Ihrem ordnungspolitischen Gesamtinteresse entsprach, dass «agrarpolitische Fragen ... nicht rein ökonomischer Natur» sein durften.

Die Landwirtschaft sollte so gestaltet werden, dass in ihr sowohl Raum war für eine individuelle Entfaltung der von ihr lebenden Personen als auch für deren organische Einbindung in ein Gemeinschaftsbewusstsein. Die tragenden Säulen eines Lebens auf dem Lande sollten personale Selbstverantwortung und kooperative Selbstverwaltung sein, wobei allerdings ähnliche kulturelle und ökonomisch-soziale Standards zu erreichen seien wie im städtisch-industriellen Sektor. Das Land dürfe als Lebens-, Bildungs- und Kulturraum nicht in die Abhängigkeit der Großstädte geraten. Die Boden- und Besitzverteilung müsse derart erfolgen, dass auf dem Land «unabhängige und kulturell hoch stehende Menschen» leben und durch ihre Lebensweise ein «hinreichendes Gegengewicht gegenüber den anderen Teilen des Volkes, insbesondere der gewerblichen Wirtschaft» bilden könnten.

Nach einigen Besuchen von Borsig in Berlin kam es zur ersten großen agrarpolitischen Konferenz in Groß-Behnitz vom 13. bis 15. März 1942. Daran nahmen teil: die Gastgeber, der Gutsbesitzer und Agrarwissenschaftler Friedrich Christiansen-Weniger, der Jesuit Hans von Galli (1893–1961), die Gutsbesitzerin Margarete von zur Mühlen, der Gutsbesitzer Friedrich-Karl von Zitzewitz-Muttrin sowie Moltke und Yorck. Moltkes Bericht vom 15. März an Freya, die in die Schweiz gereist war, fiel diesmal sehr kurz aus, da alle Post ins Ausland zensiert wurde:

> Der Abend am Freitag war eher etwas schwierig; wir gingen aber bald zu Bett, da wir alle müde waren, und am nächsten Morgen waren wir schon alle etwas aufgetauter. Dieser Prozess ist dann rapide weitergegangen, und der heutige Tag war sehr befriedigend. (MB, 355)

Abgesehen davon, dass das Treffen nicht in der vorgesehenen großen Runde stattfand, muss es so konstruktiv gewesen sein, dass man eine Fortsetzung beschloss. Die Gruppe traf sich vom 25. bis 27. Juli 1942, wobei Yorck und Moltke dieses Mal fehlten. Anwesend waren der Freiburger Volkswirtschaftler Constantin von Dietze, Horst von Einsiedel, Hans Krüger, der Rheinländer August von

Joest sowie Günter Schmölders. Was diese Runde diskutierte, wissen wir nicht. Es ist auch nicht bekannt, ob Moltke über Dietze Kontakte zum Freiburger Kreis hatte, wie es bei Yorck über Lampe der Fall war.

Moltke hielt in den folgenden Monaten seine Kontakte zu Borsig, der im Zusammenhang mit dem Prozess gegen die Mitglieder der «Weißen Rose» nach München fuhr, um zu erkunden, ob dort der studentische Widerstand fortgesetzt wurde. Moltke konstatierte am 3. April 1943: «Mittags kam Borsig zum Essen. Er hatte wenig zu berichten, weniger, als mir lieb war ...» (MB, 465) Borsig dürfte über die Kreisauer Aktivitäten im Großen und Ganzen unterrichtet gewesen sein. Er wusste, dass die agrarpolitischen Treffen auf seinem Gut dazu dienten, ein verantwortbares Programm für die Nachkriegszeit vorzubereiten. Eine letzte Diskussionsrunde fand im kleinen Kreis vom 6. bis 7. Februar 1943 statt und wurde von Borsig, Yorck, Moltke und Christiansen bestritten. Da Moltke in diesen Tagen keine Briefe nach Kreisau schickte, wissen wir jedoch nichts über die Ergebnisse.

Es fällt auf, dass der letzte Programmtext der Kreisauer vom 9. August 1943 keine besondere agrarpolitische Aussage enthält. Es heißt nur, dass alle landwirtschaftlichen Betriebe Mitglieder der Landwirtschaftskammern und wie die Gewerbekammern «paritätisch aus Betriebsführern und Belegschaftsvertretern» zusammengesetzt sein sollten (Br. 1, 314). Das bedeutet, dass die Teilnehmer der agrarpolitischen Wochenenden sich wohl nicht auf eine gemeinsame Linie einigen konnten.

Kontakte zum bürgerlich-militärischen Widerstand

Anders als Moltke hielt Yorck kontinuierlich Kontakt zum bürgerlich-militärischen Widerstand um Carl Goerdeler und Ludwig Beck. Über ihn war der engere Kreisauer Kreis über die Aktivitäten und die programmatische Arbeit der anderen Verschwörer bestens informiert, wie es wohl auch umgekehrt der Fall war.

Yorck gelang es, am 27. September 1941 in der Hortensienstraße ein Treffen zwischen Beck, Moltke und ihm selbst zu vereinbaren. Über diese Unterredung mit einem der ehemals ranghöchsten Offiziere der deutschen Wehrmacht schrieb Moltke:

> Um 5 bin ich dann zu Yorcks gezogen. Zuerst hatte ich etwa eine halbe Stunde mit Yorck allein zu sprechen, und dann kam der Gast des Abends und war sehr erfreulich. Es war ein gelungener Abend, und man kann nur hoffen, dass er zum Schmieden des Eisens beiträgt. (MB, 294)

Thema dürfte unter anderem die Herstellung engerer Kontakte zwischen den einzelnen Widerstandsgruppen gewesen sein, um dem beabsichtigten Staatsstreich der Militärs eine breitere zivile Basis zu geben. Darauf legte Beck größten Wert. Er war der Auffassung, dass der zivile Widerstand nach dem Militärputsch sofort in die politische Mitverantwortung für ein «neues Deutschland» zu nehmen sei, und setzte dabei auf die Mithilfe des Moltke-Yorck-Kreises. Der Generaloberst stand in engstem Kontakt zu Goerdeler, mit dem zusammen er Anfang 1941 die Denkschrift «Das Ziel» verfasst hatte.[10] Es handelt sich um einen detaillierten Aufriss über die außen- und innenpolitischen Ziele und über die Verfassung. Vermutlich kannten Yorck und Moltke den Inhalt dieses Regierungsprogramms. Ihre späteren Konzepte entwarfen sie in jedem Fall in Kenntnis der Intentionen des Goerdeler-Beck-Kreises. Auch werden sie deren Denkschrift «Der Weg» von 1943[11] gelesen haben.

Beiden Seiten war klar, dass nur eine qualifizierte Minderheit sowohl in der Wehrmacht als auch in Zivilkreisen bereit war, Hitler die Gefolgschaft zu kündigen und ihn, seine Partei und sein Gewaltsystem zu stürzen. Allen Widerständlern war bewusst, stellvertretend handeln zu müssen und damit das Risiko des Schei-

Abbildung 35: Ulrich von Hassell (rechts) mit Benito Mussolini bei einem internationalen Reitturnier in Rom, 1936.

terns einzugehen. Um die Chance eines Staatsstreichs jedoch zu erhöhen, mussten sie notwendigerweise ihre gesellschaftliche Basis erweitern.

Yorck suchte deshalb weitere Kontakte zu Mitgliedern des Goerdeler-Beck-Kreises, in dem selbst sehr verschiedene politische Positionen immer wieder in Einklang gebracht werden mussten. Es war der erfahrene Spitzendiplomat Ulrich von Hassell (1881–1944), der sich um Gespräche mit den «Jüngeren» bemühte. Für den 21. Dezember 1941 findet sich in seinem Tagebuch folgende Aufzeichnung:

> Ich hatte immer etwas das Bedenken, dass wir zu wenig Kontakt mit jüngeren Kreisen hätten. Dieser Wunsch ist jetzt erfüllt worden; gerade dabei haben sich nun neue große Schwierigkeiten gezeigt. Zuerst hatte ich ein langes Gespräch mit Trott, bei dem er

> leidenschaftlich dafür focht, nach innen und außen jeden Anstrich von «Reaktion», «Herrenclub», Militarismus zu vermeiden, daher, obwohl er Monarchist sei, keinesfalls jetzt Monarchie. Andernfalls würde jedes Echo im Volk fehlen, im Auslande kein Vertrauen erworben werden und ein Zusammensturz des neuen Regimes unvermeidlich sein. «Bekehrte» (christlich betonte) Sozialdemokraten, von denen er einen früheren Abgeordneten namentlich nannte, würden in solchem Falle niemals mitgehn und die nächste Garnitur abwarten. Zu dem Negativen fügte er als Positivum den Gedanken, als stärksten Exponenten des Antihitlerismus einerseits, volkstümlicher und bei den Angelsachsen Echo findender Reform andererseits, Niemöller zum Reichskanzler zu machen. Ähnliche Ausführungen machte er Popitz. Danach traf ich mit dem klugen, feingebildeten Yorck zusammen, einem echten Spross seiner geistig hochstehenden, aber meist etwas theoretisierenden Familie, der ähnliche Gedanken entwickelte. Mit ihm zusammen setzte ich das Gespräch bei Popitz fort. Schließlich ging ich vor einigen Tagen auf Yorcks Aufforderung noch einmal zu ihm, wo ich Moltke, Trott und Guttenberg fand und von allen vieren mit wilder Passion (Anführer Trott) bearbeitet wurde. Am Tage meiner Abreise hieb dann bei Popitz noch von der Schulenburg in die gleiche Kerbe. Er war wohl von den fünf Junioren der nüchternste, am meisten politische, andererseits gegen Kronprinz Wilhelm am stärksten eingenommen. (Tgb., 321 f.)

Hassell machte jedoch Unterschiede in Bezug auf die «Jüngeren». So schrieb er am 24. Januar 1942 nach einem Gespräch mit Schwerin, dem persönlichen Ordonanzoffizier von Generalfeldmarschall Witzleben, in sein Tagebuch:

> ... von dem ich einen ausgezeichneten Eindruck hatte und mit dem ich restlos einig war. Gehört zur Garnitur Yorck usw., ist aber fester, klarer, realer. (Tgb., 329)

Unter dem 20. Dezember 1942 berichtet Hassell von «befriedigendem Gedankenaustausch» mit Peter Yorck, Hans Bernd von

Haeften und Adam von Trott bei der Gräfin Dohna (Tgb., 380), während er mit Johannes Popitz (1884–1945) und Carl Goerdeler seine Schwierigkeiten hatte.

Auf dem Weg zur Kreisauer Pfingsttagung, Mai 1942

Im Laufe des Jahres 1941 waren zum engeren Kern des Kreisauer Kreises einige Personen dazugestoßen: Hans Peters (1896–1966), Karl Ludwig Freiherr von und zu Guttenberg (1902–1945), Adam von Trott zu Solz (1909–1944), Hans Bernd von Haeften (1905–1944), Adolf Reichwein (1898–1944), Carlo Mierendorff (1897–1943), Hans Lukaschek (1885–1960), Theodor Steltzer (1885–1967), Harald Poelchau (1903–1972) und Augustin Rösch (1893–1961). Es verstand sich von selbst, dass sich die «Neuen» in die laufenden Diskussionen einschalteten. Renommierte Laienkatholiken (Peters, Guttenberg, Lukaschek), ein Jesuit (Rösch) und ein aus der Weimarer Zeit bekannter Sozialdemokrat (Mierendorff) belebten die Diskussionen durch ihre religiösen, weltanschaulichen und politischen Positionen. Yorck und Moltke hatten diese Erweiterung bewusst vorangetrieben, auch auf die Gefahr einer Zunahme von Konflikten hin. Sie hatten erkannt, dass die Überwindung des nationalsozialistischen Systems nur durch ein großes Bündnis der klassischen politischen und weltanschaulichen Großlager – Protestantismus, Katholizismus und demokratischer Sozialismus – zu erreichen war. Auch zu Repräsentanten der beiden Kirchen nahm man intensive Kontakte auf: zunächst zum katholischen Bischof Konrad von Preysing (1880–1950) und später zum evangelischen Bischof Theophil Wurm (1868–1953). Der gewerkschaftliche Flügel wurde bald durch Wilhelm Leuschner (1890–1944) und Hermann Maass (1897–1944) vertreten. Später stießen noch die beiden Jesuiten Lothar König (1906–1946) und Alfred Delp (1907–1945) sowie Eugen Gerstenmaier (1906–1986), Paulus van Husen (1891–1971) und

Theodor Haubach (1896–1945) dazu. Erst nach dem Ausscheiden von Leuschner und Maass im August 1943 kam Julius Leber (1891–1945) zu den Kreisauern. Moltke und Yorck hielten diesen Kreis eigenständiger Denker durch Dutzende von Besuchen und Gesprächen zusammen. Sie beide waren – von allen unbestritten – «Kopf und Herz» der Gruppe. Vor allem Yorck, so wurde berichtet, besaß die Fähigkeit, geduldig zuzuhören, Kompromisse anzubahnen und sachlich wie zwischenmenschlich zu vermitteln. Moltke konnte das zwar auch, wurde aber schneller ungeduldig und war härter in der Kontroverse. So ergänzten sie sich vortrefflich mit ihren verschiedenen Temperamenten.

Innerhalb der deutschen Widerstandsbewegung hat es keinen anderen Kreis gegeben, in dem alle traditionellen weltanschaulichen und politischen Lager vertreten waren: junge Adelige aus dem protestantischen Umfeld, katholische Laien und Jesuiten, evangelische Laien und Theologen, Gewerkschafter und Sozialdemokraten. Die Protestanten unter ihnen hatten in der Republikzeit für die Deutsche Demokratische Partei (DDP) oder Deutsche Volkspartei (DVP) optiert, die Katholiken für das Zentrum. Zur Deutschnationalen Volkspartei (DNVP), zur NSDAP oder zur Gruppe der sogenannten «Konservativen Revolution» oder zur völkischen Bewegung hatte niemand gehört. Die im Kreisauer Kreis vertretenen Sozialdemokraten zählten zum revisionistischen Flügel der Partei. Neben von der Gablentz und Poelchau gehörten Haubach, Mierendorff und Reichwein zur Gruppe der Religiösen Sozialisten um die von Paul Tillich gegründete Zeitschrift *Neue Blätter für den Sozialismus*. Was die Berufssparten anging, so fanden sich unter ihnen Rechtsanwälte, Verwaltungsbeamte, Hochschullehrer, Erwachsenenpädagogen, Industrieangestellte, Kaufleute und Männer in kirchlichen Diensten. Die meisten von ihnen waren promoviert. Berufsoffiziere fehlten zwar, aber viele waren Reserveoffiziere, und die Sozialdemokraten Mierendorff, Haubach und Leber waren hochdekorierte Offiziere des Ersten Weltkriegs. Versammelt war also ein gerüttelt Maß an Fachkenntnissen und Berufserfahrungen aus verschiedenen Wissenschafts- und Lebensbereichen. Einige, wie Leber, Leuschner, Mierendorff und Haubach, waren bereits in Konzentrationslagern interniert gewesen.

Sie alle kamen aus einer Zeit, in der die politischen Großlager von ihren zumeist aggressiven Antistimmungen lebten: Die Protestanten waren antikatholisch, die Katholiken antiprotestantisch und beide überwiegend antiaufklärerisch, antidemokratisch und antisozialistisch. Das industrielle Besitzbürgertum war zumeist antirepublikanisch und antidemokratisch, ähnlich verhielt es sich mit dem konservativen, landbesitzenden Adel. Die Einstellung des Proletariats war antibürgerlich, antikapitalistisch und weithin antikirchlich. Und alle diese Schichten und Klassen durchzog mehr oder weniger stark ein antiliberaler Geist. Eine demokratische Dialogkultur hatte es nur in Ansätzen gegeben.

Alle Kreisauer hatten die für sie schmerzhafte Erfahrung der Selbstauflösung der Weimarer Republik und ihrer Zerschlagung durch den Nationalsozialismus und seine deutschnationalen und völkischen Verbündeten gemacht. Von Anfang an hatte die Gruppe einen politischen Grundkonsens: Bei der Errichtung eines neuen Staatsgefüges kann es weder um eine Restitution des kaiserlichen Obrigkeitsstaates noch um eine formale Übernahme der verfassungsrechtlichen und gesellschaftlichen Strukturen der Weimarer Republik gehen. Angesichts des gemeinsamen politischen Ziels der Überwindung des Nationalsozialismus begann man einen Dialog über die geistigen Grundlagen eines «anderen Deutschland», über verfassungspolitische, kulturpolitische und kirchenpolitische Grundfragen und über wirtschafts-, gesellschafts- und ordnungspolitische Strukturfragen. In einer ersten Gesprächsetappe mussten die Teilnehmer ihre Positionen und Ziele vor den anderen formulieren. Was wussten Protestanten und Sozialdemokraten über die katholische Soziallehre, was die Sozialdemokraten über die beiden Großkirchen und ihre Bekenntnis- und Lehrunterschiede, und was wussten Katholiken und Protestanten über die Positionen eines demokratischen Sozialismus? In einer zweiten Gesprächsetappe verglich man die Positionen und versuchte, Gemeinsamkeiten zu entdecken, ohne die zurückbleibenden Differenzen zu überdecken. Die dritte Etappe bestand schließlich in der Formulierung gemeinsamer Überzeugungen. Das ging nicht ohne harte Diskussionen, die bis an den Rand des Scheiterns führen konnten. Aber immer fand man Möglichkeiten, den Verständigungsprozess wieder aufzunehmen. Hier zeichnete sich vor allem Yorck als Vermittler aus.

Neben den engeren Kreisauer Freunden kamen auch viele andere Personen aus dem weiteren Umfeld zu Gesprächen im kleinen Wohnzimmer der Yorcks zusammen wie zum Beispiel Hermann-Joseph Abs, Ernst von Harnack (1888–1945) und Heinrich Graf Luckner (1891–1973). Ein besonderes Verhältnis hatte Yorck zu Schulenburg, der sich ab November 1941 nach seiner Teilnahme am Russlandfeldzug aktiv an den Diskussionen beteiligte, aber nicht für eine engere Bindung an die Kreisauer zu gewinnen war. Beide blieben Verbindungsmänner zwischen den Berliner Widerstandskreisen und zwischen einzelnen Persönlichkeiten.

Für die Formulierung von wirtschafts- und finanzpolitischen Zielen erwiesen sich die Gespräche mit Hermann Josef Abs als sehr fruchtbar.[12] Am 11. Dezember 1940 kam es bei den Yorcks zu einem Treffen zwischen Abs, Moltke, Kessel und Schulenburg. Nach einer weiteren Zusammenkunft am 3. Juli 1941 fand man sich am 8. Juli zu einem Mittagessen bei Moltke ein, der für Freya notierte:

> Gestern das Essen mit Abs und Yorck war nett. Sie waren beide sichtlich befriedigt, und das Ergebnis der Unterhaltung war auch befriedigend. Abs hat sich gebessert; er ist jetzt so arriviert, dass er es nicht mehr nötig hat, eitel und ehrgeizig zu sein. Unter den deutschen Bankiers ist er jetzt primus inter pares. (MB, 265)

Zwischen Juli und Dezember 1941 gab es weitere Diskussionsrunden, an denen auch Mierendorff und Einsiedel teilnahmen. Moltke notierte: «Danach müssen wir uns der Vorbereitung der Pfingst-

Abbildung 36: Fritz-Dietlof von der Schulenburg, um 1940.

diskussion in Kreisau widmen ...» (MB, 329) Auch Abs wurde zu diesem Treffen eingeladen, kam aber nicht.

Ein weiterer Schwerpunkt der Diskussionen vor der Kreisauer Tagung betraf kirchliche Fragen. Am 18. Oktober 1941 statteten Yorck und von der Gablentz Moltke einen Besuch ab. Dieser meldete:

> Gestern besprachen Yorck, Gablentz & ich kirchliche Fragen. Wir kamen so um 2.15 Uhr zum Essen, und um 6.15 ging Gablentz. Er und ich trugen die Last der Besprechung, während Yorck zuhörte und von Zeit zu Zeit nur etwas beisteuerte. Die 4 Stunden waren für mich rasend anstrengend, aber ich glaube, dass wir ganz erhebliche Fortschritte gemacht und Gablentz auf neue Fragen und Einzelprobleme angesetzt haben. Jetzt hat er gewiss ein bis 2 Monate zu tun. (MB, 305 f.)

Immer mehr wurde in diese Diskussion Theodor Steltzer einbezogen,[13] in dem Moltke einen Mann erkannte, der neben seiner militärischen Kompetenz als Mitglied der Michaelsbruderschaft in kirchlichen und theologischen Fragen sehr beschlagen war. Auf Vermittlung von Otto Heinrich von der Gablentz trafen Yorck und Moltke Steltzer am 17. September 1941 und gewannen ihn für eine Mitarbeit (MB, 316).

Nun galt es, einen katholischen Referenten für Kreisau zu finden. Steltzer und Rösch wurden gebeten, den kirchlich-theologischen Teil für das Gespräch in Kreisau vorzubereiten. Ihnen an die Seite gestellt wurden Yorck und Guttenberg, der nach Kreisau eingeladen wurde. Yorck, Steltzer und Guttenberg trafen sich am

Abbildung 37 und 38: Konspirative Treffen 1940 in Kreisau. Links: Asta von Moltke, General von Rabenau und Peter Yorck auf der Veranda des Berghauses. Friedrich von Rabenau war Mitarbeiter von Generaloberst Ludwig Beck und wurde dessen Verbindungsmann zu Carl Friedrich Goerdeler. Rechts: Rabenau zwischen Helmuth James von Moltkes Bruder Joachim Wolfgang und Peter Yorck.

10. Januar 1942 und setzten am 15. Januar mit Yorck, Steltzer, Rösch und von der Gablentz die Beratungen bei Moltke fort. So sehr Yorck sich in diesen Monaten mit ökonomischen Fragen in seiner Dienststelle herumschlagen musste und auch zur wirtschaftspolitischen Gruppe der Kreisauer gehörte, so deutlich war auch sein Engagement in den Auseinandersetzungen um die zukünftige Bedeutung von Religion, Kirche und christlicher Erziehung. In den Vorgesprächen zur Kreisauer Tagung gab es etliche Meinungsverschiedenheiten mit den Sozialdemokraten im Kreis, besonders mit Mierendorff. In stundenlangen Gesprächen fand man schließlich trotz einiger zurückbleibender Differenzen wieder zu einer gemeinsamen Sprache und Strategie. Auch die Jesu-

iten beteiligten sich immer intensiver an den Vorarbeiten und fassten die Gespräche vom 3. bis 6. April in fünf Thesen zusammen (Br. 1, 192 ff.).

Die erste Kreisauer Pfingsttagung fand vom 22. bis 25. Mai 1942 statt. Anwesend waren das Ehepaar Moltke mit Helmuths Schwester Asta, das Ehepaar Yorck mit Peters Schwester Irene, Steltzer, Poelchau, Lukaschek, Peters, Rösch und Reichwein. Steltzer hatte acht Diskussionsthesen «für das Gespräch über Kirche und Staat» vorbereitet, die er in seinem Vortrag darlegte (Br. 1, 204 ff.). Die katholische Position behandelte Rösch (Doss., 88 ff.), und Peters sprach über das Konkordat von 1933.[14]

Adolf Reichwein, der am 18. Oktober 1941 ein umfangreiches Papier «Gedanken zur Erziehung» mit ergänzenden Fragen vorgelegt hatte, referierte über die Schulproblematik[15] und Moltke über die Universitätsreform. Die Arbeitsergebnisse wurden am 27. Mai 1942 in «grundsätzlichen Erklärungen» zu den Themen «Kirche und Staat», «Schule», «Universitäten und Hochschulen» zusammengefasst (Br. 1, 208 ff.). Der erste Satz formuliert den großen Konsens:

> Wir sehen im Christentum wertvollste Kräfte für die religiös-sittliche Erneuerung des Volkes, für die Überwindung von Hass und Lüge, für den Neuaufbau des Abendlandes, für das friedliche Zusammenarbeiten der Völker. (Br. 1, 208)

Die Frage ist: Warum begann man mit der Staat-Kirche-Problematik und mit Schule und Universität? Die Antwort lautet: Alle waren der Meinung, dass die Kirchen als staatsunabhängige Institutionen mit ihrer Verkündigung und ihrer Lehre, mit ihrem religiös-ethischen Einfluss in der Jugend- und Erwachsenenbildung sowie mit ihrer praktischen Diakonie das große Bollwerk gegen die Ansprüche eines totalitären Staates waren. Deshalb musste auf der Freiheit der Kirche bestanden werden. Für ihre gewissensbildenden Aufgaben bedurfte die Kirche der «Autonomie und

Selbstverwaltung». Eine geistliche und theologische Reform der Kirche war für die Kreisauer die Voraussetzung für einen politisch-gesellschaftlichen Neuanfang. «Kreisau» bedeutete nie nur politischen Widerstand, sondern war für die Beteiligten auch eine religiöse Reformationsbewegung. Jeder wurde auf seine Weise ein neuer Homo religiosus, und alle zusammen sahen im christlichen Glauben und in christlicher Ethik die notwendige Grundlage eines neuen Gemeinwesens nach Krise und Katastrophe.

Mit der Kirchenproblematik hingen die Schulfragen eng zusammen. Die Schulen hatten nach Kreisauer Auffassung den Auftrag, Menschen zu selbstverantwortlichen Persönlichkeiten zu erziehen. Universitäten und Hochschulen hatten im Denken der Kreisauer Stätten der wissenschaftlichen Ausbildung zu sein, eine «Forschungs-, Lehr- und Lerngemeinschaft», den Gesetzmäßigkeiten der wissenschaftlichen Vernunft verpflichtet. Erziehung und Bildung sollten Menschen mit Charakter formen, die in eigener Verantwortung ihre beruflichen und staatspolitischen Aufgaben wahrnehmen könnten.

Im Gespräch mit Repräsentanten der Kirchen

Nach der ersten Kreisauer Tagung ging die Arbeit in Berlin unvermindert weiter. Der Kreis der Kontakte nach außen wurde am 24. Juni 1942 durch ein Treffen mit Bischof Wurm erweitert.[16] Yorck, Gerstenmaier und Moltke führten ein offenes Gespräch mit einem Mann, der nach anfänglicher Zustimmung zum nationalen Volksstaat im Laufe der Jahre in der Auseinandersetzung mit der Reichskirchenpolitik immer mehr in die Opposition gegen das nationalsozialistische Regime gegangen war. Er schrieb kritische Briefe an Reichsbischof Müller und an hohe Repräsentanten des Staates und der Partei. Diese Eingabenpraxis beendete er, als er sehen musste, dass er nie eine Antwort bekam. Sein Schritt in das Umfeld einer Verschwörergruppe war für diesen Deutschnationalen und Traditionslutheraner eine Umorientierung, die das Ausmaß seiner Hoffnungslosigkeit widerspiegeln dürfte. Der Kontakt zu Theophil Wurm, der bis 1944 erhalten blieb, wurde von Yorck mitgetragen. Der Bischof war für Moltke und Yorck eine eindrucksvolle Persönlichkeit innerhalb des kirchenprotestantischen Mittelmaßes.

Das katholische Pendant zu Wurm war der Bischof von Berlin, Konrad von Preysing.[17] Moltkes rund zwanzig Besuche bei ihm in der bischöflichen Berliner Residenz und nach ihrer Zerstörung in einem Ausweichquartier am Rande der Stadt zeigen sein großes Interesse an einem Dialog mit einem katholischen Kirchenführer und Kenner des Kirchenrechts und der katholischen Soziallehre. Preysing, der zudem noch Jurist war, konnte ihn auch über die Kirchenpolitik der Fuldaer Bischofskonferenz informieren, auf der es kontroverse Diskussionen und Positionen gegeben hat. Der Bischof gehörte zu der Gruppe, die in deutlicher Distanz zur Kirchenpolitik des Vorsitzenden Kardinal Bertram aus Breslau stand. Es verstand sich von selbst, dass Moltke den Inhalt seiner Diskussionen und seine Informationen an seine Freunde weitergab. Das Verhältnis des katholischen Bischofs zu dem jungen Protestanten war so eng, dass er ihm den Entwurf eines Hirtenbriefs gab und Moltke ihm eine noch deutlichere Sprache empfahl.

Bischof Preysing war auch die Anlaufstelle für die Münchner Jesuiten, wenn sie in Berlin waren. Mit ihm stimmten sie sich über theologische Grundsatzfragen und über politische Strategien ab. Er war voll informiert über die Grundsatzarbeit der Kreisauer, und an der Entstehung sowie an der Letztformulierung ihrer Texte nahm er beratenden Anteil. Zudem begleitete er ihr Bemühen, diese Texte in einem ökumenischen Geist abzufassen.

Über Preysing gab es weitere Kontakte zu anderen gleichgesinnten katholischen Bischöfen wie Johannes Baptist Dietz (1879–1959) in Fulda, Konrad Gröber (1872–1948) in Freiburg und Michael von Faulhaber (1869–1952) in München. In welche Richtungen die Gedanken der katholischen Partner gingen, zeigt ein Strategiepapier der Jesuiten vom 7. Juli 1942 (Br. 1, 219 ff.), das Vorschläge für die kommende Praxis der «Kampfführung» enthält. Ergänzt werden sie durch einen Entwurf von Alfred Delp über die «Neuordnung», der aus drei verschiedenen Texten mit folgenden Kapiteln besteht: «Wiederherstellung des Bewusstseins vom absoluten Recht», «Wiederherstellung einer konkreten Rechtssicherheit», «Wiederherstellung des echten Staates», «Wiederherstellung der Familie», «Schaffung einer echten Sozialordnung» (Delp 4, 380 ff.). Hier wurden Prinzipien der katholischen Soziallehre für die Wiedererrichtung eines humanen und sozialen Gemeinwesens formuliert. Unter den Kreisauern entwickelte sich ein konstruktiver Dialog zwischen der protestantischen Ethik des Politischen und des politischen und sozialen Katholizismus, in den bald auch die Sozialdemokraten Mierendorff, Haubach und Reichwein einbezogen wurden, die von Haus aus kirchenkritische Protestanten waren, sich aber unter den Erfahrungen der Gegenwart immer mehr für theologische Fragen öffneten. Vor allem Haubach beschäftigte sich mit kirchengeschichtlichen Studien und systematischer Theologie.[18]

Yorck nahm an diesem ökumenischen Dialog intensiv teil. Was alle Teilnehmer verband, war nicht nur die Gegnerschaft gegen den Nationalsozialismus, sondern die Erkenntnis, dass die traditionellen gegenseitigen konfessionellen und politischen Verketzerungen überwunden werden mussten, wenn eine tolerante und kommunikative Lebenskultur nach der Zeit der ideologischen Diktatur entwickelt werden sollte.

Der Kontakt zu den süddeutschen Jesuiten wurde von Yorck und Moltke gemeinsam gehalten, und über diese erschlossen sich wiederum Kontakte zu süddeutschen Persönlichkeiten aus verschiedenen Widerstandsgruppen wie zum Beispiel zu Franz Sperr (1878–1945), Franz Reisert (1898–1965) und Joseph-Ernst Fugger von Glött (1895–1981). Ein besonderes Verhältnis scheint Yorck zu Lothar König gehabt zu haben. Sich mit Rösch, König und Delp über philosophische und theologische sowie über Fragen der alltäglichen Kirchenpraxis zu unterhalten, wird Yorck, dem ein Interesse am Katholizismus nachgesagt wurde, besonders erfreut haben. Einige vermuteten bei ihm sogar «katholisierende Tendenzen».

Auffälligerweise gab es keine engeren Beziehungen zur Berliner Bekennenden Kirche. Die Kreisauer scheinen sich darum nicht besonders bemüht zu haben, sahen sie in ihr doch keinen Partner im politischen Widerstand gegen das System im Ganzen. Sie hatten miterleben müssen, dass Männer der Bekennenden Kirche den «Polenfeldzug» und vor allem den Krieg gegen den Bolschewismus für geboten und gerechtfertigt hielten.[19] Marion Dönhoff hat später behauptet, dass Yorck Mitglied der Bekennenden Kirche gewesen sei. Ein Beleg dafür ist bis jetzt nicht gefunden worden. Theologischer, kirchenrechtlicher und seelsorgerlicher Hauptpartner blieb für Yorck und Moltke ein katholischer Bischof.

Hinter der «Strategie» von Moltke und Yorck, auf die Kirchen und die Repräsentanten der freiheitlichen Arbeiterbewegung zuzugehen, stand ihre Überzeugung, dass nur mithilfe dieser Gruppen eine andere Zukunft in Deutschland zu erreichen sei. Die Masse des mittelständischen deutschen Bürgertums und die Mehrheit der ministeriellen und militärischen Führungseliten waren und blieben mit ihrer Hitlertreue die Trägerschicht des NS-Systems.

Durch ihre Begegnungen mit Vertretern beider Kirchen vertiefte sich bei den beiden jungen Adeligen das eigene Religions- und Kirchenverständnis und bildete sich insbesondere eine eigene religiös-kirchliche Praxis. Sie erkannten beide die Bedeutung des sonntäglichen Gemeindegottesdienstes mit seiner Liturgie, seinen Liedern und Gebeten. Der Gottesdienst mit seiner an die Botschaft der Evangelien und der Briefe gebundenen Verkündigung und mit der Weckung eines verantwortlichen eigenen Gewissens wurde für sie und viele andere das Gegenmodell zum Appell- und Befehlswesen der NS-Veranstaltungen. Als unverwechselbare Person mit eigener Würde und mit eigener ethischer Entscheidungsfähigkeit angesprochen zu werden und mit anderen zusammen das Abendmahl als persönliche Zusage des Heils in Christus und als Gemeinschaftsmahl der Brüder und Schwestern zu feiern – das gab Yorck neue Kraft für das alltägliche Leben und für die Widerstandsarbeit.

Für Yorck und Moltke, die irgendwann Anfang 1942 zum freundschaftlichen Du fanden, gewann die Lektüre der Bibel zunehmend an Bedeutung. Bei dieser Intensivierung der Freundschaft, des Glaubens und des Widerstands spielten auch familiäre Ereignisse eine Rolle. Yorck hatte bereits 1939 seinen Bruder Hans beim Polenfeldzug verloren. Sein jüngster Bruder, Heinrich, fiel am 10. März 1942 in Russland. Moltkes Bruder Carl Bernd wurde nach einem Flugzeugabsturz im Mittelmeerraum im Januar 1942 für tot erklärt. Die Freunde trafen sich am Abend des 19. März 1942 bei Yorck in der Hortensienstraße. Sie sprachen an diesem Abend vor allem über die Opfer, die der Krieg forderte, «in einer so angenehmen, friedlichen, aber durch die Verluste unserer beiden Brüder sichtlich stilleren Atmosphäre» (MB, 355).

Auf die Frage nach dem Sinn dieser Soldatenopfer gab Yorck in einem Brief vom 22. Mai 1942 an seinen Freund Martin von Katte diese Antwort:

> Was ist es denn, wofür sie kämpfend starben? Ist es der Geist, der unsere Heere führt? Und liegt der Sinn dieses grauenvollen Krieges wirklich nur darin, das Nationalitätenprinzip neu zu bestätigen, das 150 Jahre Europas Geschichte bestimmte, in der aber zugleich das Abendland sein Gesicht verlor? Die Werte, die sie zu lieben trachteten und für die sie starben, liegen in tieferem Grunde und auf höherer Ebene. Sie sind bedroht, das fühlen manche Kämpfer hüben und drüben, und dies Fühlen zeigt ihnen die wirkliche Gefahr, von welcher das Bild des Menschen heute bedroht ist. Ein Zwiespalt öffnet sich in mancher Seele, die begreift, dass es darum geht, vor allem erst Mensch zu sein, das Wesen, das sich Gott im Bilde schuf. Zum neuen Mahnruf wurde mir des zweiten Bruders Tod, und prü-

Abbildung 39: Heinrich Yorck, der jüngste Bruder Peter Yorcks, fiel am 10. März 1942.

> fend suche ich den Weg, den zu gehen die uns zugemessene Aufgabe ist ... Es kommt darauf an, die Ewigkeit als gnadenvolles Geschenk zu erfassen und durch den Schmerz zu bleibendem Gewinn vorzudringen.[20]

Was hier im Krieg ablief, war für Peter Yorck die Selbstzerstörung des Menschen. Wer das so sah, konnte dazu kommen, sich selbst einen gnadenvollen Tod zu wünschen, um in der Ewigkeit aufgehoben zu sein. In den Tagen des Schmerzes über den Verlust seiner Brüder sah Yorck darin für sich selbst eine Möglichkeit.

Im Sommer 1942 übernahm Marion Yorck formell die Verwaltung des Gutes Kauern. Damit war sie «unabkömmlich» und schützte sich davor, zum Arbeitsdienst in einer Munitionsfabrik eingezogen zu werden. Das Ehepaar war dadurch noch öfter als bisher schon voneinander getrennt. Meist lebte Yorck alleine in dem Reihenhaus in der Hortensienstraße. Yorck gab gegenüber seiner Mutter aber auch noch einen anderen Grund für den Wechsel von Marion nach Kauern an: Sie wolle dort aktiver als bisher in das landwirtschaftliche Geschehen eingreifen und für die Bediensteten da sein.

> Ich glaube auch, dass die Zeiten noch sehr schwer werden und dass es gut ist, seinen Leuten nahe zu sein und das innere Verhältnis zu ihnen zu festigen und ihnen einen Halt zu geben. Denn vielen ist die eigene Sicherheit geraubt, die dazu befähigt, solche Zeiten durchstehend sich nicht zu verlieren. Es genügt dann nicht, wenn unsereiner dann mal da ist und gut zuredet, sondern ein gemeinsames Leben darf das Gefühl nicht aufkommen lassen, dass wir uns von dieser Lebensgrundlage distanzieren. In Kauern gilt dies doppelt, denn wir haben es ja erlebt, wie unerfreulich es dort einmal war und mit welchem Einsatz Hans erst Wandel schaffen konnte. Diesen Erfolg setzt man aufs Spiel, wenn man in solchen Zeiten fern ist.

Hier spricht Yorck ganz als verantwortungsbewusster Grundbesitzer, der das Schicksal mit der Hofgemeinschaft teilen und sie seelisch stabilisieren will. So oft er nur konnte, fuhr er in den folgenden Monaten bis zu seiner Verhaftung selbst nach Kauern, um vor Ort zu sein und mitzuarbeiten. Mit zunehmender Kriegsdauer wurde es immer schwerer, einen landwirtschaftlichen Betrieb zu führen. Das flache Land war kein idyllischer Zufluchtsort mehr für mürbe gewordene Städter.

Die zweite Kreisauer Tagung, Oktober 1942

Im Spätsommer und Frühherbst 1942 lief die Diskussion unter den Freunden auf Hochtouren. Über die Inhalte und über die Zusammensetzung der Arbeitsgruppen erfahren wir das meiste wieder aus den Briefen Moltkes an Freya. Leider gibt es keine parallelen tagebuchartigen Aufzeichnungen von Yorck. Auch die Briefe an seine Frau nach Kauern sind nicht mehr erhalten; sie wurden nach dem 20. Juli 1944 vorsorglich verbrannt, um sie nicht in die Hände der Gestapo fallen zu lassen.

Bei den fast täglich in jeweils verschiedenen Zusammensetzungen geführten Gesprächen handelte es sich um eine gründliche inhaltliche Vorbereitung des zweiten Kreisauer Treffens vom 16. bis 18. Oktober 1942. Diesmal sollte es um den Staatsaufbau und um die Wirtschaftsorganisation gehen. Nach langen Unterredungen mit Kennern innerhalb und mit Fachleuten außerhalb des Kreises hatten Einsiedel und Trotha Ende September 1942 ihre Denkschrift «Die Gestaltungsaufgaben in der Wirtschaft» fertiggestellt (Br. 1, 174 ff.). Am Anfang steht der Abschnitt «Die Mission des Menschen und die Wirtschaft». Die Wirtschaft habe die Aufgabe, die Mittel zur Erhaltung der Menschen zur Verfügung zu stellen, sei aber gleichzeitig ein Bestandteil der menschlichen Lebensordnung selbst. Es gehe um die Einlösung des Rechts auf Arbeit, um die Verhinderung der «Misshandlung der Natur durch wirtschaftlichen Raubbau», um eine Überwindung der «Massierung der Menschen in trostlosen Industriequartieren». Und grundsätzlich gelte:

> Die Fragen von Herrschaft und Verantwortung in der modernen Industriegesellschaft sind kaum gestellt, in diesem Zusammenhang müssen die vielfach noch unbefriedigenden Fragen der Einkommensverteilung und die zu geringen Möglichkeiten des Eigentumserwerbes durch die abhängigen Arbeiter und Angestellten gesehen werden. (Br. 1, 176)

Schon durch die Auflistung der Themen dürfte deutlich werden, dass die Kreisauer neben ihren politischen Entwürfen sich intensiv mit Wirtschaftsfragen für die Zukunft beschäftigten. Gleichzeitig stellten sie die Frage nach der «Organisation der internationalen Wirtschaft», behandelten das Verhältnis von «Kapital» und «Arbeit» und befassten sich mit einer Analyse des liberalen Kapitalismus. Über die Relation zwischen Freiheit und Pflichten des Menschen findet sich eine Reihe von ethischen und sozialethischen Überlegungen. Auch die Wirtschaft müsse eine Sphäre der Freiheit der Menschen sein. Ihr Modell ist das der gelenkten Wirtschaft:

> Der Staat soll die Wirtschaft lenken, ohne die Wirksamkeit der Eigenkräfte der Wirtschaft auszuschalten, d. h., ohne die überwiegende Zahl der wirtschaftlichen Vorgänge direkt zu regeln. ... Der Staat muss, um die Wirtschaft lenken zu können, auf drei Gebieten tätig sein: Er muss für die Vollbeschäftigung der Wirtschaft sorgen, die Richtung des Wirtschaftsausbaues bestimmen und darauf achten, dass das wirtschaftliche Leben mit den Notwendigkeiten einer gesunden gesellschaftlichen Ordnung in Einklang steht. ... So schafft der Staat lediglich einen festen Rahmen, innerhalb dessen sich die wirtschaftlichen Einzelvorgänge reibungslos und zum Wohl des Ganzen vollziehen können. (Br. 1, 181)

Die Gleichzeitigkeit von staatlicher Zuständigkeit und Ausnutzung der Eigenkräfte der Wirtschaft wird problemorientiert in einem langen Kapitel verhandelt. «Machtkonzentration und Rechtsordnung» werden im Schlussabschnitt thematisiert. Der erste Satz, «Nur ein starker Staat kann die Wirtschaft lenken», gibt die Richtung an. Achten müsse er allerdings auf die Funktionsfähigkeit des Marktes und auf die «Grundrechte des Einzelnen» in der Gestaltung der Arbeitsbedingungen (Br. 1, 191).

Eine nähere Analyse der Denkschrift könnte zeigen, dass es eine Übereinstimmung mit den Freiburger Nationalökonomen gab.

Die oben skizzierte Rede von Eucken atmet ähnlichen Geist. Es war Yorck, der aufgrund seiner Zusammenarbeit mit ihnen die Wirtschaftsordnungstheorien der Freiburger genau kannte. Vermutlich brachte er in den Diskussionen mit Einsiedel und Trotha diese Denkansätze ein. Die Kreisauer bereiteten mit ihren Entwürfen zur Wirtschaftsordnung in der Kriegszeit den Weg mit, der nach dem Krieg zum Wirtschaftsstil der «Sozialen Marktwirtschaft» geführt hat.[21]

Diese Diskussion wurde zum Jahreswechsel 1942/43 weitergeführt und auf ein hohes wissenschaftliches Niveau gebracht, als Yorcks Mitstreiter und Freund Günter Schmölders die Denkschrift «Wirtschaft und Wirtschaftsführung nach dem Kriege» vorlegte (Br. 1, 248 ff.). Vom Typ her eine kleine Broschüre, thematisierte sie die entscheidenden Fragen einer Nachkriegsordnung. Wie intensiv sich Schmölders mit der Kreisauer Position befasste, zeigt die Tatsache, dass er nach dem Krieg eine der ersten Arbeiten über diese ihm nahestehende Widerstandsgruppe verfasste.[22]

Es überrascht nicht, dass Moltke und Einsiedel sich am 10. Oktober 1942 bei Yorck trafen, um die Denkschrift von Einsiedel und Trotha noch einmal durchzusprechen. Das Ergebnis: «Einsiedel hat ein paar Sachen zu knapp behandelt oder fast gar nicht, und das muss nachgeholt werden.» (MB, 420) Noch am Abend diskutierte Moltke mit Peters über die «Frage der Wirtschaftsorganisation».

Noch eine weitere Denkschrift wurde im Vorfeld der zweiten Kreisauer Tagung fertig: «Das europäische Verfassungsproblem» (Br. 1., 235 ff.). Die Vorlage stammte von Theodor Steltzer, der das, was zuvor diskutiert worden war, systematisierte und dadurch Einblick in den damaligen Stand der Europa-Debatte gewährte. Sie beginnt mit dem programmatischen ersten Absatz:

> Nach der Auflösung der bisherigen Formen zwischenstaatlicher Ordnung in Europa und nachdem klar zutage liegt, dass Europa für sich absolut setzende Souveränitäten der Einzelstaaten zu klein ge-

> worden ist, kann nur eine neue europäische Gesamtordnung die Voraussetzung schaffen, dass sich das Abendland inmitten einer Welt von Großmächten und kontinentalen Zusammenballungen seine Kraft und Eigenart erhält.
> Für jede Art von politischer Gestaltung ist aber die hinter ihr stehende Geisteshaltung bestimmend. Eine neue europäische Ordnung wird nur dann eine wirkliche Grundlage für eine Zusammenarbeit der europäischen Völker sein können, wenn sie sich auf einem gemeinsamen europäischen Ethos, einer Gemeinsamkeit der sittlichen Überzeugungen aufbaut. Darum ist die innere Überwindung der jetzt herrschenden säkularisierten Lebensauffassung durch eine christliche Haltung erforderlich, die der geschichtlichen Realität Rechnung trägt, dass Europa unter dem Kreuz geworden ist und nur von hier aus zu einer Lebens- und Kultureinheit und damit zu einer Ganzheit geformt werden kann. (Br. 1, 235 f.)

In der Analyse der Kreisauer war der Nationalsozialismus in Theorie und Praxis der radikale Höhepunkt der neuzeitlichen Säkularisierung als bewusste Liquidierung der christlichen Tradition zugunsten eines naturalistischen Verständnisses des Menschen und seiner Welt und eines biologistisch rassistischen Denkens. An die Stelle des Kreuzes waren Rune und Hakenkreuz getreten, an die Stelle biblischer Texte neuheidnische Mythen und politische Utopien. Ein anderes, ein neues Europa gab es für die Kreisauer nur bei einer gemeinsamen Rückbesinnung auf die religiösen und geistigen Quellen des Abendlandes, verbunden mit der Bereitschaft, eine europäische politische und gesellschaftliche Neuordnung zu schaffen. Das bedeutete den Abschied von jedem national-hegemonialen Anspruch, bedeutete die Einrichtung europäischer Verfassungsorgane mit den nötigen Regierungs- und Handlungsvollmachten.

Steltzer legte einen umfangreichen Katalog einer möglichen europäischen Verfassung samt einem Aufgabenkatalog vor. Sogar einen Vorschlag für eine vorläufige Einteilung eines «europäischen Bundes» fügte er ein. Das Ganze ist ein Indiz dafür, dass die Kreisauer sich in ihren Überlegungen für die Nachkriegszeit nicht auf das «deutsche Problem» konzentrierten, sondern raum- und organisationspolitisch immer Europa mit im Blick hatten.

Auf der Tagung selbst vom 16. bis 18. Oktober 1942 waren neben Moltke und Yorck mit ihren Frauen sowie ihren Schwestern Asta und Irene anwesend: Einsiedel, Haubach, Maass, Gerstenmaier, Steltzer, Peters und Delp. Alle, Protestanten, Katholiken und Sozialisten, suchten den großen ordnungspolitischen Kompromiss. Moltke und Steltzer referierten einleitend über den Staatsaufbau, Einsiedel sprach über die Wirtschaftsorganisation. Am 18. Oktober wurden abschließend zwei Grundsatzerklärungen über den Staatsaufbau und über die Wirtschaft vereinbart (Br. 1, 241 ff.). Der zentrale Satz für den Staatsaufbau steht am Anfang:

> Das Reich ist die oberste Führungsmacht des deutschen Volkes. In seiner politischen Gestalt müssen sich echte Autorität und echte Mitarbeit und Mitverantwortung des Volkes verwirklichen. Sie steht auf der natürlichen Gliederung des Volkes: Familie, Gemeinde, Landschaft. Der Reichsaufbau folgt den Grundsätzen der Selbstverwaltung. In ihr vereinigen sich die sittlichen Werte der Freiheit und persönlichen Verantwortung mit den Erfordernissen von Ordnung und Führung.
>
> Dieser Aufbau will die Einheit und die zusammengefasste Führung des Reiches sichern und seine Eingliederung in die Lebensgemeinschaft der europäischen Völker ermöglichen.
>
> Die politische Willensbildung des Volkes vollzieht sich in Räumen, die für den Einzelnen überschaubar bleiben. Auf den natürlichen Gliederungen der Gemeinden und Kreise bauen sich landschaftlich, wirtschaftlich und kulturell zusammengehörige Länder auf. Um eine wirksame Selbstverwaltung zu ermöglichen, sollen die Länder die Zahl von drei bis fünf Millionen Einwohner umfassen.
>
> Die Aufgabenverteilung erfolgt nach dem Grundsatz, dass jede Körperschaft für die selbstständige Erledigung aller Aufgaben zuständig ist, die sie sinnvollerweise selbst durchführen kann.

Im Text folgen dann genauere Bestimmungen über die Gemeinde, den Kreis, das Land und das Reich. Für die vorgeschlagene Neuordnung entscheidend dürfte der Abschied von einem zentralistisch aufgebauten Staatswesen gewesen sein. Wesentliche Bedeutung für alle Ebenen hatte der Gedanke der Selbstverwaltung. Das bedeutete die Einübung der Bürger in praktische Mitverantwortung vor Ort, in der Region, im Land und im Reich.

In der Vergangenheit hatte in Deutschland immer der Staat das Maß der Freiheit für den Bürger bestimmt. Der Aufbau der politischen Ordnung von unten nach oben sollte nun der Mitverantwortung der Bürger für ihre ureigenen Interessen den notwendigen Spielraum geben. In diesem Modell waren zentralistisch aufgebaute und durch Funktionäre geführte Parteien, Berufsverbände und Gewerkschaften überflüssig. Im politischen Lernprozess sollten sich die in der Arbeit für das Gemeinwohl bewährten Persönlichkeiten nach dem Delegationsprinzip von unten nach oben durchsetzen. Gefragt waren Charakter, Erfahrung und Kompetenz.

Dieses Kreisauer Modell war Angriff auf die überkommenen Mentalitäten der meisten Deutschen. Man kann es basisdemokratisch nennen, wenn man darunter die unmittelbare Teilhabe der Bürger an ihren politischen und kulturellen Aufgaben versteht. Gegenüber Massenorganisationen, die das Volk spalteten und keine Bereitschaft zu Kompromissen und Kooperationen zeigten, war man sehr skeptisch. Die im Gleichschritt marschierenden NS-Organisationen hatten gezeigt, dass die Massengesellschaft in eine möglichst große Zahl von kleineren Gemeinschaften mit eigener Verantwortlichkeit und Kompetenz aufzulösen war, wenn Personalität und angewandte Freiheit noch eine Chance haben sollten.

Yorck und Moltke, die beide aus traditionellen preußischen Führungseliten und Militärfamilien stammten, hatten einen kritischen Blick sowohl für die feudal-aristokratische und monarchistische Vergangenheit als auch für die Schwächen des Weimarer Parteienstaats. Beide Ordnungsformen mussten im Blick auf ihre unheilvollen Folgen für die deutsche Geschichte überwunden werden. Freiheit und Mitverantwortung verlangten nach einer Zivilgesellschaft und nach einem Bürgerstaat, die zwar der Ordnung und Führung bedurften, aber auch der Zustimmung durch den mündigen Bürger. Wenn Eliten, dann Leistungs- und Verantwortungseliten!

Die Grundsatzerklärung zur Wirtschaft war auf die Mitverantwortung der Wirtschaftsbürger auf allen Ebenen und auf die verantwortliche Führung der Wirtschaftseinheiten ausgerichtet. Der entscheidende ordnungspolitische Satz über die «Grundsätze des Wirtschaftens» heißt:

> Das Grundprinzip der Wirtschaft ist der geordnete Leistungswettbewerb, der sich im Rahmen staatlicher Wirtschaftsführung vollzieht und hinsichtlich seiner Methoden ständiger staatlicher Aufsicht unterliegt. (Br. 1, 245)

Das Neuordnungskonzept der Kreisauer für die Wirtschaft will zudem den Arbeitnehmer aus der traditionellen Objektstellung in der Wirtschaft zu einem mitverantwortlichen und mittätigen Wirtschaftsbürger befreien. Auch in der Wirtschaft habe er Rechte, die seinen Pflichten entsprächen. Er habe das Recht auf Mitberatung, Mitwirkung und Mitbestimmung in allen ihn betreffenden Problemen der Arbeitsbedingungen und ein Recht auf Mitbeteiligung am Gewinn und Wertzuwachs des Betriebes. Zu beachten ist, dass nicht für eine Verstaatlichung der Schlüsselindustrien plädiert wird, sondern für ihre Überführung in die öffentliche Hand. Sie werden weder aus den marktwirtschaftlichen Prinzipien noch aus der Staatsaufsicht herausgenommen.

Wie die Zuordnung von wirtschaftlicher Selbstverwaltung und staatlicher Wirtschaftsverwaltung sein könnte, wird in zwei größeren Abschnitten dargelegt. Es ist das Modell einer gemischten Wirtschaftsordnung. Am Ende steht ein kleiner Abschnitt über die «Deutsche Gewerkschaft». Die Gewerkschaftsfrage war ein umstrittener Punkt bei den Kreisauern. Die Gewerkschafter hatten Schwierigkeiten mit dem Konzept der Betriebsgewerkschaft. Deshalb blieb – nicht überraschend – weiterer Gesprächsbedarf über ihre Rolle in einem föderativen und vom Prinzip der Selbstverwaltung bestimmten Ordnungssystem.

Schon am 28. Oktober 1942 wurde die Diskussion über diesen Punkt bei Yorck mit Maass, Einsiedel, Trotha und Moltke fortgesetzt. Maass vertrat die traditionelle Position der Freien Gewerkschaften, mit zentralisierter Macht die Gegenkraft der abhängig Arbeitenden gegen die Herrschaft des Kapitals und der Privatunternehmer zu bilden. Das Betriebs- und Unternehmensverfassungskonzept der meisten Kreisauer, das das Ende des Klassenkampfes und den Beginn einer gleichwertigen Kooperation von «Kapital und Arbeit» bringen sollte, stieß auf die Skepsis der alten Arbeiterführer. Yorck hatte wieder die Möglichkeit, seine Fähigkeiten als Brückenbauer unter Beweis zu stellen.

Ende 1942/Anfang 1943 übergab Günter Schmölders, der zu jenem Umfeld der Kreisauer gehörte, das kompetent und engagiert über die Zeit nach dem Zusammenbruch mitdiskutierte, Yorck und Moltke seine Denkschrift. Dieses Papier hat eine ähnliche Qualität wie die Texte des sogenannten Freiburger Kreises, der etwa zur gleichen Zeit an einer Denkschrift arbeitete. Hier finden sich in den Kapiteln über Sozial- und Wirtschaftspolitik wie in der Anlage 4 «Wirtschafts- und Sozialordnung», die von den Nationalökonomen Constantin von Dietze, Walter Eucken und Adolf Lampe verfasst waren, ähnliche Gedanken und Positionen wie bei Schmölders und den Kreisauern.[23]

Yorck war als Gesprächspartner und Autor im Kreis der wissenschaftlichen Nationalökonomen voll anerkannt. In Fragen der Preisbildung und damit der ordnungspolitischen Diskussion um eine sachgerechte Wirtschaftsordnung war er Fachmann. Bei den Kreisauern hatte er wie kein anderer von den Freunden durch seine Tätigkeit in einer zentralen Behörde einen guten Einblick in die Wirtschafts-, Geld- und Finanzpolitik des NS-Systems.

Die «Alten» und die «Jungen», Januar 1943

Die militärische Situation, die Ende 1942 für Deutschland immer ungünstiger wurde, brachte den Widerstand in zunehmenden zeitlichen Handlungsdruck. Bisher hatten die zivilen und militärischen Widerstandsgruppen unabhängig voneinander agiert, auch wenn es immer Einzelkontakte zwischen ihren Mitgliedern gegeben hatte. Die Überzeugung, sich näher kennenlernen und stärker verzahnen zu müssen, um im Falle eines militärischen Staatsstreichs eine handlungsfähige zivile Regierung zu stellen, war auf allen Seiten vorhanden. Allen war bewusst, dass ein rein militärischer Staatsstreich ohne Einschluss der zivilen Widerstandsgruppen nicht ausreichen konnte, um ein «anderes Deutschland» zu schaffen. Wieder war es Yorck, der gegen starke Bedenken Moltkes die Kreisauer mit der Goerdeler-Beck-Gruppe an einen Tisch bringen wollte. Dieser Tisch stand natürlich in der Hortensienstraße. Am Abend des 8. Januar 1943 saßen bis Mitternacht auf der einen Seite des Tisches Goerdeler, Beck, Hassell, Popitz und Jessen, auf der anderen Seite Yorck, Moltke, Trott, Gerstenmaier und als Vermittler zwischen beiden Gruppen Schulenburg. Für eine «gelbe Erbsensuppe und Schnittchen» sorgte der Gastgeber.

Anfangs wurden die Kreisauer Vorstellungen, wie sie bis dahin fixiert worden waren, vorgetragen. Trott sprach zur Außenpolitik, Yorck über den zukünftigen Staatsaufbau und Moltke zur Lage der Opposition. Eine richtige Diskussion scheint aber nicht stattgefunden zu haben, der Kern der programmatischen Gegensätze kam nicht zur Sprache. Vor allem die dozierende Art Goerdelers brachte einige Junge wie Gerstenmaier und vor allem Moltke, der von den «Exzellenzen» nicht viel hielt, in Rage. Insbesondere die wirtschafts- und sozialpolitischen Aussagen der Jungen wurden von Goerdeler nicht ernst genommen. Gerstenmaier polemisierte deshalb gegen ein «Klima der patriarchalischen Herablassung im zukünftigen Deutschen Reich»[24] und sprach von neuen Rechten und Grundrechten für alle Deutschen. In die langen Monologe von Goerdeler hinein fiel schließlich das Wort von Moltke: «Kerenski».

Hinter Moltkes Vorwurf gegen die gesamte politische Konzeption Goerdelers stand die Befürchtung, dass die Vertreter der alten Eliten des Kaiserreichs und Repräsentanten der nationalkonservativen Politik aus der Weimarer Zeit zwar den Hitler-Staat überwinden, ihn jedoch durch ein anderes autoritäres System ersetzen wollten. Dagegen wollten die Kreisauer ein neues Deutschland, das mit der Kontinuität des Obrigkeitsstaats, mit der Ungleichheit in politischen und wirtschaftlichen Rechten brechen und vor allem die Arbeiter in einer selbst verwalteten Wirtschaft einbeziehen sollte. Die anwesenden Kreisauer sprachen natürlich für ihre sozialdemokratischen Freunde und deren besondere Anliegen mit. Ihnen gegenüber saßen hochrangige Vertreter der Eliten, die Hitler zunächst an die Macht gebracht hatten, erst später den Schritt in partielle Widerständigkeit und dann in den bewussten politischen Widerstand getan hatten. Diese hatten auch jetzt nicht sehr viel übrig für eine demokratische Grundordnung mit sozialstaatlicher Ausrichtung. Ihr traditioneller Antisozialismus war trotz der Begegnungen mit revisionistischen Sozialdemokraten und Gewerkschaftern nur wenig abgeflacht. Für sie waren die Kreisauer, was die biographischen und beruflichen Voraussetzungen anging, politisch unerfahrene und ideologisch-utopisch besetzte junge Leute, die nichts von Realpolitik verstanden. «Kerenski-Lösung» bedeutete für Moltke die Befürchtung, dass man die Führung des Staates austauschen, die politischen und gesellschaftlichen Grundverhältnisse aber unangetastet lassen, also den Regierungswechsel nicht mit einschneidenden notwendigen Reformen verbinden würde. Aber genau das könne wie 1917 in Russland zur Revolution führen und eine neue linke Diktatur an die Macht bringen.

Sieht man sich die Entwürfe der Kreisauer und die Programmschrift «Das Ziel» von Goerdeler und Beck in Ruhe an, so stellt man neben den Differenzen ein hohes Maß an Übereinstimmung fest. Ein Zusammengehen hätte nicht unbedingt ihre Denkschriften verhindern müssen. Nüchterne, von weniger Vorurteilen auf beiden Seiten belastete Gespräche hätten vielleicht zur Annäherung führen können. Jedenfalls war der 8./9. Januar 1943 ein *dies ater,* ein schwarzer Tag, in der Geschichte des deutschen Widerstands. Das Maß der Vorurteile, aber auch grundlegende Unterschiede vor allem in der Wirtschafts- und Außenpolitik, machten eine konstruktive Zusammenarbeit schwer. Dies zeigt folgende Tagebuchaufzeichnung Ulrich von Hassells:

> Recht interessant, aber im Grunde wenig befriedigend eine große Aussprache der «Jungen» und der «Alten» bei Yorck von Wartenburg. Die «Jungen», die im Gegensatz zu den «Alten» nach außen als Einheit auftraten, wurden geistig von dem mir wenig sympathischen, angelsächsisch-pazifistischen Generalstabschef [Moltke] geführt. Am besten gefiel mir wieder Gerstenmaier, mit dem Popitz und ich schon vorher eine Aussprache hatten. Beck leitete sehr weich und zurückhaltend. Scharfer, aber von Goerdeler bewusst, aber erfolglos verschleierter Gegensatz zwischen diesem und den Jungen, vor allem auf sozialem Gebiet. Goerdeler ist doch eine Art Reaktionär. Die Einheit der Jungen bezieht sich übrigens nicht auf Schulenburg, der realpolitischer ist, allerdings einer von den «Saulussen». (Tgb., 387)

Und später, nach Moltkes Verhaftung, schreibt er:

> Ich habe gegen ihn wegen seiner unrealpolitischen, angelsächsischen Mentalität Bedenken. (Tgb., 466)

Und noch einmal:

> Kiep, Helmuth Moltke, letztere beide politisch auf einer mir unannehmbaren Linie angelsächsischer Psychose. (Tgb., 469)

Moltke seinerseits schreibt:

> Mein Abend dauerte bis 1 Uhr nachts. Es war merkwürdig, weil wir bis 11 Uhr überhaupt nicht recht zum Konflikt kamen, sondern jeder Versuch, auf die Grundsätze vorzustoßen, von der anderen Seite ins Leichte, Verbindliche umgebogen wurde. Schließlich ergab sich eine Chance, und zwar über das Thema, über das wir im Oktober in Kreisau die Nachtbesprechung hatten. Nach einigem Vorgeplänkel von uns kam eine wirklich tolle Erklärung heraus: platt, phantasielos usw. Darauf nahm ich die Gelegenheit beim Wickel, erklärte, hierauf zu antworten hätte um 11.35 keinen Sinn mehr, denn nun beginne erst die richtige Diskussion. Wir würden also heute nicht antworten. Ich schoss dann einen noch lange im Köcher gehaltenen Giftpfeil «Kerenski-Lösung» ab, der auch tüchtig und sichtbar saß – und damit endete die Sache dramatisch und glücklicherweise nicht platt. (MB, 450 f.)

Für nationalkonservative Herren waren die meisten Kreisauer in der Tat problematische Bundesgenossen. Ein Mann wie Moltke war für sie mehr ein Engländer als ein Deutscher, ein Mann wie Yorck mehr ein philosophischer als ein politischer Kopf, und ein Mann wie Mierendorff kam für sie aus einer völlig fremden Welt. Die Öffnung zu linken Demokraten oder zur sozialistischen Arbeiterbewegung lag außerhalb ihrer intellektuellen und kulturellen Möglichkeiten. Deshalb konnten sie die Zusammensetzung des Kreisauer Freundeskreises nicht nachvollziehen. Protestanten, Katholiken und Sozialisten an einem Strang – eine Anfang 1943 für sie noch nicht vorstellbare Koalition. Bedenkt man, dass die «Exzellenzen» nicht nur gebildete Menschen waren, sondern auch überdurchschnittliche Leistungen in ihrem jeweiligen Beruf vollbracht hatten, so wird die Tragik, dass hier kein Schulterschluss erfolgen konnte, vollends sichtbar. Das Unvermögen der traditionellen Führungselite, über ihr klares Nein zum Nationalsozialismus hinaus das Zukunftspotenzial einer aktiven Versöhnung zwischen den ehemaligen weltanschaulichen, gesellschaftlichen und politischen Großlagern zu erkennen, ließ ein Zusammengehen der deutschen Widerstandsgruppen unwahrscheinlich werden. Ihre Haftung im Vergangenen war und blieb stärker als der Mut zum Außergewöhnlichen und Neuen. Später wurden alle Gesprächspartner in der Hortensienstraße bis auf Gerstenmaier vom Volksgerichtshof verurteilt und hingerichtet.

Der gescheiterte Versuch einer Annäherung an jenem Wintertag im Januar 1943 bedeutete nicht das Ende aller Kontakte. Je bedrohlicher in den folgenden Monaten die militärische und politische Lage wurde, desto mehr gingen Einzelne neu aufeinander zu. Sie erkannten zunehmend, dass man im Ernstfall aufeinander angewiesen war. Am 15. August 1943 notiert etwa Hassell:

> Mit Popitz und Trott ganz nützliche Aussprachen über das Verhältnis der Generationen und die Notwendigkeit, in den politischen Grundfragen die Brücken zwischen ihnen zu schlagen. Letzteres eines meiner Hauptziele; ich glaube, dass die Jungen das verstehen und anerkennen und mich insofern als ihnen unter den «Alten» am nächsten stehend betrachten. Eine im Grunde unnötige Schwierigkeit bringt in diesem Meinungsaustausch der Begriff «Sozialismus» – auch ein Kuckucksei, das der Nazismus ins deutsche Nest gelegt hat. «Sozial» ist anrüchig geworden. Aber schließlich soll es auf Worte nicht ankommen. (Tgb., 429)

Noch im September 1943 berichtet Ulrich von Hassell über Gespräche mit Adam von Trott und Eugen Gerstenmaier, der ihm einen Bericht über ein Schreiben Bischof Wurms an Hitler und über die «fortschreitende Einigung in der Evangelischen Kirche» gegeben hatte (Tgb., 436).

Die Zeit drängt

Zu Beginn des Jahres 1943 verstärkten die Kreisauer ihre Aktivitäten und erweiterten ihren Aktionsradius. Gleichzeitig mussten sie viele Kontroversen untereinander ausfechten. Das kostete Zeit und Nerven. So war Helmuth James von Moltke selbstverständlich für einen Staatsstreich der Militärs als Voraussetzung für ein Ende des NS-Systems, er war aber gegen ein Attentat auf Hitler. Die neue Ära sollte nicht mit einem Mord beginnen, der zu einem Bürgerkrieg zwischen den Hitlertreuen und den Putschisten führen könnte. Gerstenmaier und die katholischen Freunde hingegen waren für beides: Attentat und Staatsstreich. Hinzu kam, dass Moltke wenig Zutrauen zur Handlungsfähigkeit der militärischen Opposition hatte, wusste er doch, dass mehrere Attentatsversuche im Frühjahr 1943 schon gescheitert waren und die vielen Briefe Goerdelers an Mitglieder der Generalität keine Wirkung gezeigt hatten.

Anfang März hatte Peter Yorck Gelegenheit, sich selbst ein Bild von der obersten militärischen Führung zu machen, als er mit «seinem General» – gemeint sein dürfte sein Chef, General Stapf – das Führerhauptquartier in Ostpreußen besuchte, das Zentrum der militärischen und politischen Macht der Diktatur. Seiner Mutter berichtete er darüber vertrauensvoll:

> Die Fahrt war nicht uninteressant, aber auch nicht sehr aufrichtend. Es ist dort keine Atmosphäre einheitlicher und ruhiger Führung und Übereinstimmung. Man steht nicht gerade, schaut den Dingen nicht ins Gesicht und tritt ihnen nicht entgegen. Man sieht und beurteilt sie ebenso sehr unterschiedlich, ist resigniert und ohne Kraft, die eigene Meinung zu vertreten. Wenn ich recht sehe, so ist nur an der eigentlichen Front und auch dort nur beim kleinen Verband die Lage unproblematisch. Dort formt der Kampf die Gemüter und die Kameradschaft. Das Gesicht bleibt nach vorn gerichtet, auch wenn es mal zurückgeht, und fast kann man von einer Flucht nach vorn sprechen bei dem, der sich hier löst, von der Problematik befreit und dorthin geht und seinen Mann steht.

Es ist ein bitteres Urteil über die innere Qualität der Staats- und Wehrmachtsführung, die im März 1943 dabei war, die Auswirkungen der Katastrophe von Stalingrad durch verzweifelte Gegenoffensiven zu begrenzen. Yorck, der die Frontverläufe genau kannte, wusste zu unterscheiden zwischen der Qualität der hohen Führung im Rastenburger Bunker und den Truppen an der Front selbst. Wer konnte, löste sich aus den Befehlsstellen und meldete sich an die Front, wo er in der Lage war, sich als Soldat und Mensch zu bewähren, auch wenn es rückwärts ging. Von sich selbst sagt er in dem Brief:

> Oft wundert man sich selbst, dass man nicht draußen unter ihnen ist, und das ficht mich an. ... Aber ich komme immer wieder zu dem Ergebnis, dass das eine Versuchung ist, der wir nicht erliegen dürfen und dass die Aufgaben an anderer Stelle liegen.

Am 5. April 1943 wurden Hans von Dohnanyi und Generalmajor Hans Oster verhaftet und mit ihnen Dietrich Bonhoeffer. Zu beiden Leuten aus der Abwehr hatten Moltke und Yorck gute Kontakte gehabt. Wie die Stimmung war, zeigt ein Brief Moltkes vom 7. April 1943:

> Heute ist ein Tag voller unangenehmster Sensationen. Dazu viel laufende Arbeit. Ich bin wirklich bis über den Rand beschäftigt. Dabei sind das alles Sachen, für die man Zeit und Ruhe brauchte, um sich genau zu überlegen, was man tut und wie man es tut. Noch dazu belastet es das Gewissen, ist von überragender Bedeutung und sehr gefährlich. Es passte gut, dass Peter heute früh auf 24 Stunden herkam, mit dem ich also die Sache besprechen konnte. (MB, 466)

In den April- und Maitagen übernahmen Yorck und Moltke die Redaktion von Texten und die Erarbeitung der Endfassungen. Stunden um Stunden saßen die beiden Freunde zusammen, um zu zustimmungsfähigen Entwürfen zu kommen.

Am 19. April 1943 begann der Aufstand im Warschauer Ghetto, der mit dem Befehl beendet wurde, alle Ghettobewohner zu «liquidieren». Am 13. Mai kapitulierte das Afrika-Korps, rund

250 000 Deutsche und Italiener gingen in die Gefangenschaft. «Die Schlacht im Atlantik» wurde am 24. Mai nach hohen deutschen Verlusten von Großadmiral Karl Dönitz abgebrochen. Da die militärische Lage immer dramatischer wurde, schien ein konsequentes Handeln der Opposition zunehmend dringlicher.

Die Mitglieder des Kreisauer Kreises, die über keine politischen und militärischen Machtpositionen verfügten, sahen ihre Hauptaufgabe weiterhin in der Erstellung von Entwürfen für eine Übergangszeit zwischen einem Staatsstreich und einer möglichen totalen militärischen Niederlage bis hin zur Konstituierung eines neuen Deutschland. Während Moltke selbst zur Beseitigung des NS-Systems den bitteren Weg in die große Katastrophe für fast unvermeidlich hielt – für eine Selbstbefreiung der Deutschen sah er angesichts der Hitlertreue der Mehrheit des Volkes keine Möglichkeiten –, hofften die meisten Freunde immer noch auf ein baldiges, vom militärischen Widerstand gesetztes Ende und waren bereit, sich im Ernstfall der militärischen Opposition für anschließende zivile Aufgaben zur Verfügung zu stellen.

Allerdings kam es allen Kreisauern darauf an, die Macht des Militärs in einem neuen Staatswesen zu begrenzen. In einem Brief Moltkes aus Stockholm vom 25. März 1943 an den britischen Experten für Außenpolitik Lionel Curtis (1872–1955) heißt es:

> Die französischen Generäle konnten Napoleon nicht beseitigen. Genauso ergeht es heute den Deutschen. Es würde zu weit führen, alle Gründe dafür auseinanderzusetzen. Der wichtigste soziologische Grund ist, dass wir eine Revolution brauchen, nicht einen Staatsstreich; und eine solche Revolution wird den Generälen niemals denselben Spielraum und dieselbe Stellung geben, wie sie ihnen von den Nazis eingeräumt worden sind und heute noch eingeräumt werden. (Br. 1, 275)

Das Militär sollte in dem neuen Gemeinwesen nicht mehr seine traditionelle Rolle als Armee der Regierung spielen können, sondern eine Bürgerarmee zum äußeren Schutz der inneren Ordnung sein. Tatsächlich lag hier ein politisches und emotionales Dilemma vieler Offiziere, die zwar bereit waren, für das Ende des nationalsozialistischen Systems einzutreten, ihre voraussichtlich mindere Rolle in einer Demokratie jedoch nicht akzeptieren konnten.

Das dritte Kreisauer Treffen, Juni 1943

Yorck und Moltke hatten in vielen Zweiersitzungen und in getrennt geführten Vorgesprächen mit wechselnden Partnern die dritte Kreisauer Tagung vom 12. bis 14. Juni 1943 vorbereitet. Teilnehmer an dem Pfingsttreffen waren die beiden Ehepaare Yorck und Moltke, Irene Yorck, Trott, Gerstenmaier, Delp, Reichwein, Husen und Einsiedel. Nach langen Vorarbeiten wurden drei Grundsatzerklärungen verabschiedet (Br. 1, 282 ff.): zu den Grundlagen einer Außenpolitik für die Nachkriegszeit, zur Wirtschaftspolitik in ihrer Beziehung zur Außenpolitik sowie zur deutschen Beteiligung an der Bestrafung für Schandtaten (2. Entwurf vom 23. Juli 1943). Über die Außenpolitik referierte Adam von Trott. Über die Wirtschafts- und Währungspolitik hatte eigentlich Hermann Josef Abs sprechen sollen, nun übernahm Horst von Einsiedel diesen Part. Paulus van Husen behandelte das Problem der Bestrafung von Schandtaten.

Die Grundgedanken dieser Erklärungen wurden weitgehend in die späteren «Grundsätze für die Neuordnung» vom 9. August 1943 aufgenommen. Ausführlich wurde auf das Problem der «Bestrafung der Rechtsschänder» eingegangen. Es ist in der Geschichte des deutschen Widerstands die ausführlichste Überlegung, wie die deutschen Rechtsschänder vor ein gemeinsames Völkergericht unter deutscher Beteiligung zu stellen und abzuurteilen wären.

Wieder nach Berlin zurückgekehrt, gab es keine Verschnaufpause. Im Juni und Juli 1943 lief die Arbeit an alten und neuen Texten auf Hochtouren, die mit Verständigungsgesprächen insbesondere mit Carlo Mierendorff und Theodor Haubach verbunden war. Trotzdem fand Peter Yorck immer wieder die Zeit für lange Briefe an seine Frau, deren Ermutigung er brauchte. Im Juli etwa schrieb er:

> Mein herzallerliebstes Sonntagskind,
> welch ein Unterschied heute gegenüber heute vor acht Tagen. Nicht diese Nähe erfüllte, Liebe durchatmete Zweisamkeit, wie sie das hohe Lied Salomons auf so schöne Weise besingt, bis hin zu den Rehzwillingen, sondern ein stiller und rechter Sonntag, zurückgezogen, wenn auch nicht resigniert. Man wirft mir immer philosophische Gelassenheit vor; ich glaube nicht, dass dieser Vorwurf trifft. Es ist vielmehr die demutsvolle Erkenntnis der eigenen Ohnmacht und der gelebte Wunsch, alles in Gottes Hand in zuversichtlicher Ruhe legen zu können. Die heutige Predigt von Lilje war eine rechte Ermunterung dazu, die vorhergehenden und nachfolgenden Lieder, sie waren alle lobpreisende Hymnen, und auch die Predigt war darauf gestimmt. Sie widmete sich dem 118. Psalm im Ganzen und in Sonderheit dem 17. Vers: «Ich werde nicht sterben, sondern leben und des Herrn Werk verkündigen.» Dieses Wort, welches Luther sich auf der Coburg an die Wand geschrieben hat, welches der Confessio Augustana voransteht und welches Lilje selbst im Weltkrieg trostsuchend auf sich selber bezog, bezog er in erster Linie auf die Gemeinde Christi, auf die Kirche und gliederte dahin: dass 1. erfahrener Glaube die Ruhe und die Zuversicht erhöht und dass 2. aus dem erfahrenen Glauben ein neues Gefühl der Gottesgegenwart erwächst. – Nach Tisch kam ich mit Hans Haeften auf Fragen der Kirche zu sprechen. Die Michaels-Brüder sind ja besonderer Anschauung hinsichtlich der Ausgestaltung des Gottesdienstes, insbesondere des Liturgischen und der Abendmahlsfeier. Sie versprechen sich u. a. davon, dass ein reicherer Gottesdienst die der Kirche Entfremdeten leichter zu ihr zurückführt. Denkt man an die vielen schwachen Predigten, die in protestantischen Kirchen gehalten werden, so kann man sich in der Tat fragen, ob dieses Anliegen nicht gerechtfertigt ist. Denn es könnte der mystische Teil des religiösen Empfindens auf diese

Weise angesprochen werden und seine Befriedigung finden, während doch die Wortverkündigung nur auf die Predigt gestellt ist und eine schwache Predigt den Suchenden nicht findet und nicht bewirkt, dass es das Tor des Herrn ist, in das er einging. Dass all diese Fragen so problematisch wurden, ist wohl darauf zurückzuführen, dass die geistige und religiöse Substanz nicht proportional der Bevölkerungszunahme gewachsen ist. Dass eben auch diese Decke zu kurz wurde. Ich fühle mein Unvermögen gemessen an der zu bewältigenden Aufgabe immer mehr und bedürfte deshalb Deines lenkenden und aufrichtenden Zuspruchs sehr. Es ist eine sehr schöne Aussicht, dass es schon übermorgen mir zuteil werden soll. Sei gegrüßt, Gott befohlen. Peter (Stille, 131 f.)

Sein äußerlich ruhiges Verhalten, das ihm von anderen als philosophische Gelassenheit ausgelegt werde, interpretierte Yorck selbst als Frucht seines Glaubens.

Sein Gottvertrauen wurde durch einen persönlichen Christusglauben immer mehr erweitert und vertieft. In der Leidenszeit des Krieges entdeckte er den leidenden Christus. Seine Passion, die eindeutig politische Dimensionen hat, wurde Spiegelbild der eigenen Situation. Jesu Kreuzigung durch politische und religiöse Gegenmächte wurde als historisches Ereignis unmittelbar aktuell durch die Gegenwart einer erbarmungslosen Todesmaschinerie, die an den Fronten, in den Vernichtungslagern und bei Bombenangriffen am Werk war. Die Kreuzigung hatte nicht mehr den Schleier des Ästhetischen, sondern war brutales Alltagsgeschehen.

Über verschiedene Kanäle erfuhren die Kreisauer von den neuen Aktivitäten um Friedrich Olbricht, Henning von Tresckow und Claus von Stauffenberg, und man erwartete den Staatsstreich für August 1943. Als Yorck seinen General vom 22. bis 25. Juli ins Führerhauptquartier begleitete, nutzte er die Gelegenheit, um Generalmajor a. D. Alexander zu Dohna-Schlobitten als Landesverweser für Ostpreußen zu gewinnen.

Vom 5. bis 8. August 1943 fanden fast ununterbrochen Treffen zwischen Yorck, Moltke, Trott, Steltzer, Husen, Mierendorff und Haeften statt, bei denen einmal auch Berthold von Stauffenberg anwesend war, der seit Jahren über die Arbeit der Kreisauer Bescheid wusste. Durch ihn wurden Informationen an seinen Bruder Claus weitergeleitet, der später selbst den Kontakt zu den Kreisauern suchte. Diese erlitten Anfang August einen herben Verlust, als Leuschner zusammen mit Maass zur Gruppe Goerdeler-Beck wechselte. Mit Mierendorff hingegen kam es zur Verständigung auf eine gemeinsame Weiterarbeit. Mehr noch: Als «Ersatzmann» für Leuschner schlug er Julius Leber vor. Dieser war nach Moltkes Urteil «als Charakter und hinsichtlich seiner Entscheidungsfähigkeit dem Onkel [Leuschner] weit überlegen» (MB, 520).

Am 9. August 1943 schließlich konnten drei wichtige Entwürfe verabschiedet werden: die «Grundsätze für die Neuordnung» (Br. 1, 306 ff.), die «Erste Weisung an die Landesverweser» (Br. 1, 313 ff.) sowie die « Sonderweisung» (Br. 1, 316 f.). In diesen Texten wurden Gedanken von Delp und Rösch aus dem Sommer 1943 «zur Neuordnung» verarbeitet (Br. 1, 294 ff.), nachdem Yorck und Moltke mit ihren Münchner Freunden unentwegt Grundsatz- und Ordnungsfragen behandelt hatten.

Spätestens diese Dokumente zeigen den Schritt der Kreisauer von der konzeptionellen Arbeit in die praktische Politik. Die vorgelegten Entwürfe sollten unmittelbar nach dem Gelingen eines Staatsstreichs die Richtung und die Inhalte eines Neuaufbaus Deutschlands bestimmen. Die Präambel enthält das über Jahre hinweg erarbeitete Credo der Kreisauer:

> Die Regierung des Deutschen Reiches sieht im Christentum die Grundlage für die sittliche und religiöse Erneuerung unseres Volkes, für die Überwindung von Hass und Lüge, für den Neuaufbau der europäischen Völkergemeinschaft.
> Der Ausgangspunkt liegt in der verpflichtenden Besinnung des Menschen auf die göttliche Ordnung, die sein inneres und äußeres

> Dasein trägt. Erst wenn es gelingt, diese Ordnung zum Maßstab der Beziehungen zwischen Menschen und Völkern zu machen, kann die Zerrüttung unserer Zeit überwunden und ein echter Friedenszustand geschaffen werden.
> Die innere Neuordnung des Reiches ist die Grundlage zur Durchsetzung eines gerechten und dauerhaften Friedens.
> Im Zusammenbruch bindungslos gewordener, ausschließlich auf die Herrschaft der Technik gegründeter Machtgestaltung steht vor allem die europäische Menschheit vor dieser Aufgabe. Der Weg zu ihrer Lösung liegt offen in der entschlossenen und tatkräftigen Verwirklichung christlichen Lebensgutes. (Br. 1, 306)

Es geht um «Grundsätze» im Sinne von normativen, handlungsleitenden Kriterien, die bei der konkreten Gestaltung neuer Ordnungen anzuwenden sind. Um das aber zu erreichen, bedurfte es nach ihrer Überzeugung einer vorauslaufenden und mitlaufenden geistig-religiösen Revolution. So konstatiert Alfred Delp:

> Im Unterschied zu früheren Zeiten stammen die chaotischen Zustände der gegenwärtigen Tage viel weniger aus einem Versagen konkreter Verfassungen und Anordnungen als aus der Verkennung und Missachtung der ewigen Gesetze und Ordnungen und der daraus folgenden Verwirrung der Geister und Verwüstung des gesunden sittlichen Empfindens. Eine echte Erneuerung fordert also nicht nur Neuordnung der Einrichtungen des politischen, des sozialen und kulturellen Lebens, sondern vor allem auch die Rückbindung (religio) der irdischen Lebensbereiche an die ewigen Wahrheiten und Gesetze. (Delp 4, 383)

Mit Moltkes Worten:

> In dem Einzelnen muss das Gefühl der inneren Gebundenheit an Werte, die nicht von dieser Welt sind, wieder erweckt werden, welches alleine ermöglicht, ihm die Freiheit wiederzugeben; dadurch

> wird der Einzelne ein Gefühl der Verantwortung wiederbekommen … (Br. 1, 154)

Widerstand wurde für die Kreisauer immer mehr Widerstand aus Glauben. Dies spiegelt sich auch in den «Grundsätzen» für den zukünftigen Staatsaufbau wider, allerdings war alles im Hinblick auf einen möglichen Umsturz konkreter und praxisbezogener gefasst. Das machen die «Erste Weisung an Landesverweser» und die «Sonderweisung vom 9. August 1943» deutlich.

Diese Anweisungen sollten für einen geordneten Neuaufbau des Landes und seinen Schutz sorgen. Kein Widerstandskreis hat ähnlich konkrete Vorschläge für eine Übergangszeit in eine neue deutsche Staatlichkeit gemacht wie die Kreisauer. Eine Frage war, auf welche Gruppen sich die Landesverweser überhaupt noch stützen könnten. Hier war die Kreisauer Position eindeutig:

> Die freiheitlich gesonnene deutsche Arbeiterschaft und mit ihr die christlichen Kirchen vertreten und führen diejenigen Volkskräfte, aus denen heraus der Aufbau in Angriff genommen werden kann. Sie allein garantieren in diesem Augenblick aufgrund ihrer fortwirkenden geistigen Überlieferung, dass die Substanz des deutschen Volkes als Kulturnation gewahrt bleibt und sein Zusammenhalt als Staatsnation aus seiner gegenwärtigen Gefährdung gerettet werden kann. (Br. 1, 314)

Yorck schickte die Entwürfe sofort an die Münchner Gruppe, wie aus einem Brief vom 9. August 1943 hervorgeht:

> Die Anlagen wurden erst Montag früh fertiggestellt und verabschiedet. Es war daher nicht möglich, den Boten vor Montagabend in Marsch zu setzen.
> Die Korrekturen sind auf der Karte vermerkt. Es wird gebeten, nunmehr die übrigen Exemplare fertigzustellen und die Karten bis zum Samstag hierher zu schicken.

> Pater König bringt sie bei seinem Besuch zweckmäßig mit und lässt sich von dem Anwalt begleiten, der die Einweisung der Landesverweser, soweit sie von dort vorgenommen wird, durchführen soll. Eine baldige Besprechung mit dem Anwalt scheint dringend geboten.
> Für das Saarland fehlt ein Kandidat. Um Namensnennungen wird gebeten. Für Franken kann ein Arbeiter nicht benannt werden. Herr Fröhlich muss sich selbst nach einem geeigneten Landeshauptmann umsehen und diesen benennen. Der Vorschlag Adenauer für Mittelrhein wurde angenommen. Kann ein geeigneter Landeshauptmann aus dem Ermland benannt werden?
> Die Frage der Beteiligung des Onkels [Leuschner] ist noch offen. Deshalb ist ein unmittelbares Angehen von Seitz nicht möglich. Es wurde vereinbart, dass dies über Stepan, Graz, geschehen soll, der von hier aus angegangen wird. Eine Kombination Stepan-Seitz scheint nach der Lage der Dinge die einzig mögliche. Es muss versucht werden, sie für das Verbleiben Österreichs beim Reich zu gewinnen. Es wird gebeten, dass Pater Rösch dieserhalb auch mit dem Erzbischof von Salzburg spricht und ihn um eine entsprechende Einflussnahme auf Stepan bittet. Nach soeben erhaltener Information kommt der Einflussnahme auf Stepan von dieser Seite allergrößte Bedeutung zu.
> Die Dinge werden in der zuletzt besprochenen Richtung weiter vorangetrieben. Beste Grüße (Doss., 340 f.)

Auf der erwähnten Landkarte ist die vorgesehene Neugliederung Deutschlands zu sehen (Doss., 344 f.). Karl Seitz (1869–1950) war bis 1934 Oberbürgermeister und Landeshauptmann von Wien, Karl Maria Stepan (1894–1972) ein Mann der Vaterländischen Front. Beide waren bereits in einem Konzentrationslager interniert gewesen. Der Erzbischof von Salzburg hieß Andreas Rohracher (1892–1976). Wieder wird deutlich, dass die Kreisauer darum bemüht waren, sofort nach dem Umsturz handlungsfähig zu sein.

Ende August 1943 übernahm Yorck für den erkrankten Moltke die Kontaktpflege nach München. Schon seit langem bestand eine besondere Arbeitsgemeinschaft zwischen ihm und König, dem Kurier der Münchner, der häufig allein in der Hortensienstraße war. Yorck hatte einen Sinn für katholisch gelebte Frömmigkeit und für katholische Kirchlichkeit. In vielen Gesprächen ließ er sich durch seine jesuitischen Freunde Alfred Delp und Lothar König in die katholische Soziallehre einführen. Von Delp wusste er, dass er einer der hoffnungsvollen jungen Theologen mit dem Schwerpunkt Soziallehre war, der zudem in zeitgenössischer Philosophie und Soziologie zu Hause war. Und in Augustin Rösch begegnete ihm ein Mann des politischen Katholizismus, der seine Hauptaufgabe im strategischen Umgang mit der NS-Kirchenpolitik sah. Von ihm konnte er lernen, die theologischen und kirchenpolitischen Unterschiede innerhalb der katholischen Bischofskonferenz zu erkennen. Rösch hatte überdies als Beauftragter für das Mönchwesen einen genauen Überblick über den nationalsozialistischen weltanschaulichen Kampf gegen die Orden wie auch über die NS-Methoden, was die Beschlagnahmung kirchlichen Eigentums und die Verfolgung von Mönchen und Pfarrern betraf. Aufgrund seiner Position in der Gesellschaft Jesu hatte er schnellen Zugang zu den Spitzen des zeitgenössischen Katholizismus. Nützlich für die Kreisauer Aktivitäten waren darüber hinaus seine Verbindungen zur österreichischen katholischen Szene.

Am 17. September 1943 fanden sich bei Yorck im Beisein von Moltke Claus von Stauffenberg und Tresckow ein, am 18. September Moltke und Christiansen, Haubach und Gerstenmaier. Mit Christiansen wurde über die Zukunft der Landwirtschaft geredet. Moltke berichtet:

> In dieser ganzen Frage der Agrarpolitik liegt so vieles beschlossen, und Peter und ich sind eben ganz einfach disqualifiziert, darüber zu reden, weil wir unzweifelhaft Interessenten sind … (MB, 544)

Das bezog sich vermutlich auf die Fragen einer Bodenreform.

Am 1. Oktober 1943 trat Yorcks Vetter Claus von Stauffenberg seinen Dienst als Stabschef bei General Olbricht an. Schon am 3. Oktober erhielt Stauffenberg in der Bendlerstraße Besuch von Schulenburg. Am 17. Oktober kamen Mierendorff, Leber, Moltke, Husen und Gerstenmaier bei Yorck zusammen. Am folgenden Tag besprachen sich die beiden Freunde allein, und Moltke berichtet:

> Mittags war Peter allein da. Wir haben die Gesamtlage besprochen, und ich hoffe, dass es nützlich war. Jedenfalls glaube ich es. (MB, 557)

In der ersten Novemberhälfte kam es mit den sozialdemokratischen Freunden zu inhaltlichen Differenzen. Am 7. November gingen Yorck und Moltke die anliegenden Probleme durch, um danach den großen Dialog mit ihnen zu beginnen. Moltke schreibt am 9. November nach Kreisau:

> Gestern Mittag war Haubach da bis ½ 4, um ½ 6 Adam, um ½ 7 Friedrich [Mierendorff] bis 9 Uhr, dann Peter und Adam. Wir durchlaufen eine grundsätzliche Gefahrenzone, in der manche hoffen, das Boot schwimmfähiger zu machen, indem sie Grundsätze opfern, dabei aber vergessen, dass sie dadurch dem Boot die Steuerbarkeit nehmen. (MB, 563)

Weiter geht es am 10. November:

> Um ½ 9 war ich schließlich bei Peter ... Sachlich drohen erhebliche Gefahren. Friedrich [Mierendorff] und Neumann [Leber] befinden sich auf Abwegen, die denen des Onkels [Leuschner] nicht unähnlich sind. Es wird großer Anstrengungen bedürfen, sie wieder auf den rechten Pfad zurückzuführen. Die werden auch gemacht werden, aber das ist eben mal wieder einer der periodischen Anfälle. Hoffentlich geht es vorüber. (MB, 564)

Was war passiert? Durch Leber, der Kontakte zur Gruppe Goerdeler-Beck hatte, war ein politischer Pragmatiker in den Freundeskreis gekommen. Zusammen mit seinem alten Freund Mierendorff drängte er angesichts der täglich zunehmenden Opfer und der Zerstörung der Städte auf ein konzertiertes, schnelles Handeln aller Militärs und Zivilisten im Widerstand, um den mörderischen Krieg zu beenden. Gegen ein Attentat auf den Verursacher der Massenmorde hatten sie keine großen Bedenken mehr. Mierendorff indes ließ sich durch Moltke nach einer Aussprache unter vier Augen am 14. November in den alten Grundkonsens wieder einbinden. Es sollte das letzte Gespräch zwischen den beiden Freunden sein. Am 4. Dezember 1943 starb Mierendorff bei einem Fliegerangriff auf Leipzig. Damit verlor die Freundesrunde einen glänzenden politischen Kopf, der sich aktiv in den Kreis eingebracht hatte.

Die Luftangriffe ließen die Kreisauer auch räumlich noch näher zusammenrücken. Im November 1943 wurde Moltkes Wohnung in der Derfflingerstraße bei einem Bombenangriff zerstört. Er zog daher am 24. November in das Reihenhaus der Yorcks in der Hortensienstraße, wo er ein Dachzimmer bewohnte und sich das Badezimmer, die Küche und das Wohnzimmer mit den Yorcks teilte – oder besser: mit Peter Yorck, da sich Marion die meiste Zeit in Kauern aufhielt. Als außerdem noch Gerstenmaier nach dem Verlust seiner Wohnung in die Hortensienstraße zog, war das kleine, ebenfalls schon beschädigte Reihenhaus mit drei Männern und zeitweise auch ihren Frauen voll belegt. Noch mehr als zuvor wurde die Wohnung der Yorcks zum Zentrum des Kreisauer Freundeskreises. Am Abend des 5. Dezember saßen Schulenburg, Reichwein, Eugen und Brigitte Gerstenmaier sowie Moltke im Wohnzimmer der Yorcks zusammen und feierten bei Kerzenlicht den Ersten Advent 1943. Es waren Stunden der ruhigen Gemeinsamkeit in einer für sie alle apokalyptischen Zeit. Yorck und Moltke allerdings sorgten sich um den Zusammenhalt der Gruppe, die Kreisauer durchlebten eine weitere tiefe Krise.

Leber und Stauffenberg hatten in den festen Freundeskreis

Bewegung und auch Verwirrung gebracht. Moltke war von beiden sehr beeindruckt. Bei Stauffenberg fand er, was er bei den Militärs immer schmerzlich vermisst hatte: Klarheit der politischen Position und Wille zum mutigen Handeln. Und Leber, der sozialdemokratische Politiker mit seiner klaren Gegnerschaft gegen die Nationalsozialisten überzeugte ihn eher als der nationalkonservative Goerdeler mit seiner partiellen Übereinstimmung zur nationalsozialistischen Politik. Es sollte sich als hartes Stück Arbeit erweisen, Leber wieder in den Konsens der Gruppe zu integrieren. Schon in den Junitagen 1943 hatte dieser Kontakt mit Claus von Stauffenberg aufgenommen, der sich immer mehr verdichtete. Beide verstanden sich so gut, dass sich ein fast freundschaftliches Verhältnis entwickelte.

Aber auch Yorck verstärkte seinen Kontakt zu Stauffenberg. Am 15. November 1943 nahm er an der Feier zum 36. Geburtstag seines Vetters in der Potsdamer Wohnung von Eduard Brücklmeier (1903–1944) teil, und am folgenden Tag kam es in Yorcks Wohnung zu einer Begegnung zwischen Stauffenberg und Werner von Haeften (1908–1945) einerseits und Moltke und Gerstenmaier andererseits. Über Yorck ergab sich für die Militärs ein engeres Gesprächsverhältnis zu weiteren Kreisauern. Sogar Moltke schien sich der Person und der Argumentationskraft Stauffenbergs nicht mehr entziehen zu können.

Ende November hatten Stauffenberg und Tresckow die technischen Vorbereitungen für den Umsturz beendet. Ob Stauffenberg darüber berichtete? Jedenfalls trafen sich zwei Tage später, am Neujahrstag 1944, Yorck, Moltke und Trott mit Leber in der Hortensienstraße, und Moltke hielt fest:

> Um 12 war Adam bei Peter, und anschließend kam Julius, mit dem wir bis jetzt – 6.30 Uhr – geredet haben. Er ist ein überzeugend guter Mann, der allerdings, wo Carlo fehlt, doch sehr einseitig im rein Praktischen ist und die geistigen Kräfte sehr viel geringer wertet als ich. (MB, 583)

Abbildung 40: Der Theologe und spätere CDU-Politiker Eugen Gerstenmaier zählte zu den engsten Freunden Peter Yorcks.

Trott hatte seinerseits bei mehreren Besuchen in der Dienststelle Stauffenbergs zu diesem ein freundschaftliches Verhältnis entwickelt und wurde sein außenpolitischer Gesprächspartner und Berater. Seit dem Eintreffen von Stauffenberg in Berlin hatten Yorck, Moltke, Trott und Gerstenmaier zu ihm als dem Mittelpunkt des militärischen Widerstands einen Gesprächskontakt entwickelt, der auf eine engere politische Kooperation hin ausbaubar schien. Trotzdem ließ Moltke nicht nach, Leber wieder in den Kreisauer Freundeskreis einzubinden. Am 9. Januar 1944 besuchte er ihn in seiner Kohlenhandlung:

... bin um 10 Uhr zu Julius geradelt, bei dem ich bis 1 Uhr blieb. Es war ein nützlicher und im Ganzen befriedigender Morgen. Ich werde mich aber nun neu anstrengen müssen, diesen Mann in unsere Bahnen zu lenken. Der Mann ist viel bäuerischer als Carlo und mir viel weniger verwandt. Es wird also nicht die spontane Gleichrichtung geben, die uns Stabilität verliehen hat. Aber ich bin doch ganz hoffnungsvoll. Peter muss eben mehr ran und auch einmal die Woche hin. Als ich um 1.30 zurückkam, war Theo bereits da, und wir aßen friedlich zu dritt. Das Gespräch beschäftigte sich sehr viel mit Carlos Tod. (MB, 588 f.)

Kapitel V

Familien- und Freundschaftsbande

Mutter Goldchen und der Krieg

Bei allem beruflichen Einsatz und aller Tätigkeit im politischen Widerstand vernachlässigte Peter Yorck nie die Kontakte zu seiner großen Familie. So pflegte er einen kontinuierlichen Briefwechsel mit seiner Mutter, die in der Familie den Kosenamen Goldchen trug. Wenn er sich nicht in Kauern aufhielt, schrieb er ihr in der Regel jeden Sonntag einen Brief. Aus den Herbsttagen 1941 ist ein Brief erhalten, der traurig und hoffnungslos gestimmt ist:

> ... höre ich ... so viel Schreckliches und Trauriges, dass es ein Verschließen davor nicht mehr gibt, gleichgültig ob man es unmittelbar zu erleben gezwungen ist oder nur davon hört. Es wird ein Teil des eigenen Lebens. Dass Hansens empfindsamer Seele das erspart geblieben ist, ist doch sehr gnadenvoll und ein trostreicher Gedanke.

Und weiter:

> Eine Wiedergutmachung dessen, was geschieht, ist nicht möglich; wie es einmal gesühnt wird, sehe ich auch nicht. Auf alle Fälle wird unser Leben nicht ausreichen, das zu tun.

Irritierend ist für Yorck die «Apathie und Gleichgültigkeit», welche die Mehrzahl seiner Zeitgenossen für die «Schrecklichkeit des Geschehens» empfinde. Da helfe vorerst nur Aufklärung und Mahnung, «ein anderes Wirken ist nicht möglich». Aber dann heißt es wenige Zeilen weiter: Bei aller Düsternis im täglichen Geschehen «erfreuen wir uns gleichzeitig des Besuchs mancher Freunde, mit denen uns gleiches Wollen verbindet». Das dürfte ein kleiner Hinweis auf den neuen Freundeskreis sein. Peter deutet seiner Mutter vorsichtig an, dass er nicht gewillt war, alles ohne Widerstand über sich ergehen zu lassen.

Da er um ihre geistige Regsamkeit und gläubige Nachdenklichkeit wusste, konnte er ihr zum 29. Juni 1942 einen ungewöhnlichen Geburtstagsbrief schreiben. Nach liebevollen Eingangsworten heißt es:

> Während in früheren friedlichen Zeiten die Vorstellung des Glücks, das man sich wünscht, greifbar war, muss man heutzutage sehr nach innen gehen, um überhaupt Glücksmöglichkeiten zu entdecken. Das Herzeleid ist halt allgemein und eine so schwere Bürde auf uns allen, dass es unlogisch und phrasenhaft erscheinen kann, wenn wir da noch von Glück reden. Aber trotz aller Spannungen und Prüfungen, die über uns allen verhängt sind, glaube ich Glück Verheißendes darin zu verspüren, dass die Menschen sich besinnen, weil sie strauchelten und in eine Sackgasse sich geraten sahen. Die große Not dieser Zeit ist die Voraussetzung dafür, dass der Mensch sich selbst entthront und seine Welt nicht als eine absolute nimmt, sondern wieder einordnet in die göttliche Schöpfung. Wie alle geistesgeschichtlichen Entwicklungen wird auch dieses Umdenken sich nur langsam und nur unter heftigen Wehen vollziehen. In uns selbst werden wir mit diesen Schranken zu kämpfen haben. Aber wenn wir das Wachsen verspüren und die Hinwendung der Menschheit zum Metaphysischen und hoffentlich auch zum Christlichen erleben und für unseren Teil selbst leben, dann bedeutet das eine große Beglückung und ein Gnadengeschenk. Als vollzogene Tatsache wird es uns nicht geschenkt und so weit dürfen wir unser Hoffen nicht richten. Dankbar müssen wir schon sein, wenn wir den inneren Aufbruch verspüren, an ihm teilhaben und an seine Kraft glauben. Alle die Opfer und Nöte behalten dann auch weiter ihren Sinn, auch wenn der Ausgang des Kriegs sie vergeblich erscheinen lässt; denn sie sind dann dargebracht für einen neuen Sieg des Geistes

über die Materie, und zwar besonders auch dort, wo diese ihre Zuflucht in eine beschönigende Ideologie genommen hat. Meine Hoffnung ist auch immer noch die, dass unsere eigensten Sorgen sich doch einmal glückhaft auflösen, wenngleich ich auch hier immer mehr und mehr und ausschließlicher zu der Ansicht gelange, dass das Äußerste erst einmal durchschritten werden muss.

Es zeichnet das Fühlen und Denken von Yorck aus, dass er die damalige Situation illusionslos sah und gleichzeitig aus dem fürchterlichen Erleben heraus auf eine Wiedergeburt des christlichen Glaubens und seines Geistes hoffte. Diese andere Zeit komme aber erst, wenn die äußerste Katastrophe durchschritten sei. Hier stimmte er mit seinem Freund Helmuth James von Moltke überein, für den die innere Selbstauflösung des nationalsozialistischen Systems und seine militärische Zerschlagung die Voraussetzung für ein neues Deutschland auf dem Boden einer radikalen geistigen und ethischen Neubesinnung bildete. Für Yorck ist die Voraussetzung die Selbstentthronung des Menschen und seine Rückkehr in Gottes Schöpfungsordnung.

Aus der Adventszeit 1942 stammt der nächste Brief an die Mutter, der zeigt, dass Weihnachten für ihn einen neuen Stellenwert bekommen hatte:

Es ist der Segen dieser Zeit, dass sie die Herzen breit macht und öffnet, dass sich das Schöne in sie senkt, an dem wir achtlos vorübergingen und zu dessen Erleben wir nicht gelangten. Auch dass man sich in solcher Erhabenheit den Brüdern sehr viel näher fühlt und die Gemeinsamkeit mit ihnen besonders lebhaft empfindet, bringt Glück und Hoffnung, dass trotz allen Grauens nicht nur Trostlosigkeit unser Los ist, sondern uns drüben Gnade erwartet und hier das Geschenk des daran glauben Dürfens – wenn auch mit vielen Anfechtungen und Versuchungen – immer von neuem zuteil wird. Das Gnaden und Segen Bringende von Weihnachten glänzt aus dunkelster Erdennacht nur noch strahlender und ermutigender hervor und es wird uns hoffentlich auch diesmal nicht die Trauer der Verlassenheit, sondern das Glück höherer Gemeinschaft vermitteln und in der Krippe finden lassen.

Er tröstet seine Mutter, weil ihre Enkel zu Weihnachten nicht kommen würden; das könne Raum geben, sich «auf das eigentliche weihnachtliche Geschehen und seine Bedeutung für die ganze Welt» zu konzentrieren. Seinen eigenen Weihnachtsbesuch in Klein-Oels, wahrscheinlich zusammen mit Marion, kündigt er an.

Nebenbei berichtet er über seine neue Tätigkeit im Wirtschaftsstab Ost, wo er seit Juli 1942 arbeitete, und hebt die Zusammenarbeit mit einem ehemaligen österreichischen Wirtschaftsminister hervor, durch den er viel über die Situation in Österreich und auf dem Balkan erfahre. Und er konstatiert:

> In meiner jetzigen Tätigkeit bin ich so am Rande des Geschehens oder an einem Geschehen auf so unwirklich wirkendem Boden, dass ich mich fast als Spectator und zeitgenössischer Beobachter fühle.

Manchmal schreibt der Sohn auch über einzelne Freunde, die die Mutter kennt: Marion Dönhoff, Teddy Kessel und Kurt Freiherr von Plettenberg (1891–1945), der als Experte für Forst- und Landwirtschaft der Generalbevollmächtigte des vormaligen Preußischen Königshauses geworden war. Zu Letzterem flicht er ein:

> Er ist ein besonders sympathischer und gescheiter Mensch, und es ist sicherlich gut, dass die Hohenzollern ihn akquiriert haben. Wie schade, dass dieses Haus so ausgebrannt erscheint und keinen Kronprätendenten hat, der auf der Höhe der Situation ist. Welche Wirkung würde dem in solchen Zeiten zukommen.

Dann folgt ein Plädoyer für ein späteres Europa als eine lebendige Einheit sowie ein lobender Hinweis auf die Weihnachtsansprache des Papstes.[1] Man merkt deutlich, dass Yorck seiner Mutter auch Informationen zukommen lassen will, die sie sonst nicht bekommt. Sie ist für ihn nicht nur die geliebte Mutter, sondern zugleich die seit Jahrzehnten politisch mitdenkende Zeitgenossin.

Seinen verspäteten Sonntagsbrief von Anfang Februar 1943 beginnt Yorck mit einem kurzen Bericht über das zurückliegende Wochenende in Groß-Behnitz am 6./7. Februar:

> Es ist doch sehr genussreich, das Wochenende wegfahren zu können. Bei Borsigs ist es zudem immer besonders nett. Es ist dort ein liebenswürdiges Milieu und eine gesunde Atmosphäre. Man fühlt, wie sehr verbunden er mit seinem Besitz ist und wie er bis ins Einzelne in alle Fragen hereinsieht und sich mit ihnen beschäftigt. Andrerseits ist er nach außen hin aufgeschlossen, und mit ihrer großen Gastlichkeit machen sie vielen Menschen eine Freude.

Nachdenklich äußert er sich über die Schlacht von Stalingrad, die Anfang Februar 1943 mit einer vernichtenden Niederlage der Wehrmacht endete und die die Menschen in diesen Wochen stark bewegte. «Täglich wächst die Unsinnigkeit», schrieb er seiner Mutter. «Man fragt sich dabei doch immer auch, welchen Teil der Verantwortung man selbst mit trägt und ob es immer noch nicht genug der Sühne ist.»

Der nächste Brief von Anfang März 1943 nimmt auf die «Abreise von Reh und ihren Kindern» nach Madrid Bezug (hier irrte sich Yorck: Nicht «Reh», seine Schwester Renate, sondern nur Davida kann gemeint sein). Dort war Hans Adolf von Moltke, Davidas Ehemann, Botschafter geworden.[2] Und wieder gibt der Sohn seiner Mutter Einblicke in seine Befindlichkeit:

> Wir leben unser Leben still dahin. Es ist oft so, als ob man den Atem anhält, um zu lauschen. Denn bei dem Dröhnen des Krieges besteht die Gefahr, dass man die leisen Töne gar nicht wahrnimmt. Und gerade auf sie, die feineren Regungen und Reaktionen der menschlichen Herzen, kommt es entscheidend an. Denn aus ihnen bildet sich die geistige Wirklichkeit, die einmal mehr Gewicht haben wird als die Kanonen und die Gewalt.

Leider wurden bislang keine Briefe der Mutter an ihren Sohn gefunden. Offensichtlich hat sie ihren Sohn von der Ankunft seiner

Schwester Dävy – Davida – mit den Kindern in Madrid unterrichtet. Yorck nimmt diese Nachricht im März zum Anlass, den Wechsel der Familie zu begrüßen:

> Denn erst sozusagen von außen bemerkt man, unter welchem dauernden Druck man steht und wie beschaffen der eiserne Käfig und seine Gitter sind, durch die man die Welt sieht. Gewiss ist es auch in Spanien nicht rosig ... Das wohl sehr reaktionäre System Francos bereitet auch diesem Lande seine Schwierigkeiten. Von diesen wird man selbst aber wohl nur historisch registrierend und auch teilnehmend betroffen. Man selbst ist gewiss zuerst sehr stark davon absorbiert, sich den eigenen, heimatlichen Dingen gegenüber zu objektivieren und abzumessen, was man unter dem unmittelbaren Eindruck falsch gesehen oder doch gewertet hat. Manches wird einem dabei vielleicht verständlicher werden; aber vieles wird sich gewiss als Verrat an deutscher und abendländischer Vergangenheit zeigen, dessen man sich gerade im Auslande tief schämt. Denn es geht ja nicht an, dafür anderen die Verantwortung zuzuschieben, sich über sein Volk zu erheben und sich außerhalb seiner zu stellen, sondern man muss die solidarische Verantwortung fühlen und sie sogar bejahen, wenn man Hoffnung und Aufgabe fühlt, mit zurückzufinden oder vielmehr vorwärts zu eilen. Es ist ja nicht so, dass dieser Verrat unser Monopol ist, doch muss man wohl zugestehen, dass wir ihn besonders sinnfällig gemacht und ihn in uns besonders disqualifizierender Methode begangen haben. Die Folge ist die heute allerorts festzustellende Gewissensnot, der Mord des Patriotismus alter Prägung. Denn Vaterland ist eben weder rein landschaftlich noch ein rassischer Begriff, sondern ebenso wie Volk ein Begriff, der Vergangenheit, Christentum und die geistesgeschichtliche Entwicklung mit umfasst. Wird diese Entwicklung abgerissen und revolutionär geleugnet, dann führt das eben zu Brüchen zwischen den Menschen und in den Herzen der Menschen, und wer will als Vaterlandsverrat brandmarken, was zur Errettung des geistigen Vaterlands getan wird? All diese Fragen müssen in den verschiedenen Seiten verschieden gesehen und beantwortet werden, und es gibt da kein Rezept, und leicht darf man es sich dabei nicht

machen. Ringen muss man nur um den eigenen festen Standpunkt, für den man eintreten kann.

Wieder vertraut der Sohn seiner Mutter Überlegungen an, die aus den Gesprächen im Freundeskreis hervorgingen. Er geht davon aus, dass man als Deutscher im Ausland schärfer erkennen könne, was im eigenen Land geschehen sei. «Verrat an deutscher und abendländischer Vergangenheit» ist ihm eine Umschreibung für das, was geschehen ist. Sicher dachte Yorck dabei auch an seinen Schwager Hans Adolf von Moltke, der lange Jahre Hitler für seinen legitimen Oberherrn gehalten hatte, dem er als Beamter des Reiches gehorchen musste. Wie weit Yorck dessen Umorientierung kannte, wissen wir nicht. Hans Adolf von Moltke konnte sich trotz vieler Vorbehalte gegenüber Hitler nie für den konspirativen Widerstand entscheiden. Sein Schwager lässt seine kritischen Überlegungen in der Frage kulminieren: «... wer will als Vaterlandsverrat brandmarken, was zur Errettung des geistigen Vaterlands getan wird?»[3]

Yorck signalisiert damit seiner Mutter seine Teilhabe am Widerstand gegen den Verrat der deutschen und europäischen Vergangenheit. Er müsse «Vaterlandsverräter» werden, um das wirkliche Vaterland zu retten.

Am 18. Februar 1943 rief Joseph Goebbels im Berliner Sportpalast den «totalen Krieg» aus. Die Alliierten antworteten mit heftigen Luftangriffen auf die Reichshauptstadt. Die Situation in Berlin schilderte Yorck anschaulich in einem Brief an seine Mutter: Die organisatorischen und menschlichen Probleme seien unvorstellbar. Und dazu überall «Verluderung und Korruption». Und wieder fügt er eine zeitkritische Reflexion ein:

Es sind Zeiten des Gerichts, in denen wir leben, und wenn wir bedenken, wie weit sich der Mensch von Gott entfernte, wie groß aufgrund der technischen Errungenschaften seine Hybris wurde und welche Schuld er sich mangels einer religiösen und sittlichen

Abbildung 41: Peter Yorck und Helmuth James von Moltke beim Staatsbegräbnis für Hans Adolf von Moltke, der im März 1943 in Madrid starb. Im Profil: Außenminister Joachim von Ribbentrop. Der Ausschnitt aus der «Deutschen Wochenschau» vom 29. März 1943 ist das einzige Bild, das die beiden Freunde gemeinsam zeigt.

Bindung aufgeladen hat, dann fühlen wir Notwendigkeit und Gerechtigkeit solchen Gerichts und sehen nur in dem Zurückfinden zum Metaphysischen einen Ausweg. In diesem Punkt liegt ja der wesentliche Kern der Tradition, die zu Unrecht auf äußere Dinge weist und bezogen wird. Ihre Bewährung im Äußeren muss von innen her begründet sein. Ohne sich ganz klar zu werden und einen eindeutigen Standort zu beziehen, muss man heutzutage unter die Räder kommen. Sosehr es um die Würde des Menschen und um seine Personhaftigkeit geht, ebenso sehr geht es darum, die im Individualismus liegende Gefahr des Nihilismus zu sehen und sich ihr zu stellen. Ohne Anerkennung göttlicher und moralischer Bindung gibt es keine Person, keine Gemeinschaft von Menschen. Auch in unserem engen Kreis gilt dies, und deshalb ist die Intransigenz gegenüber der Forderung des Individuums notwendig, und die Nächstenliebe besteht gerade darin, den Menschen gegen seinen Individualismus zu schützen, der seiner Würde und seinem Wesen Abbruch tut.

Den chaotischen und blutigen Ablauf der eigenen Zeit als Gericht Gottes über die Bosheit und Triebhaftigkeit der Menschen zu sehen, war in vergangenen Jahrhunderten ein Denkmuster, das dazu diente, die Umkehr des Menschen unter die Gebote Gottes als rettende Notwendigkeit darzustellen. Yorck erlebte täglich ganz real die alte Wahrheit, dass der Mensch ohne religiöse und moralische Bindung an außerhalb seiner selbst liegende Normen sich selbst und anderen die Lebensgrundlagen entzieht. Es gab für ihn nur einen Ausweg: die Rückkehr zur inneren Bindung an Gottes Gebote. Diese lassen Menschen wieder Personen mit Gewissen und mit eigener Verantwortung werden.

Hin und wieder erzählt Yorck auch von seiner Lektüre. So hatte er zum Beispiel Platon in der Übersetzung von Friedrich Schleiermacher gelesen. Sehr angetan war er von Franz Werfels Roman *Das Lied von Bernadette*, den er einfühlsam kommentierte:

> Ich habe das Gefühl, dass die Seele bereit ist, für Übernatürliches in besonderem Maße bereit ist, und man wird deshalb durch die Schilderung solchen Geschehens auch in besonderer, sehr naher Art ergriffen. Dabei wächst die Sehnsucht nach Erleuchtung und nach der Schau eines Wegs, der hinausführt aus der Bedrücktheit der Zeit in geistige Höhen. – Anschließend habe ich mich Eckermanns Gesprächen zugewandt und finde auch darin eine Fülle von Schönem und zum Nachdenken Anregendem.

Es ist erstaunlich, wie häufig Yorck solche Texte unter dem Gesichtspunkt ihrer möglichen Botschaft für eine Bewältigung der Gegenwart las. Ende Juli 1943 berichtete er seiner Mutter von seinem Freundeskreis:

> Unser Leben ist recht angefüllt mit Menschen, und oft möchte man etwas weniger und mehr Ruhe haben. Aber auf der anderen Seite

> ist das Gefühl der Gemeinsamkeiten gerade heutzutage erholend und bringt etwas Auftrieb, dessen man bedarf. Schließlich kommt noch hinzu, dass man den Menschen mit Selbstversorgeressen nicht nur eine Freude macht, sondern manchen schon hilft. So habe ich keinen Grund, uns zu beklagen, sondern nur danken müssen wir und hoffen, dass all der Einsatz und die Opfer Früchte tragen und hinreichende Sühne sind. Das Maß der Schuld ist unermesslich und wird dauernd größer, und es drückt immer mehr.

Diese Zeilen wurden in der Zeit geschrieben, in der sich die Kreisauer fast täglich in wechselnder Zusammensetzung in seinem Haus in der Hortensienstraße trafen, um an einer Neuordnung Deutschlands nach dem erwarteten Staatsstreich zu feilen. Es zeichnete die Yorcks aus, dass sie für die Zusammenkünfte der Freunde Schätze aus der Landwirtschaft von Kauern servierten. Die Arbeitssitzungen waren immer zugleich auch Tischgemeinschaften.

Von Mai bis August 1943 kündigte sich eine unübersehbare Wende im Kriegsgeschehen an. Im Mai kapitulierten die deutschen und italienischen Verbände in Nordafrika, die «Schlacht im Atlantik» wurde abgebrochen, und im Osten begann Anfang Juli das Unternehmen «Zitadelle», das bald scheiterte. Mit dem Beginn der sowjetischen Gegenoffensiven wurde deutlich, dass die militärische Initiative an die Rote Armee gegangen war. Die Alliierten landeten auf Sizilien, Mussolini wurde gestürzt, und ununterbrochen wurden deutsche Großstädte von alliierten Bombengeschwadern in Schutt und Asche gelegt. Yorck, der die Lage in Berlin täglich erlebte, schrieb seiner Mutter:

> Allmählich flaut die Aufregung wieder ab, und der hysterisch schreckhafte und starre Ausdruck der Gesichter weicht wieder den Minen der Gleichgültigkeit und des Fatalismus, wie sie die gehetzte und entleerte Großstadtmenschheit Jahr und Tag hier zur Schau tragen. Wollte Herr Goebbels vom allgemeinen Geschehen ablenken auf die Sorgen um das kreatürliche Ich, so ist es ihm in der Perfektion gelungen. Vielleicht war er aber auch der Kopflosen einer

> und wird es zu verspüren bekommen, wenn der erste Sirenenton das Berliner Ohr erreicht. In früheren Zeiten wäre wohl ein Fliehen der angstgepeinigten Menschen in die Kirchen die Reaktion gewesen, und sie hätten dort ihre Seelen beruhigt. Heute stürzen sie zur Bahn und Post und beruhigen sich durch den Abtransport ihrer Habe, von dem sie auch nicht einmal wissen können, ob sie den Bestimmungsort wirklich erreichen.
> Aber das ist ja alles nur ein Ausdruck dafür, wie verloren die Menschen sind und wie ein Szenenwechsel auf dem Kriegstheater ihnen die Fassung raubt. … Sie erschüttern die Glaubhaftigkeit der Behauptung von der entscheidenden Wirkung der Wunderwaffe. Zudem gibt das sang- und klanglose Abtreten des Faschismus insofern zu denken, als er als nicht tragfähig und das Menschenleben wirklich ordnend sich erwiesen hat. Gewiss wird er Spuren hinterlassen, aber er ist als unzulänglich entlarvt und räumt kampflos das Feld.

Längst bevor ein alliierter Soldat deutschen Boden betrat, war die große Lebensangst in die deutschen Städte eingezogen. Die Reichshauptstadt war durch tägliche Großangriffe ihrer Funktion als Sitz des Oberkommandos der Wehrmacht und anderer militärischer Dienststellen beraubt. Ministerien wurden evakuiert, und wer konnte, verließ die Stadt. Diejenigen, denen das nicht möglich war, saßen tage- und nächtelang in einem Luftschutzbunker und erlebten mit, wie Häuserzeile um Häuserzeile durch Sprengstoff- und Brandbomben zerstört wurde. In den Kellern lagen verschüttete und erstickte Menschen, und auf den Straßen sammelte man zerstückelte und verbrannte Leichen ein. Die immer wieder proklamierte Volksgemeinschaft als politische Willensgemeinschaft und tägliche Schicksalsgemeinschaft mag es noch in Resten gegeben haben, aber im drohenden Untergang wurden die Kräfte des Eigennutzes und des Überlebenswillens freigesetzt.

Am 2. September 1943 antwortet Yorck auf einen Brief seiner Mutter, die trotz allem noch an einen Endsieg glaubte:

Du hast ganz Recht, dass die Zeiten auf den Menschen lasten. Aber ich glaube eigentlich nicht, dass der Glaube an den Endsieg zeitgerecht ist und uns weiterhilft, denn wenn nun wirklich die gute Sache zum Siege gelangte, könnte der Glaube daran stärken. Dieser Krieg hat doch ein sehr anderes Gesicht als die Nationalkriege der letzten Jahrhunderte und der Weltkrieg. Das gilt sowohl äußerlich in den Mitteln, mit denen er geführt wird, und mehr auch innerlich. Das Nationalgefühl ist nicht mehr das Entscheidende allein … und ein nationaler Sieg ist auch nicht mehr die Erfüllung der Hoffnungen und Erwartungen. Sondern die Zuversicht ist darauf gerichtet, dass ein neuer Mensch in diesen schmerzensreichen Wehen geboren wird, dass die Menschheit herausfindet aus der Sackgasse des Materialismus und der Technik, dass sie die Heimsuchung erkennt und den Ruf hört und wirklich heimfindet zurück zum Metaphysischen, zurück zu Gott. Hoffnung, auf diesem Wege schon ein Stücklein gegangen zu sein … [Es folgen nicht entzifferbare Sätze.] Was der Heilige Geist sei, das lernt man eigentlich an der Ratlosigkeit der Menschen erkennen, und wenn der höhere Sinn und Seele des Geschehens unserer Deutung auch entzogen ist, so tun wir gewiss recht daran einzusehen, dass wir von einem Irrwege zurückgerufen werden sollen und es um den inneren Menschen, um die Persönlichkeit geht. In dem Nationalgefühl eines christlichen Volkes war dieses Element mit enthalten, und deshalb entstanden dort nicht die Fragen, die sich heute stellen. Und diese Fragen stellen sich ja der ganzen Völkergemeinschaft; vielleicht haben wir den Vorzug, sie aufgrund unserer Entwicklung deutlicher zu empfinden als Menschen anderer Nationalität … Der Glaube muss feststehen, dass dieser Krieg und sein Leid von uns richtig verstanden wird, und wir müssen deshalb auch zu noch größerer Not Ja sagen können, wenn wir ihrer zur Neuwerdung bedürfen. Die Welt hat sich in den Jahrzehnten Deines Lebens sehr geändert und damit auch die Schau der Dinge, das wirst Du gewiss auch empfinden.

Um in Deutschland zu einem solchen Bruch mit der jüngsten Vergangenheit zu kommen, müssten die Deutschen durch ein noch tieferes Tal der Tränen als bisher. Nach der Meinung Yorcks und seiner Kreisauer Freunde war die Niederlage unaufhaltsam. Deshalb müsse die Zeit danach im Zentrum des Denkens stehen. Der Untergang des Dritten Reiches könne nur beantwortet werden mit einer epochalen Wende als Abschied von weltanschaulichen und politischen Irrtümern deutscher Geschichte. – Der nächste Brief von Mitte September 1943 setzt den vorhergehenden fort:

> Der Gang der Ereignisse nimmt ja leider den befürchteten Verlauf. Die Kräfteverhältnisse werden immer ungünstiger für uns, und die Anstrengungen, die wir machen müssen, bedeuten das Opfer letzter Substanz und die Reste des Ordnungsgefüges. Auf dem Lande wird dies mit zunehmender Zuwanderung der Bombengeschädigten auch spürbar werden. Hier erleben wir es an den Entwurzelten und heimat- und besitzlosen Menschen schon täglich. Sie haben meist keinen Halt mehr und schwanken wie die Rohre … Zu einer Vorstellung – was Sieg, was Niederlage bedeutet – dringen die Menschen nicht vor, ebenso wenig zu den Fragen, die diese Zeit an jeden Einzelnen stellt. Die Bevormundung und Propaganda haben sie entwöhnt, und sie wollen sich auch gar nicht vorstellen, wie tief unten wir wieder anfangen müssen. Ich finde darin auch nichts Schreckliches insofern, als wir doch in eine Sackgasse hineingeraten waren mit aller unserer Oberflächlichkeit und Gedankenlosigkeit. Der Mensch braucht wohl die äußere Not, um sich der inneren bewusst zu werden und sie anzugehen.

Und schließlich: Der Blick nach Osten macht sorgenvoll: «Das Reservoir der Russen an Menschen und Material ist enorm.» Eine Konzentration auf den militärischen Verlauf berge die Gefahr in sich, sich nicht mit den eigentlichen Fragen zu beschäftigen:

> Der Trost liegt an anderer Stelle, und über alle immer wieder auftauchende Zweifel hinweg bleibt er lebendig: dass es nämlich wirklich einen Anfang gibt und einen aufwärts führenden Weg, dass deshalb die gebrachten Opfer nicht vergeblich sind, sondern die Grundlage neuen Lebens. Vor neue Fragen und wesentliche Forderungen wird

> es uns gewiss stellen, aber dafür auch durch neue Zuversicht erleichtert sein. Ich hoffe, dass auch Du, geliebtes Goldchen, solcher Hoffnung zugänglich bist und dass Du nicht nur die Schmerzen dieser Zeit empfindest, sondern auch den Keim zu neuem Leben.

Es zeichnet Yorck aus, seiner Mutter keinen beschwichtigenden Brief zu schreiben, sondern ihr seine ungeschminkte Sicht von Gegenwart und Zukunft zuzumuten. Er degradiert sie nicht zum Mütterchen, dem man billigen Trost spendet. Seine Botschaft: Militärisch gehe es dem Ende zu. Zu ungleich seien die Kräfteverhältnisse geworden. Aber ein Leben nach dem Untergang des Reiches berge neue Chancen, wenn die Menschen lernten, sich anders zu begreifen.

In einem Brief vom 24. September 1943 kündigt Yorck seinen Besuch in Klein-Oels am 3. Oktober zum Erntedankfest an. Seit den Befreiungskriegen wurde traditionell an diesem Tag der Schlacht bei Wartenburg gedacht. Erneut nimmt Yorck dies zum Anlass, eine historische Überlegung zu entfalten:

> Wie anders ist das Bild gegenüber der Zeit vor 130 Jahren. Damals war der Tiefpunkt bereits überschritten, die innere Erneuerung vor sich gegangen und die preußischen Heere im siegreichen Vorgehen. Damals war das innere und äußere Bild harmonisch; Inhalt und Ziel entsprachen sich, und das mit Gott für König und Vaterland war eine aufrichtige, wahrhaftige und den Soldaten und das ganze Volk tragende Devise. Wie anders ist das jetzt bestellt, wo diese kriegerische Anspannung aller Kräfte auf eine seelische Situation trifft, die alles andere als geschlossen und harmonisch ist. Zwischen Gott und Staat klafft eine tiefe Kluft, die von staatlicher Seite nach Kräften erweitert und vertieft wird. Damit fehlt das sich seiner Sache Gewisssein. Und dieses Fehlen wird in dem Maße allgemein wirksamer und folgenschwerer, in dem jedem Einzelnen die Kluft bewusst wird, ja, er sich vor die Wahl gestellt sieht, Gott dienen zu müssen oder dem Staate, die zehn Gebote befolgen zu müssen oder ihnen entgegenstehende Befehle des Staates. Neben die Not des ...

> Leids und Sterbens tritt diese Seelennot dazu; sie wächst in dem Maße, als Hoffnungen und Vertrauen durch den Gang der Ereignisse widerlegt und erschüttert werden.

Dass die preußisch-deutschen Befreiungskriege gegen Napoleon vom König, seinen Offizieren und Mannschaften in einem völlig anderen Geist geführt wurden als die weltanschaulich fundierten Eroberungs-, Ausbeutungs- und Vernichtungskriege Hitlers und seiner Wehrmacht, war für Yorcks Geschichtsverständnis selbstverständlich. Was ihm indes als Unterschied noch wichtiger erschien, war der Gewissenskonflikt, in den der Hitlerstaat die Christen in Deutschland brachte. Lange hatten viele sich damit beholfen, als Christen gute Patrioten sein zu wollen, also dem Wehrdienst zu folgen. So auch Yorck selbst. Aber wie sollte man reagieren, wenn Entrechtung, Verwüstung, Vertreibung und Mord an gefangenen Soldaten und Zivilisten befohlen wurden? Diesen Verletzungen von Menschen- und Völkerrecht zu widerstehen, war Einzelnen nur möglich um den Preis des eigenen Lebens. Yorck war in den politischen Widerstand gegangen, weil er das Opfer der Aussetzung seines Gewissens nicht mehr bringen wollte. Auch wenn er es in seinem Brief nicht so deutlich ausdrückte – seine Mutter wird es verstanden haben. Zudem wird sie in Klein-Oels mitbekommen haben, dass sich ihr Sohn Peter samt seiner Frau Marion und seiner Schwester Irene (genannt «Muto») an drei Wochenenden in Kreisau aufhielt und in regem Austausch mit anderen Freunden stand. Wenn auch nicht über die Einzelheiten unterrichtet, wusste sie wohl um die konspirative Tätigkeit ihrer Kinder.

Yorcks Brief vom 30. November 1943 spiegelt die ganze Unsicherheit des alltäglichen Lebens wider. Er könne noch nicht sagen, ob er Weihnachten nach Kauern komme. Nicht nur die menschlichen Schicksale bedrückten ihn weiterhin, sondern auch die Tatsache, «wie viel menschliche Arbeit in einer kurzen Stunde zerstört werden kann».

Im folgenden Brief teilt Yorck seiner Mutter mit, dass er über die Weihnachtszeit tatsächlich keinen Urlaub bekomme, aber am Heiligen Abend kurz kommen könne, um dann in der Nacht wieder nach Berlin zu fahren.

> Das ist für mich eine schöne Aussicht, denn gerade diesmal möchte ich Dir besonders nahe sein an diesem Tage, der uns gemeinsamen Trost und gemeinsame Hoffnung und Kraft geben soll. Die Zeiten sind wieder besonders schwarz jetzt, die Not besonders groß, und sehr viele an der Ostfront werden diesen Tag unter den härtesten Bedingungen erleben. Vielleicht aber wird gerade ihr Herz dadurch in besonderer Weise berührt, und auch unser Mitfühlen mit diesen und unser eigener Schmerz soll uns dem großen Geschehen in besonderem Maße zugänglich machen. In der Tat liegt hier die einzige Verheißung und leuchtet hier das einzige Licht. Denn die Finsternis und Gefahr ist um uns herum groß, und hoch türmt sich die Schuld, die auch in unserem Namen täglich weiter geschieht. Da bleibt uns nur eine Quelle der Kraft, und es ist beglückend im Advent, sie schon herauszuspüren und sich in Demut und bittend ihr zu bereiten. Solches Erleben miteinander zu haben, wenn man erbebt und tiefst angerührt wird, ist ein großes Geschenk, und es wäre undankbar zu hadern, dass es auf den Heilig Abend beschränkt wird.

Die Eisenbahnfahrt von Berlin nach Klein-Oels und wieder zurück dauerte länger, als er im Haus seiner Mutter sein konnte. Aber der Heilige Abend war für ihn in den letzten Jahren immer wichtiger geworden, und zwar in dem Maße, wie für ihn die Weihnachtsbotschaft mit dem «Frieden auf Erden» den Kontrast zum Kriegsgeschehen bildete.

Im letzten Brief des Jahres vom 29. Dezember 1943 erfahren wir, dass es doch nicht zur Kurzreise nach Klein-Oels gekommen war, sondern er mit seiner Mutter nur telefonieren konnte. Wieder berichtet er über drei Weihnachtspredigten von Hanns Lilje und gesteht:

... ich wollte eigentlich sagen, dass dieses sehr innig erlebte Weihnachten die Grundlage einer Zuversicht für das Neue Jahr ist. Ein vom Herzen und der Seele ausgehender Optimismus straft den Schmerzensschrei des Verstandes irgendwie Lügen. Natürlich nicht darin, dass auch die äußere Not noch wachsen kann, dass uns noch viel Kummer und Leid vorbestimmt ist. Aber doch insofern, dass schon jetzt und vielleicht durch die Not noch weiter gesteigert uns die andere, die höhere Seite unseres Lebens wieder das Ausschlaggebende wird und als wir dort eine Geborgenheit in Gott finden, die wir in unseren menschlichen Missgeschicken leicht verlieren und vergessen. Und dieses Gefühl der Verknüpftheit in den metaphysischen Bereich, diese Religion, sie kommt allmählich auch dem materialistischen Menschen von heute nah, soweit er überhaupt nicht nur an der Oberfläche haftet und in den Tag hinein lebt. Das aber bedeutet den Beginn einer geistesgeschichtlichen Entwicklung, deren man sich gar nicht genug freuen und an der man gar nicht intensiv genug eigenen Anteil nehmen kann. So traurig das äußere Geschehen auch werden mag, so wenig wird es dieser Entwicklung anhaben können. Deshalb dürfen wir auch voll Glauben und Hoffnung über die Schwelle des Neuen Jahres schreiten und unsere Glück- und Segenswünsche voll Zuversicht sagen.

Yorcks Glaube nahm immer stärker endzeitlich ausgerichtete Züge an. Das irdische Leben, sosehr es das Feld der Verantwortung ist, steht nicht mehr im Zentrum des Bewusstseins. Das Zukünftige, die Ewigkeit wird das Letzte sein und von ihnen her bekommt die Zeitlichkeit ihren Rang. Nur im Blick auf sie kann man in einer aus den Fugen geratenen Welt leben. Hier dürfte Yorck in seiner religiösen Entwicklung einen Punkt erreicht haben, der für seine Praxis im Beruf und im Widerstand entscheidend war. Er band sich als Person nicht mehr an den Erfolg seines Tuns, sondern konnte in allem, was kam, den Willen Gottes für sich erkennen und annehmen.

Am 8. März 1944 gab Peter Yorck seiner Mutter weitere Einblicke in die Lebendigkeit seines Geistes. Zwei Tage zuvor hatten über 627 Flugzeuge in einem ersten Tagesangriff bei strahlendem Sommerwetter Berlin bombardiert. Als er den Brief verfasste, luden noch einmal 540 Bomber ihre Lasten ab.[4] Die psychologische Wirkung dieser Luftüberlegenheit bei der Bevölkerung schätzte er nicht sehr hoch ein.

Er berichtet, dass er viel an den Vater und die Brüder denke und sich frage, welche Stellung sie zu den aktuellen Fragen einnehmen würden. Hin und wieder lese er ein Buch, aktuell einen «dicken Band» des Theologen Karl Holl über Martin Luther. Es war ein Geschenk seines Freundes Eugen Gerstenmaier zum 39. Geburtstag am 13. November 1943. Seine Kenntnisse über die Reformation seien «doch ganz vom Historischen aus gesehen und deshalb einseitig und nicht den ganzen geistigen Gehalt ausschöpfend».

Mithilfe des ersten Bandes der Lutherstudien von Holl arbeitete sich Yorck in die Theologie Luthers ein. Viele evangelische Nichttheologen fanden durch Holl einen neuen Zugang zu ihr. Vor allem seine Aufsätze «Was verstand Luther unter Religion?», «Die Rechtfertigungslehre in Luthers Vorlesung über den Römerbrief mit besonderer Berücksichtigung auf die Frage der Heilsgewissheit», «Der Neubau der Sittlichkeit», «Luther und die Schwärmer» sowie «Die Kulturbedeutung der Reformation» gehörten zum theologischen und historischen Grundwissen vieler evangelischer Bildungsbürger,[5] so auch der Kreisauer.

> Die(se) Luther'sche Auffassung ist wohl auch die einzige, mit der man eine positive Einstellung zu den Ereignissen solchen Krieges, solcher Zerstörung und solcher Rechtlosigkeit erringen kann. Darüber hinaus muss man sich fragen, ob nicht auch die uns aufgetragene Nächstenliebe in dieser starken Form geübt werden soll, was ich immer letztlich für geboten gehalten habe. Es erweist sich deshalb als Trost und Stärkung, auf solche Fundamente zu stoßen, die tragende Grundsteine für die eigenen Anschauungen werden können.

Was Peter Yorck an Luthers Theologie so überzeugt hat, ohne dass er je Lutheraner im konfessionellen Sinne war, ist zunächst der in ihr enthaltene Realismus in der theologischen Bewertung des Menschen. Nach der Erklärung des Ersten Gebotes durch Luther im Großen Katechismus ist die Ursünde des Menschen, sein zu wollen wie Gott, das heißt, selbst zu bestimmen, was Gut und Böse ist.[6] War die nationalsozialistische Weltanschauung mit ihren Normen und Zielen und ihrer politischen Praxis nicht die historische Illustration, wohin es führt, wenn eine Bewegung oder eine Partei oder ein Staat sich autonom selbst bestimmen, wenn man sich von jeder verbindlichen Tradition trennt und einen Menschen bilden will ohne Anbindung an außerhalb seiner selbst liegende Gebote und Gesetze?

Konnte man bei Luther nicht lernen, wohin eine obrigkeitliche Praxis führt, wenn sie nicht nur den zivilen Gehorsam einfordert, sondern die Gewissen der Menschen autoritativ binden will, und dass jede politische oder gesellschaftliche Macht immer der Versuchung eigener Pervertierung in der konkreten Machtausübung unterliegt? Konnte man bei ihm nicht lernen, dass der Tyrann immer eine Möglichkeit der Geschichte ist und dass das Gewissen eine sehr labile Sache sein kann, wenn man der Korruption eine Chance gibt? Konnte man bei Luther nicht lernen, dass die Bindung des Glaubenden an die Gebote Gottes und an das Evangelium Jesu Christi eine Voraussetzung bildet, selbst Mensch zu werden und auch in Anfechtungen Mensch zu bleiben? Und konnte man bei ihm nicht lernen, dass der Christ seinen Glauben umsetzt in die Verantwortung für den Nächsten und in die Mitverantwortung für ein humanes und gerechtes Gemeinwesen?

Aber man konnte bei ihm auch lernen, dass obrigkeitliches Handeln des Schwertes bedarf, um dem immer existierenden und auf seine Chance wartenden Bösen zu widerstehen, dass legitime Machtanwendung zur weltlichen Ordnung gehört, um dem Chaos zu begegnen. Man konnte bei ihm lernen, dass es auch den Zorn Gottes gibt gegen die, die ihn verachten oder für ihre Zwecke gebrauchen wollen. Man konnte lernen, dass Gott der Schweigende sein kann, der den Menschen seinen zerstörerischen, unmenschlichen Fähigkeiten überlässt. Dass Menschen und Völker sich selbst zugrunde richten können, ohne dass Gott spektakulär eingreift, ist eine bittere Erfahrung, der allerdings die andere Erfahrung entsprechen kann, dass Menschen und Völker die Chance der Buße, der Umkehr haben. An der zentralen Christusbotschaft zerbricht nach lutherischer Lehre die Macht der selbst gefertigten Götzen und der sich selbst proklamierenden Abgötter. Diese können ihre Zeit haben, aber sie haben keine Ewigkeit. Irgendwann demaskieren sie sich selbst. Und es gibt die Realität eines Heiligen Geistes, der die Geister der Hölle, die auf die Erde gekommen sind, vertreiben wird.

Yorck gehört zu denen, die das Kriegsgeschehen als Höllengeschehen verstehen, für das die braunen und grauen Akteure die Verantwortung tragen. Es ist die Schuld der Befehlsgewaltigen und ihrer Unterführer, wenn die letzten Tötungshemmungen fallen. Das alles hat Gott so nicht gewollt, er ist nicht verantwortlich. In Yorcks persönlicher Frömmigkeit ist kein Platz für die Anklage gegen Gott. Von der radikalen Letztverantwortung aller Zeitgenossen, die an den Morden beteiligt sind, ist er überzeugt. Andererseits besteht immer die persönliche und gemeinsame Chance, in die persönliche und gemeinsame Bindung an Gott und seinen menschenfreundlichen Willen zurückzukehren.

Bruderzwist

Während der Kontakt zwischen Peter Yorck, seiner Mutter und den anderen Geschwistern in den Jahren nach dem Tod des Vaters 1923 normal verlief, gestaltete sich das Verhältnis zu seinem älteren Bruder Paul komplizierter. Paul kam mit dreizehn Jahren auf die Klosterschule Roßleben, wurde dann aber wegen mangelnder Schuldisziplin relegiert. Sein Abitur bestand er 1920 auf der Ritterakademie in Liegnitz. Anschließend machte er von 1921 bis 1922 eine landwirtschaftliche Lehre auf dem Gut Oppin bei Halle.

1923 starb plötzlich der Vater Heinrich Yorck. Paul musste eine Reise mit dem Herzog von Mecklenburg nach Niederländisch-Indien unterbrechen und eilte zurück nach Schlesien. Er war nun alleiniger Herr von Klein-Oels. Weil er jedoch erst einundzwanzig Jahre alt war, musste für die Gutsverwaltung eine Zwischenlösung gefunden werden: Als Testamentsvollstrecker wurde Peter Martin Yorck aus der Schleibitzer Linie der Yorcks bestimmt, ihm zur Seite stand die Mutter als Vormund von Paul. Zudem wurde ein Kuratorium aus Männern des Vertrauens gebildet, zu denen Nikolaus Graf von Üxküll-Gyllenband, ein Herr von Salisch aus Schlesien sowie Professor Zastrow aus Berlin gehörten.

Paul studierte an mehreren Universitäten Rechts- und Staatswissenschaft, legte jedoch nie irgendeine akademische Abschlussprüfung ab. Sein immenses Wissen eignete er sich im Selbststudium an, wobei sein Hauptinteresse der Philosophie galt. Die alte Yorck'sche Bildungstradition fand in ihm einen Nachfolger. Er selbst bezeichnete Nicolai Hartmann als den zeitgenössischen Philosophen, der einen «nachhaltigen Eindruck» auf ihn hatte.[7] 1921 hatte Hartmann seine *Grundzüge einer Metaphysik der Erkenntnis* und 1926 seine *Ethik* veröffentlicht, in der er seine Lehre von den Werten entfaltet, die für Paul später wichtig werden sollte. Philosophie blieb auch in den folgenden Jahren seine Leidenschaft, bevor er in den dreißiger und vierziger Jahren zu einem eigenständigen Laientheologen reifen sollte. Genauere Zeugnisse über seine Entwicklung in diesen Jahrzehnten haben wir nicht. Erst aus der Kriegszeit sind gewichtige Abhandlungen erhalten, die Einblick geben in seine theologischen und politischen Positionen: *Das Bild des abendländischen Staates* (1939), *Protestantische Selbstbesinnung I* (1940) und *Protestantische Selbstbesinnung II* (1944). Neben der Philosophie und Theologie interessierte ihn leidenschaftlich das Theater.

1926, im Alter von nun vierundzwanzig Jahren, übernahm Paul Yorck die Verwaltung von Klein-Oels. Er war jedoch kein besonders engagierter Landwirt und hielt sich über Jahre nur selten auf dem Gut auf. Die Leitung des landwirtschaftlichen Betriebes überließ er einem Verwalter. Es dauerte nicht lange, bis in der Zeit der Wirtschaftskrise die Schulden aufliefen. Seine Mutter zog daraufhin 1931 aus dem Schloss in die am Rande des Parks gelegene «Villa»; sie und seine Geschwister entfremdeten sich immer mehr von ihm. Aus dem Vermögen und den Erlösen des Gutsbetriebes entnahm Paul für seine aufwendige Lebensweise in Berlin nicht unbeträchtliche Summen. 1932 verkaufte er die große Grafiksammlung aus der Schlossbibliothek. Sein Verhalten entsprach in keiner Weise den Vorstellungen der Familie von einem Oberhaupt eines Fideikommiss.

In den Berliner Jahren begann Paul eine intensive Beziehung zu der bekannten Schauspielerin Else Eckersberg. Diese Liaison sollte den Riss, der durch die Familie ging, noch vergrößern. Geboren wurde Else 1895 in Berlin, ihre Schulbildung erhielt sie im Internat der Ursulinen. Nach der Mittleren Reife trat sie mit fünfzehn Jahren in die Schauspielschule von Max Reinhardt ein und startete in den folgenden Jahren eine Karriere am Großen Schauspielhaus und an den Reinhardt-Bühnen in Berlin. Die Liste ihrer Rollen ist beeindruckend. Mit der Schauspielkollegin Elsa Wagner verband sie eine besondere Freundschaft, der sie 1958 ein literarisches Denkmal setzte. Unter dem Titel *Diese volle Zeit* beschreibt sie die Etappen dieser Freundschaft bis zum Ende der Weimarer Zeit und schildert anschaulich ihr privates Leben im Berliner und Wiener Milieu der Theater sowie das gesellschaftliche Umfeld, in dem sie sich als Schauspielerin und begehrte Dame von Welt bewegte.

Im Alter von achtzehn Jahren heiratete Else Eckersberg 1913 Walther Eitzen. Die Ehe wurde 1918 wieder geschieden. 1921 ehelichte sie in Berlin Philipp Freiherr Schey von Koromla, der einer reichen Wiener Großhändler- und Bankiersfamilie aus Un-

Abbildung 42: Die Hochzeit Paul Yorcks mit der Schauspielerin Else Eckersberg (hier in einer Aufnahme von 1926) im Mai 1940 führte zu großen Konflikten innerhalb der Familie.

garn entstammte, in erster Ehe mit einer Frau aus dem Hause Rothschild verheiratet war und zwei Kinder aus dieser Verbindung hatte. Durch diese Heirat konnte Else ihren Lebensstandard und ihre Reiseziele erweitern. Trotzdem blieb sie immer eine fleißige und engagierte Schauspielerin von anerkanntem Rang. 1927 kam Sohn Alexander, genannt «Ali», zur Welt.

Wann genau Pauls Beziehung zu Else begann, ist nicht bekannt. Familienmitglieder vermuten das Jahr 1925. Zehn Jahre später, 1935, ließ sich Else von Baron Schey von Koromla scheiden. Nun erwarb Paul für sie ein Haus in der Finkenstraße 15 in Berlin-Dahlem, aber erst am 5. Mai 1940 heirateten Else und Paul, der zuvor am Polenfeldzug teilgenommen hatte und bald in Russland kämpfen sollte. Wollte Paul seine Else im Falle des eigenen Todes nicht unversorgt hinterlassen?

Vor allem die gräfliche Mutter konnte sich eine zweimal geschiedene katholische Frau, die zudem als Schauspielerin zu einer von vielen nicht geachteten Berufsgruppe gehörte, nicht als Herrin auf einem lutherisch und humanistisch geprägten Adelssitz vorstellen. Auf den Einfluss seiner Frau Else führte man auch die gelegentlich von Paul geäußerte Möglichkeit der Konversion zum Katholizismus zurück. Die Vorstellung, dass eventuell Elses katholischer Sohn Ali Nachfolger von Paul von Yorck als Erbe von Klein-Oels werden könnte, verstärkte die Abneigung der Mutter und der übrigen Yorcks gegenüber den beiden.

Im Januar 1942 wurde Paul verwundet. Als Helmuth James von Moltke und Hans Bernd von Haeften am 11. Januar 1942 bei Peter Yorck waren, erfuhren sie davon. Moltke teilte Freya mit:

> Yorck's Bruder Bia ist verwundet: in der Achselhöhle hinein und am Rücken raus. Die Verwundung an sich ist harmlos, zumal er unmittelbar vom Feldverbandsplatz weg mit Kluge im Flugzeug bis Ostpreußen kam und dort bei Dönhoffs landete. Dort hat er aber jetzt einen Nervenzusammenbruch mit hohem Fieber erlitten, sodass Peter heute hingefahren ist. Da er ihn sozusagen schon abgeschrieben hatte, da er an der allerschlimmsten Stelle war, bedeutet das im Ganzen eine Erleichterung. Es ist nur sehr unangenehm, dass Peter gerade jetzt ausfällt. (MB, 345)

Bia landete verwundet bei Marion Gräfin Dönhoff, die ihn pflegte. Es gibt Briefe von Bia an Marion, die zeigen, wie nah sie sich zeitweilig waren. Peter Yorck hatte mit seinem Bruder vor dessen Verwundung brieflichen Kontakt, wie er in einem Brief an seine Mutter berichtete:

> Auch von Bia habe ich einen Brief; sein Standort scheint von Warschau nach Smolensk versetzt zu sein. Ich glaube, es wird ganz gut sein, dass er dem Warschauer Milieu entzogen ist, wo er nichts zu tun zu haben schien und sich den traurigen Eindrücken so sehr hingeben konnte.

Nach dem Soldatentod seiner jüngeren Brüder Hans 1939 und Heinrich Anfang 1942 machte sich Peter verstärkt zum familiären Sprachrohr gegen Paul. Er hielt Bia die Missachtung und Zerstörung der Familientradition und der Familienehre durch die Heirat vor. Eigentums- und Vermögensfragen spielten sicherlich auch eine Rolle, waren aber eindeutig nicht die Ursachen des Konflikts. Dieser nahm noch an Schärfe zu, als Bia sich dem Urteil eines Ehrengerichtes entgegen seiner Zusage, den Schiedsspruch zu akzeptieren, nicht fügte und sich weigerte, zugunsten von Peter auf seine Rechte als Herr des Fideikommiss zu verzichten.

Paul legte in einem bewegenden Brief vom 19. April 1943 dem Bruder seine grundsätzliche Position dar. Aus dem Schreiben geht hervor, dass er die Briefe von Peter an die Mutter gelesen hatte. Er warf Peter vor, dass er nicht in der Lage sei, auf seine Argumente und auf seine «Sinnesweise» einzugehen. Ihrer beider «Weltbild» sei verschieden:

> Wir leben in einer völligen Verschiedenheit der Auffassung von Bindung und Freiheit, von Berufung und Zweck des menschlichen Daseins. Ich bin frei, wo Du Dich gebunden weißt, und gebunden, wo Du Dich frei fühlst. Ich weiß, dass es nicht Mangel an Ernst und sittlichem Streben ist, der meine Sicht bestimmt, sondern dass ich aus dem Zwange meines Wesens heraus nicht anderes zu denken und zu empfinden vermag. Ich müsste alle Erkenntnisse meines Lebens über Bord werfen, wollte ich mich den Deinen beugen.

Bia nahm seinem Bruder nicht ab, dass er für die Familie spreche, und konstatierte:

> Da nämlich Dein Ausgangspunkt nicht der meine war, ich die Wahl meiner Lebensgefährtin, die eine Gefährtin für die Ewigkeit ist, nicht abhängig machen wollte von dem vermuteten Konsens meiner lebenden und gestorbenen Familie, mich auch durch Satzungen in keiner Weise gebunden fühlte, war mein einziges Movens der Wunsch, unsere Gemeinschaft zu erhalten. … Für mich ist unakzeptabel, was der Liebe a principio zuwider ist.

So hart wie Peter in seinen Briefen an seine Mutter mit Bia ins Gericht ging, so hart schrieb Bia an seinen Bruder. Es war im Kern die Aufkündigung einer Beziehung. In der Tat trafen hier kaum vermittelbare Auffassungen aufeinander: Peters Bindung an Werte der Herkunft und Pauls Bindung an Normen, die die persönliche Eigenverantwortung verlangten. Bia war um der Liebe zu seiner Frau willen nicht bereit, sich einer rigorosen traditionellen Moralität zu beugen.

Im Sommer 1943 suchte Peter ein Haus für seine Mutter, die demonstrativ aus Klein-Oels wegziehen wollte. Es kam zu einem brieflichen Austausch der beiden Brüder, dessen Tonfall zwar milder war, in der Sache aber keine Annäherung brachte. Der Mutter gegenüber, die trotz allem versöhnlicher gestimmt war, vertrat Peter die Ansicht, dass man gegenüber Bia hart bleiben müsse, um ihn als Sohn und Bruder zurückzugewinnen:

> Es handelt sich doch gar nicht um eine Wahl zwischen Deinen beiden Söhnen, vor die Du gestellt bist. Denn ich trete ja nicht gegen Bia auf, um von ihm etwas für mich zu erlangen, sondern es geht um Erfüllung der Pflicht, die ich als nächster Agnat und nunmehr einziger Bruder trage. Insofern vertrete ich den Standpunkt der ganzen Familie, den Deinigen, den der Schwestern und der Familie überhaupt in ihren nicht mehr lebenden und ihren lebendigen Gliedern. Es ist wohl im Leben letzten Endes immer so, dass wir vor die letzte Konsequenz unserer Haltung geführt werden und auch ihr gegenüber prüfen müssen, ob diese Haltung vor unserem Gewissen die richtige ist. Bia hat in der Verhandlung ganz richtig vorgetragen, dass es sich nicht um einen Streit um den materiellen Besitzstand handelt, sondern um die Wahrung eines prinzipiellen Standpunkts und die Anerkennung verschiedener Wertordnungen gehe. Das ist an dem Rechtsstreit ja das Unbefriedigende, dass diese grundsätzliche Frage gar nicht zur Entscheidung steht, sondern Rechtsvorgänge, die an der Peripherie liegen. Dieser Rechtshandel ist zwar auf uns Brüder beschränkt, das zugrunde Liegende ist aber die Frage nach der Familie und ihrer Wertordnung. Wenn ich in dem Rechtsstreit Dich oder die Schwestern zu Zeugen be-

> nennen oder Briefe produzieren muss, so geschieht dies nicht, um einen materiellen Vorteil zu erringen. Der Grund ist nur darzulegen, dass es eine Zeit gegeben hat, in der Bia ohne eine äußere Rechtspflicht die Wertordnung für sich als verbindlich erkannt hat, und dass sich der Verkaufsschluss darauf aufgebaut hat.
> Du weißt, geliebtes Muttchen, dass ich immer erstrebt habe, zu einer menschlich befriedigenden Lösung zu kommen, und dieses Streben besteht nach wie vor. Ich hoffe noch immer, dass wir dieser Gnade teilhaftig werden und uns eine Liebesfähigkeit verliehen wird, kraft deren wir die gähnende Kluft zu überbrücken vermögen. Zurzeit habe ich immer das Gefühl, diesen Nebel und Schleier bei Bia nicht durchstoßen zu können und mit jedem Versuch der Annäherung nur weiter weg von ihm zu kommen. Ich weiß nicht, ob es mir gelungen ist, Dir zu zeigen, dass es nicht um eine Wahl zwischen zwei Söhnen geht, sondern um die alte Frage, vor der Du stehst und so lange stehen wirst, als wir nicht eine Lösung gefunden haben. Ich möchte meinen, dass sie, so gesehen, für Dein Herz leichter ist.

Peter orientiert sich, wie er es sieht, am Geist von Klein-Oels und bestreitet, dass sein Bruder in der Kontinuität der Wertvorstellungen der toten und lebenden Yorcks stehe. Wie ernst es Peter jedoch mit einer Verständigung war, zeigte er in einem der folgenden Briefe an seine Mutter, in dem er ihr mitteilt, dass er an Else geschrieben habe und «ihr nahegelegt, doch lieber nicht zu streiten, sondern gemeinsam zu marschieren. Wenn ich mir auch nicht allzu viel erhoffe, so möchte ich doch nichts unversucht lassen.» Seine Mutter aber litt weiter. Peter versuchte, sie zu trösten:

> Denn trotz allem hoffe und glaube ich noch an einen guten Ausgang. Außerdem habe ich mich dazu durchgerungen, Bias Verhalten nicht als kränkend zu empfinden. Natürlich ist der Grund dafür auch ein trauriger, nämlich dass ich ihn nicht für fähig halte, sein Tun und Lassen verantwortlich zu vertreten. Hinter aller Willensstärke, die mir mehr als Brutalität erscheint, verbirgt sich doch eine große Willensschwäche und ein Nichtfertigwerden mit dem Leben.

Abbildung 43: Peter Yorck in Wehrmachtsuniform, um 1939.

In seiner seelischen Not

> baut er sich einen Bau abstruser Gedanken und klammert sich an sie und spinnt sich in eine Rechtfertigung hinein. Nicht Kränkung, sondern unbegrenztes Mitleid und Hilfsbereitschaft ruft das hervor, nur muss man sich selbst treu dabei bleiben. Denn verstrickt man sich auch in seine Unklarheiten und Pseudochristlichkeiten, dann hat man ihm nicht geholfen und fehlt mit ihm. Deshalb solltest Du Dich nicht kränken und verletzen lassen, geliebtes Muttchen, sondern an Deine Sache so fest glauben, dass die Kraft dieses Glaubens ihn bezwingt. Denn es ist die einzige Kraft, die siegen kann.

Es ist ein hartes Urteil, das der jüngere Bruder über den älteren fällt. Er sieht ihn in einer selbst verschuldeten seelischen und geistigen Lage, die ihn daran hindert, sich neu zu orientieren. Für

Abbildung 44: Paul Yorck, um 1937.

ihn ist Paul ein seelisch kranker Mann, der sich in Interpretationen und Konstruktionen verliert, die ihm die Mündigkeit als Person rauben. Gegen diesen Prozess der Selbstzerstörung gibt es für ihn nur eins: hart bei seiner eigenen Position zu bleiben und sich nicht durch Absurditäten und christlich klingende Phrasen erweichen zu lassen. Peter plädiert daher für die denkbar härteste Gangart gegenüber Paul. In einem Brief an seine Schwester Do heißt es:

> Mir ist immer schleierhaft, wie intensiv er sich selbst belügen kann und wie er es versteht, andere Menschen in seine Betrachtungsweise hineinzuzwingen. Ich habe Angst, dass dieser Schleier einmal so zerreißt, dass er ganz nackt und armselig dasteht und einsam und verzweifelt ist. Deshalb gehen meine Bemühungen auch weiter, ihn nicht laufen zu lassen. Die Festigkeit unseres Willens musste

> er aber kennenlernen; ohnehin war keine Hoffnung mehr, deshalb bin ich Goldchen auch sehr dankbar, dass sie an ihrem Entschluss keinen Zweifel gelassen hat und lassen wird. Er muss in der Tat den Möbelwagen fast rollen sehen, sonst wird er noch an seine Überredungskunst glauben.

Bia wollte seine Mutter daran hindern, Klein-Oels zu verlassen, und scheint ihr gefühlvolle Briefe geschrieben zu haben. Ihr Weggang wäre für ihn ein Zeichen der endgültigen Trennung und ein Zeichen des Bruchs der letzten Gräfin mit Schloss Klein-Oels, in dem sie für Jahrzehnte die Mitte der Familie war. Er nahm daher nach vielen Seiten Kontakte auf, um mit Else eine neue Bleibe außerhalb Berlins zu finden. Ins Schloss wollte er seinerseits nicht zurückkehren.

Noch einmal kam Peter in einem Brief an Dorothea vom 2. September 1943 auf Paul zu sprechen:

> Auch den Kummer um Bia muss man wohl im inneren Zusammenhange sehen. Auch er wird durch die heutige Zeit immer wieder vor die verantwortliche Frage gestellt. Dass er abseits von dem Geschehen – soweit ich sehe – in Beschränkung auf sich und seine Frau lebt und den Ablauf deshalb sehr peripher und in einem von ihm selbst gemachten Bilde erlebt, trägt natürlich dazu bei, ihm die Vorstellungswelt zu erhalten, die er sich gebildet hat und die uns als Verstrickung erscheint. Vielleicht werden die Ereignisse doch von so elementarer Kraft sein, dass sie auch in diese Welt hineinstoßen und ihm ermöglichen, einen neuen Standpunkt zu finden. Zurzeit finde ich kein Mittel, die Entfernung zu überbrücken und an ihn heranzukommen; er ist unermesslich fern. Meine Bemühungen werde ich deshalb nicht aufgeben. Aber viel Erfolg versprechen sie nicht.

Im Oktober 1943 ging Peter erneut auf Paul ein. Er sieht ihn aus der Familientradition herausgefallen, wie es ähnlich der Fall gewesen sei mit Verwandten aus der Schleibitzer Linie der Yorcks, und erinnert an Wolfgang Yorck (1899–1944), der lange vor der Machtübernahme Hitlers aktiver Nationalsozialist geworden war, im Provinziallandtag gesessen hatte, Hauptabteilungsleiter für Ostfragen und Landesgruppenführer des Bundes Deutscher Osten im Gau Schlesien wurde und bis 1936 Reichstagsabgeordneter für die NSDAP war. Für Peter war dies der Beweis dafür, dass es selbst in alten Familien keine gemeinsamen Grundanschauungen mehr gebe. In dieser Situation der Auflösung traditioneller Werte und Regeln sei es nicht mit Kompromissen getan:

> Wir müssen uns darüber klar sein, dass jeder nach seinem eigenen Standpunkt suchen muss und ihn dann auch unabdingbar vertreten muss. Wir müssen ferner wissen, dass die Taten der Väter nur weiterwirken, wenn wir uns bewähren und durchsetzen. Deshalb ist der 3. Oktober auch nicht mehr ein Festtag unangefochtener Freude und selbstsicheren Stolzes und unangefochtener Gemeinsamkeit im Fühlen und Trachten, sondern ein Tag der Besinnung, der Prüfung, des Bewusstwerdens der Verantwortung und der Rechenschaft. Wir stehen auf einem Tiefpunkt, ob es der tiefste ist, wissen wir allerdings nicht. Die Zeit wird lehren, ob wir uns bewähren und nicht nur in uns, sondern auch mit Wirkung nach außen lebendig und wirksam erhalten können, was Yorck heißt.

Der 3. Oktober, der Traditionstag der Yorcks, hatte seine Bindekraft in den Köpfen und Herzen der Großfamilie verloren. Der Schleibitzer Zweig der Yorcks zeigte das überdeutlich. Auch gegenüber Bia hatte er Zweifel: Wusste Paul sich in dieser Entscheidungssituation, oder vergrub er sich abseits der dramatischen Ereignisse in einem Genesungslazarett und in der Nähe seiner Frau weiter in seine eigenwilligen Gedankensysteme?

Der Riss zwischen den Brüdern war so tief, dass Peter nichts von einem aktiven politischen Widerstand seines Bruders wusste. Er kannte zwar seine theologisch und kirchlich begründete Widerständigkeit gegenüber dem Nationalsozialismus, aber für ihn lag diese oppositionelle Haltung weit unterhalb des Gebotenen. Es gab keine brüderliche Aussprache über diese Seite ihrer politischen Entscheidungen; der alles überwölbende große Familienkonflikt erlaubte es nicht.

Hinzu kam die anfänglich sehr unterschiedliche politische Entwicklung der Brüder. Paul war 1932 in die NSDAP eingetreten. Wie sein Vater Heinrich war er Antirepublikaner und hoffte auf eine neue Zukunft des Staates und der gesellschaftlichen Verhältnisse. Man kann seine damalige Einstellung als nationalrevolutionär bezeichnen. In Klein-Oels fanden viele NS-Veranstaltungen und Parteifeste statt. Doch Pauls Begeisterung und Engagement für das «Neue Deutschland» sollten nicht lange dauern. Die Ereignisse um die Niederschlagung des sogenannten Röhm-Putsches durch die Gestapo und SS vom 30. Juni bis 2. Juli 1934 mit der Ermordung alter SA-Führer und der Liquidierung von Politikern wie Kurt von Schleicher und die Legitimierung dieser Morde als «Staatsnotwehr» ließen ihn erkennen, dass sich hier ein Unrechtsstaat etablierte, der wenige Tage später Heinrich Himmler zum Chef der deutschen Konzentrationslager machte. Paul schickte seine SA-Uniform nach Berlin und erklärte seinen Parteiaustritt. Das darf wohl eine mutige Tat genannt werden.

Seiner Entfremdung zum Nationalsozialismus entsprach eine bewusste Hinwendung zu der sich bildenden Bekennenden Kirche. In ihr spielte er als Mitglied des Bruderrates der Schlesischen Bekennenden Kirche wie als Mitglied des «Rates der evangelischen Kirche der altpreußischen Union» eine wichtige und wiederum mutige Rolle. Besonders seine aktive Beteiligung an der Bekenntnissynode in Breslau im Oktober 1943 mit ihrem Wort zur «Auslegung des fünften Gebotes» brachte ihn in fundamentale Konfrontation zum NS-Staat. Das Synodenwort richtete sich gegen die Praxis des Völkermords und gegen die Liquidierung des «lebensunwerten Lebens». Es war in der Tat eine späte mutige Erklärung der Bekennenden Kirche, blieb aber eine Ausnahme. Paul Yorck selbst bekannte nach dem Krieg: «Zu einer wirklichen Auseinandersetzung mit dem Phänomen des

Nationalsozialismus ist auch die ‹Bekennende Kirche› nicht vorgedrungen.» Die Widerständigkeit der Kirche im Kampf um ihre eigene Existenz ließ sich ihm zufolge nicht als politischer Widerstand qualifizieren.[8] Nur einzelne Christen und kleine Gruppen kämpften nach seiner Sicht gegen den totalitären Weltanschauungsstaat und seinen Eroberungs-, Ausbeutungs- und Vernichtungskrieg.

Zu ihnen gehörte sein Bruder Peter, dessen Engagement und führende Rolle im Kreisauer Kreis ihm jedoch nicht bekannt war. Peter seinerseits wusste zwar um das Engagement seines Bruders in der Bekennenden Kirche, aber genauere Kenntnisse von seinen Aktivitäten hatte er nicht. So kämpften die beiden Antinationalsozialisten auf verschiedenen Ebenen gegen das mörderische System, ohne voneinander zu wissen oder miteinander über diesen Kampf zu reden.

Ähnlich verhielt es sich mit ihrer kirchlichen und theologischen Entwicklung. Auch hier gingen sie dialoglose Wege, die zu ähnlichen Überzeugungen führten. Paul Yorck schrieb 1940 eine erste *Protestantische Selbstbesinnung*, in der er sich als ein historisch, theologisch und politisch hochgebildeter Mann vom Typ eines Privatgelehrten zeigte. Sein kleiner Aufsatz war eine radikale Abrechnung mit den Irrtümern des geschichtlichen Protestantismus, der sich entgegen den Erlebnissen Luthers und seinen Urimpulsen zu einem System der permanenten Anpassung an zeitgeistige Strömungen entwickelt habe: an den Humanismus der Renaissance, an den modernen Staat, an den Rationalismus, an den Nationalismus und an den Kapitalismus. Der Protestantismus trage als Kirche jeweils «das Gesicht des Tages». Er habe die Bindung an die Traditionen der alten Kirche aufgegeben und zelebriere einen religiösen Individualismus; er habe die sakramentalen Wirklichkeiten an den Rand seiner Gottesdienste verdammt, den Pfarrer seiner priesterlichen Funktionen beraubt und ihn zum Kirchenbeamten gemacht; er habe die Dominanz der Lehre vor dem Leben errichtet, seine Religion zerrinne zur «bloßen Ethik», und die Ausschließlichkeit der Wortverkündigung habe zur Verarmung eines lebendigen Gemeindelebens geführt. Die historisch-kritische Methode der Bibelauslegung schließlich habe zur Auflösung eines ganzheitlichen Schriftverständnisses geführt. Das Ergebnis: Die Atmosphäre eines gewöhnlichen Gottesdienstes sei die

> eines wohlanständigen Konzertpublikums. Die Freude des befreiten Menschen, der Jubel über die Erlösung, die Bruderschaft und Wärme des Herzens ist in dieser Kirche nie Gestalt geworden, die ein grazieloses, karges Werk gelehrten Geistes blieb.[9]

Aus der Kriegszeit gibt es kaum eine vergleichbare Radikalkritik am historischen Protestantismus wie hier bei Paul Yorck, der als Mitglied der Bekennenden Kirche sowohl die Geschichte seiner protestantischen Kirche wie ihr aktuelles Versagen zur Diskussion stellte. Es ist ein aufregendes Dokument mit dem Ruf nach einer fundamentalen Erneuerung der Kirche, die nur eines zu predigen habe: die Nachfolge Christi in dieser Welt, die auf das Reich Gottes zugeht. Die «Entweltlichung» der Kirche war für ihn die Voraussetzung dafür, wieder als sakramentale Kirche Christen zur Nachfolge des Herrn in der Welt zu berufen. Da aber erwarteten sie «Galgen und Rad», es sei der «Weg des Kreuzes».[10]

In seiner zweiten *Protestantischen Selbstbesinnung* aus dem Jahre 1944 wiederholte Paul Yorck vieles von dem, was er zuvor gesagt hatte. Am Ende fasste er thesenartig zusammen, was für ihn Kirche ist:

> Gnadenanstalt – aber nicht Heilsversicherung
> Autorität – und Gewissensfreiheit
> Allein die Gnade – und doch die Antwort der Werke
> Kein Gesetz – aber seine Überhöhung
> Nicht Lebensflucht – aber doch Weltüberwindung
> Nicht Sittengemeinschaft – aber Liebesbund
> Wohl die Einzelseele – aber in unlösbarer Heilsverflechtung mit dem Nächsten
> Allein Christus – und doch die Kirche[11]

Paul Yorck unternahm mit seinen Reformschriften den Versuch, sich auf die weithin verloren gegangene lutherische Theologie zu besinnen. «Christus und seine Kirche» sind die Mitte lebendiger Frömmigkeit und Maßstab für eine weltliche Mitverantwortung der Christen. Christologie und Ekklesiologie sind das Zentrum des christlichen Glaubens und die Norm christlicher Lehre.

Auch Peter Yorck fand, wie oben beschrieben, unter dem Eindruck des Krieges und in der Auseinandersetzung mit dem Nationalsozialismus immer mehr zum Glauben an Christus und zum Leben in der Kirche. Es kann keinen Zweifel geben: Die beiden Brüder hätten nebeneinander in der Kirchenbank der Verkündigung des Wortes zuhören und das Abendmahl vor dem Altar gemeinsam feiern können. Sie waren in ihrer Frömmigkeit und in ihrer kirchlich-theologischen Position nicht weit voneinander entfernt. Daher darf es fast tragisch genannt werden, dass auch diese religiöse Nähe ihre familiären Distanzen nicht aufheben konnte.

Vor allem die Mutter litt erheblich unter dem Zwist in der Familie und versuchte, den Konflikt zwischen ihren Söhnen zu entschärfen. Seit Kriegsbeginn bemühte sie sich, zu Else Eckersberg trotz aller Vorbehalte eine neue Beziehung zu entwickeln. So schrieb sie ihr mehrere Briefe, in denen sie ihre gemeinsame Sorge um das Leben von Bia in den Kriegsereignissen zum Ausdruck brachte. Diese sind ein Indiz dafür, dass die Liebe der Mutter auch weiterhin ihrem Bia galt und sie Else als die Frau ihres Sohnes anerkannt hatte. Die anfängliche Briefanrede «Liebe Baronin» wich denn auch der Anrede «Liebe Else».

Peter entschloss sich schließlich, den Streit mit seinem Bruder durch ein ordentliches Gericht entscheiden zu lassen. Am 6. Mai 1944 kam es zum Prozess in Breslau, für den Peter seinen Freund Helmuth James von Moltke als Anwalt gewonnen hatte. Der war jedoch inzwischen festgenommen worden.[12] Die Ausgleichsverhandlungen «dieses törichten Prozesses», wie Bia ihn in einem

Brief an Else nannte, scheiterten. Zu einem weiteren Prozess, von dem sich Bia einen «Sieg» versprach, kam es nicht mehr.

Marion Gräfin Dönhoff

Unter den vielen preußischen Großgrundbesitzern, die Peter Yorck kannte, war auch die Familie der Grafen Dönhoff. Er pflegte nicht nur Kontakte zu den Brüdern Dietrich und Heinrich, sondern auch zu ihrer Schwester Marion Gräfin Dönhoff. Zehn Briefe von Yorck an Marion Dönhoff sind überliefert. Sie zeigen, dass die beiden sich gut gekannt haben müssen.

Marion war auf Schloss Friedrichstein bei Königsberg als Jüngste von sieben Geschwistern aufgewachsen. Nach dem Abitur in Potsdam studierte sie ab 1931 Volkswirtschaft und wurde 1935 von Edgar Salin in Basel promoviert. Von 1939 an verwaltete sie das ostpreußische Familiengut Quittainen.

Ihr Cousin Heinrich von Lehndorff (1909–1944), mit dem sie in Verbindung stand, verwaltete das Schloss Steinort und wurde im Krieg durch Henning von Tresckow für den Widerstand gewonnen. Er war für den Fall eines gelungenen Staatsstreichs als Verbindungsoffizier für den Wehrkreis I (Königsberg) vorgesehen. Im September 1944 wurde er durch den Volksgerichtshof verurteilt und einen Tag später in Plötzensee hingerichtet.

Marion kam öfter nach Berlin, wo sie am Widerstand Beteiligte aufsuchte und Kurierdienste übernahm. Sie war über den beabsichtigten Staatsstreich informiert, aber nicht unmittelbar in ihn involviert.[13]

Im ersten Brief vom 19. Juni 1942 berichtet Peter Yorck von seinem Versuch, das Reichspreiskommissariat zu verlassen und zum Innenministerium zu wechseln. Dort aber sei er wegen seines «Farbenmangels» nicht angenommen worden. Er hoffe nun auf die Einberufung in eine Wehrmachtsbehörde voraussichtlich in

Berlin. Tatsächlich wurde er vom 15. Juli an soldatischer Mitarbeiter im Wirtschaftsstab Ost. Ein leicht resignativer Unterton durchzieht diesen Brief, wenn er die «Halbheit» seiner beruflichen Zwischenexistenz anspricht. Aber: «Die Hoffnung bleibt deshalb wach und der Glaube lebendig.»

Yorck erkundigt sich nach ihren beiden Brüdern Dietrich und Heinrich, die beide Soldaten waren. Nebenbei erwähnt er seinen Bruder Paul, der im schlesischen Gebirge sitze und zum siebzigsten Geburtstag der Mutter komme. Es ist anzunehmen, dass Peter von der großen Liebe Bias zu Marion Dönhoff und seiner vergeblichen Werbung um sie wusste.

Der Beginn des zweiten Briefes lässt auf einen Austausch von Mitteilungen zwischen Marion, ihrem Bruder Heinrich und Fritz-Dietlof von der Schulenburg schließen. Wieder berichtet Yorck etwas resigniert über seine Existenz als «Subalternoffizier». Alle Versuche, wegzukommen, seien gescheitert. Auch ein Flug über Stalino nach Woroschilowsk, bei dem er «einen unmittelbaren Eindruck von den Räumen, den Unmöglichkeiten und Möglichkeiten» bekommen habe, hätten ihn nicht mit seiner Schreibstubenexistenz versöhnt: «Doch kann mich das mit meinem Amtsschimmel nicht aussöhnen.» Er deutet an, dass er zuständig sei für die Lieferung von warmer Kleidung für die Front.

Am 27. Oktober 1942 entschuldigt sich Yorck, dass er aufgrund von Reparaturarbeiten in Kauern nicht in Berlin sein konnte. Er hoffe auf ein neues Zusammentreffen mit ihr und Lehndorff. In seinem folgenden Bericht über Kauern zeigt sich wieder der praktische Landwirt Yorck. In seine seelische Lage gibt er einen kurzen Einblick:

> Wenn es so wäre, wie es sein könnte, sollte und müsste, dann wäre trotz aller wirtschaftlichen Schwierigkeiten und Ärgernisse das Zuhause wenigstens ein Refugium. Dass es einen mit seinen eigenen Sorgen empfängt und umgibt, empfinde ich heutzutage als besonders traurig, wo es allgemeine Sorgen genug hat. Doch da kann man wohl nichts gegen machen, sondern muss es mit den

anderen Dingen hinnehmen, ohne sich geschlagen zu geben. Dazu kommt, dass das Soldbuch doch mit großem Stumpfsinn bezahlt werden muss, in meinem Fall jedenfalls.

Offensichtlich fühlte sich Yorck im Wirtschaftsstab Ost überhaupt nicht sinnvoll eingesetzt, und auch Kauern scheint in dieser Zeit kein ländliches Idyll gewesen zu sein. Es scheint für ihn überhaupt keinen sorgenfreien Ort mehr gegeben zu haben. Was ihn in diesen Wochen beflügelt haben mag, war die zweite Kreisauer Tagung vom 16. bis 18. Oktober 1942. Die Arbeit im Widerstand nahm Herz und Kopf mehr in Beschlag als der Stumpfsinn am Schreibtisch einer Militärbehörde.

Am 21. November 1942 schrieb Yorck drei Briefbogen mit einem Trauerrand. Es ist ein Kondolenzbrief. Im November 1942 hatte Marion ihren geliebten Bruder Heinrich, mit dem sie ihre Jugend verbracht hatte und der ihr Gesprächs- und Gesinnungspartner gewesen war, durch einen Flugzeugabsturz verloren:

Verehrte liebe Gräfin,

Worte vermögen nichts gegenüber so traurigem Geschehen, und es ist anderen versagt, in den ureigenen Bezirk des Schmerzes um den verlorenen Bruder einzudringen. Versichern möchte ich Sie aber trotzdem meiner teilnehmenden Gedanken, denn ich glaube zu ahnen, wie groß für Sie der Verlust ist und wie viel Liebe aus Ihrem Leben genommen wird. Wenn auch das Leben weitergeht, solcher Schmerz bleibt; man kann nicht einmal wünschen, dass er von einem genommen werde; nur bitten darf man wohl um die Gnade, dass er uns nicht stumm und blind macht, sondern Segen wirkt in unserem Herzen. Das ist wohl unser einziger Trost, und nur auf diese Weise behalten wir unverlierbar, was uns geschenkt worden ist.
Die dumpfe Bedrücktheit, die auf uns lastet und die uns auf als unzureichend empfundenen Wegen herumtreibt, sie wird bei solch schmerzlichem Verlust verzweiflungsvoll klar und niederschmetternd. Wir sehen uns verlassen und von uns gegangen die Besten,

Abbildung 45: Marion Gräfin Dönhoff während des Zweiten Weltkriegs.

deren Hilfe wir entraten müssen und deren Tod das Maß unserer Verantwortung vergrößert und über unser Vermögen steigert.
Wächst aus ihrem Tode uns eine Kraft, die für das reicht, was vor uns steht? Das ist unsere Frage. Es gibt Augenblicke, und sie mehren sich, in denen ich hoffnungsvoll vertraue, dass sie uns geschenkt wird. Denn ich treffe immer neu auf Menschen, die sich herausgerufen fühlen und von lebendiger Geistigkeit sind, aber auch gleichzeitig Willen haben und Verantwortung fühlen.
Und neben ihnen sehe ich meine beiden Brüder, die immer gegenwärtiger werden und mit denen die fortdauernde geistige Verbindung immer bewusster wird. Und diese sind ja die mir nahestehenden Vertreter all derer, die wir betrauern und zu denen auch Heini jetzt gehört. Bis zu der Zeit, in der wir uns zu ihnen gesellen, werden wir in Gemeinschaft mit ihnen leben und aus ihr heraus auch wirken, soweit uns Kraft verliehen wird.

> Für die Schwester ist das gewiss kein unmittelbarer Trost und das Mitfühlen der anderen lindert den eigenen Schmerz nicht, den Gott nur lindern und segnen kann. Dass Gott dies an Ihnen tue, ist mein Segenswunsch. Peter Yorck

Ein Zusatz stammt von Marion Yorck und belegt die familiäre Nähe der Yorcks zu der jungen Gräfin:

> Liebe Marion, wie schwer hat der Krieg Sie getroffen, und wie beraubt und verlassen müssen Sie sich fühlen. Gott möge Ihnen die Kraft geben, dieses Leid tragen zu können, dass Sie es nicht wie eine schwere Fessel hinter sich her schleppen müssen, sondern wie eine Fackel mit erhobenen Händen tragen können. Die Liebe Ihres Bruders geht Ihnen nicht verloren. Es ist so schwer, ein Wort des Trostes zu sagen. Man kann nur darum bitten, dass Gott die Kraft geben möge, dass auch ein solches trauriges und scheinbar trostloses Geschehen zum Segen ausschlage. Ich bin mit meinen Gedanken bei Ihnen, liebe Marion, und wünsche, Sie kämen bald zu uns.

Auch hier klingt Peter Yorcks Grundgedanke an, dass auf das sinnlose Sterben in einem verantwortungslosen Krieg die Antwort der Weiterlebenden nur der Wille für ein anderes Morgen sein könne.

Mitte Dezember 1942 kam Marion Dönhoff wieder einmal in die Hortensienstraße. Yorck berichtet seiner Mutter:

> Marion Dönhoff wohnte bei uns. Sie trug ihren Schmerz mit großer Haltung, doch bemerkt man manchmal ihre Verlassenheit und Trauer in einem verlorenen Blick und Ausdruck. Die Gemeinsamkeit mit Heini bestimmte eben bisher ihr Leben völlig.

Die Neujahrswünsche für das Jahr 1943 an die Gräfin beginnen mit den Worten:

> Zum Neuen Jahre möchte ich Ihnen doch meine besten Wünsche sagen, wenn es der Reichspropagandaminister auch nicht für nötig

> hält. Gerade im Angesicht dieses Neuen Jahres scheint es mir erforderlich, sich einander zu vergewissern im Hinblick auf die Gestaltung dieses Jahres, in welchem vielleicht noch mehr als bisher das persönliche Erleben und Wohlergehen von dem allgemeinen Gang der Dinge abhängt und deshalb die allgemeine Verantwortung noch schwerer drückt.

Der wenig später geschriebene Brief vom 4. Januar 1943 beginnt mit den schwermütigen Sätzen:

> Seit Tagen ist die Schwelle des neuen Jahres überschritten, und schwere Bürde aus dem vergangenen Jahr tragen wir herüber. Das gilt im persönlichen Bereiche nicht minder als im allgemeinen, und der Schritt wird schwerer und schlürfender. Man kann nicht behaupten, dass 1942 hoffnungsvoller ausklingt, als es begann, und die Frucht der Schmerzen, die es bescherte, sie ist in der Kriegslage wahrlich nicht zu finden. Die Wolken des Kriegshimmels sind im Gegenteil noch schwärzer und geballter und türmen sich über ein Volk, das seine Besten hingab.

Yorck wird hier an den drohenden Untergang der 6. Armee in Stalingrad gedacht haben. Die Kriegslage zum Jahresbeginn ließ alle Opfer, die das Volk bisher gebracht hatte, militärisch gesehen umsonst sein. Dass die Opfer die Saat für ein anderes Deutschland sein könnten, das hofften auch viele andere Frauen und Männer aus den Widerstandskreisen. Sie wollten ja nicht die Katastrophe, sondern nach einem Staatsstreich sofortige Verhandlungen mit den Kriegsgegnern, um die Kämpfe zu beenden. Die Hoffnungen auf ein gutes Ende des Krieges wandelten sich nach der Vernichtung von Hunderttausenden in einer sinnlosen Schlacht in demütige Hinnahme des Geschehens. Dies alles durchzustehen, war für Yorck nur möglich, wenn Gott dazu die Kraft gab. Stalingrad war für das traditionelle religiöse Bewusstsein eine Zäsur. Die Passion wurde zum zentralen Thema. Für Yorck gibt es nur noch ein den Geist und die Seele stabilisierendes Refugium:

> Für Ihren Brief danke ich besonders. Die Unverlierbarkeit der inneren Gemeinschaft und die aus ihr folgende Gegenwärtigkeit ist Gnade und Trost und bringt in das Leben einen besonderen Glanz, der die Trauer verklärt. Dass der Schmerz nicht stumpf ist und das Gefühl des Beschenktseins durch Leiden nicht stirbt, sondern gesteigert wird, ist Gnadengeschenk.

Die persönlichen Kontakte bekamen während des Krieges eine immer größere Bedeutung. Das Bedürfnis nach vertraulichen Gesprächen und schriftlichem Austausch mit Gleichgesinnten nahm angesichts der Dominanz von Befehlen und Propagandaformeln zu. Am 12. August 1943 bedauerte es Yorck in einem Brief sehr, dass er anlässlich eines Besuches bei Generalmajor a. D. Dohna-Schlobitten, den er als Landesverweser für Ostpreußen nach dem Umsturz gewinnen wollte, nicht geschafft hatte, die Gräfin in Quittainen zu besuchen. Er sei in den Strudel der am 1. August begonnenen Großevakuierung Berlins geraten und habe beobachtet, wie «die Menschen, Kopf und Herz in die Koffer sorgsam verpackt, zur Bahn strömten». Die «Sorge um sich und ihre Klamotten» habe ihr Handeln bestimmt, besonders bei der bürgerlichen Schicht, während bei den Arbeitern «eine fast lethargische Wurstigkeit» vorgeherrscht habe. Und etwas ironisch: deren «Schreibstuben sich ja nicht so leicht verlagern lassen wie die Akten oberster Kriegsbehörden und höherer Stäbe». Sein Fazit:

> So sehe ich mich im Ergebnis um schöne Tage bei Ihnen ärmer und reicher in der Erfahrung, wie es in den Menschen aussieht und wie sie reagieren.

In einem Brief vom 2. Februar 1944 spricht Peter Yorck erneut die Rolle der Gemeinschaft an:

> Denn die schönen Seiten des Lebens, die ja vor allen Dingen in den Beziehungen zu anderen Menschen liegen, sie dürfen keinesfalls betroffen werden, sie braucht man ja besonders nötig, und sie ge-

ben heutzutage Besonderes. Man bleibt auch hier nicht mehr an der Oberfläche, was man früher leicht einmal tat, sondern wird sich des geschenkten Guts dankbar bewusst. Rein äußerlich wird es ja denkbar schwer gemacht, dieses Gut zu genießen. Denn jede Kommunikation wird allmählich verleidet, das Reisen, das Briefeschreiben und auch das Telefonieren. Umso wichtiger ist es, der inneren Übereinstimmung und der Gemeinsamkeit der Gedanken bewusst sein zu können.

Die Zeit der alten Konversation, des unverbindlichen Redens miteinander im Salon, der freundlichen Besuche und der höflichen Briefe war spätestens im fünften Kriegsjahr vorbei. Die langsame Zerstörung der zivilisatorischen und kulturellen Infrastruktur ließ die meisten Menschen immer einsamer werden. Umso wichtiger wurden die Kontakte zu Freunden, die die gleiche Meinung vertraten. Aber auch hier gab es Probleme:

Es ist schon genug damit, dass Trübungen so nah sind und augenscheinlich auch diese massive Zeit eine aufklärende Wirkung nicht ausübt. Vielleicht ist es einer ihrer Merkmale, dass sie die Auseinandersetzungen auch in die engsten Kreise trägt und eine reinliche Scheidung erzwingt. Ein Überbrücken ist offenbar in keinem Fall gestattet.

Yorck weist hier, ohne Namen nennen zu können, auf eine bittere Erfahrung der Widerständler hin. Der Kreis derer, mit denen man in der Beurteilung der Kriegslage und der Zukunftsaussichten einig war, wurde mit zunehmend dramatischer Gesamtlage immer kleiner. Viele glaubten verzweifelt an den Endsieg, andere setzten immer noch auf die Genialität des «Führers», auf die Könnerschaft seiner Feldherren und auf die Durchhaltekraft der Wehrmacht. Sie sahen nicht oder wollten nicht sehen, dass mit einer militärischen Niederlage auch das Ende des Dritten Reiches nahte.

In dem letzten erhaltenen Brief an die Gräfin vom 24. Juni 1944 bedauert Yorck, dass es wieder nicht zu einem Treffen in

Kauern gekommen sei. Marion Dönhoff hatte ihm eine «Zusammenstellung» geschickt, die er mit Interesse gelesen hatte. Es muss sich um ein volkswirtschaftliches Papier gehandelt haben, da Yorck schreibt:

> Trügt nicht alles, so werfen die nach dem Kriege zu erwartenden Konstellationen schon jetzt ihre Schatten voraus und führen zu recht heftigen Auseinandersetzungen zwischen den Herren Alliierten. Der Zwang für England, seine Ausfuhr bedeutend zu steigern, verträgt sich sehr schlecht mit der Riesenkapazität der Vereinigten Staaten. In der demnächst beginnenden Währungskonferenz wird wohl wieder ein Vorgefecht geführt werden, und es wird interessant sein, wie es ausgeht. Eine allzu starke Bindung in der Währungsmanipulierung will England offenbar vermeiden, jedenfalls hat Keynes sich im Oberhaus dahin ausgelassen. Immerhin wird der Inhalt der Vereinbarung – falls sie zustande kommt – auch eine für die deutsche Wirtschaftspolitik wesentliche Tatsache sein, mit der sie sich auseinanderzusetzen hat. Eine Chimäre ist die Größe des Wiederaufbaubedarfs der Welt, die verhältnismäßig weiten Spielraum lässt, der bei dem heutigen Stand der reinen Finanztechnik auch ausgenutzt werden kann. Nur die starren Ordnungsfanatiker würden starre Deflationisten sein. Ihr Fach – verzeihen Sie – Ihre Wissenschaft – steht jedenfalls vor sehr interessanten Fragen und gibt auch interessante Antworten. Man kann nur wünschen, dass diese Antworten nicht nur interessant sind.

Yorck sieht die Gräfin Dönhoff unter denen, die sich auf die Nachkriegszeit im Rahmen ihrer wissenschaftlichen Kompetenz vorbereiten. Er denkt bereits an die zu erwartenden Konflikte zwischen den Alliierten und überlegt, wie Deutschland auf die kommenden Beschlüsse der Alliierten zur Neuordnung der Weltwirtschaft nach dem Krieg antworten könne. Noch geht er davon aus, dass Deutschland als Staat auch nach der militärischen Niederlage existieren und sich an den globalen finanzpolitischen Entscheidungen beteiligen werde. Tatsächlich fand die im Brief erwähnte

Konferenz vom 1. bis 23. Juli 1944 in Bretton Woods in den USA statt. 44 Staaten beschlossen einen internationalen Kapitalfonds in Höhe von rund 10 Milliarden US-Dollar, gründeten einen Internationalen Währungsfonds (IWF) und die Bank für Wiederaufbau und Entwicklung (Weltbank).

In die letzten Tage der Konferenz fiel am 20. Juli 1944 das Attentat auf Hitler – der letzte große Versuch von Deutschen, sich ohne Hilfe der Alliierten vom NS-System zu befreien.

Kapitel VI

Der 20. Juli 1944 und danach

Ein schwieriges Jahr beginnt

Der Jahreswechsel 1943/44 war für Yorck von innerer Unruhe und Sorge geprägt. Er wusste höchstwahrscheinlich von dem von Friedrich Olbricht (1888–1944), Henning von Tresckow (1901–1944) und Claus von Stauffenberg ausgearbeiteten Plan «Walküre» für einen Militärputsch, und er teilte mit Goerdeler die Einschätzung, dass ein militärischer Staatsstreich dringend notwendig war. Zugleich sorgte er sich um den Zusammenhalt der Kreisauer, und er sah mit Sorge, wie im fünften Kriegsjahr die geistigen und geistlichen Fundamente immer mehr ins Wanken gerieten. Nach einem Besuch bei den Borsigs in Groß-Behnitz zusammen mit Marion Ende 1943 und vor seinem Gespräch mit Moltke, Trott und Leber am 1. Januar 1944 schrieb Yorck an seine Schwester Dorothea. Es ist der letzte erhaltene Brief an die geliebte Schwester Do:

> Bevor das alte Jahr zu Ende geht, sollen noch die besten Wünsche für das beginnende an Dich abgehen. Es ist wohl kaum ein Jahr mit Bangen und mit mehr Erwartung betreten worden, und wir kommen gewiss den Jahresenden gleich, in denen die Menschheit am aufgewühltesten war. Aber ich möchte denken, dass wir zur Zuversicht insofern berechtigt sind, als dieses Aufgewühltsein eine gute Saatfurche ist. Allerdings muss man sich höchstpersönlich angerufen und verpflichtet fühlen und mit großem Ernst die eigene

> Aufgabe zu erkennen suchen und sich ihr stellen. Und da glaube ich, dass es einmal darauf ankommt, von der Oberfläche weg dem Grunde zuzustreben, sich also nicht durch den Alltag und seine Schwankungen zu stark beeinflussen und bedrücken zu lassen, dass man aber auf der anderen Seite auch dieses Inpflichtgestelltsein bejaht und lebt. Wem eine schwache Konstitution zugemessen ist, der darf das nicht sehen wollen, darf sich nicht daran vorbeidrücken oder mogeln ... Sondern muss die nötige Energie dazu aufbringen, sowohl in dem sich etwas Versagen wie aktiv in der [unleserlich]. Denn gerade die Spannungen der Zeit können fruchtbar nur wirken, wenn man in sich selbst zu einer gewissen Ordnung gekommen ist und dadurch in der Lage, sie auf sich wirken lassen zu können. Also mein Döchen, lass es Dir gut gehen im Kommenden und kräftige Deine Gesundheit. Freue Dich an den Keimen neuen Lebens, die unter dem Schutt dieser (Zeit) sich vorsichtig und kraftvoll zum Licht drängen.

Yorck war überzeugt, dass sich unter dem immer größer werdenden Schutt Gegenkräfte entwickelten, die auf eine Neuordnung des Lebens drängten. Und so rät er auch der Schwester, sich trotz ihrer gesundheitlichen Einschränkungen der Keime des neuen Lebens zu erfreuen und sich für sie einzusetzen.

Am folgenden Neujahrstag schrieb Yorck an seine Frau, die nach dem Besuch bei den Borsigs nach Kauern zurückgefahren war:

> Liebstes Tuschelchen,
>
> bei einem Blick in die DAZ [Deutsche Allgemeine Zeitung] musste ich Deiner besonders gedenken, denn dort stand als Überschrift zu lesen: Beethoven in Großem Zapfenstreich, und der Text brachte die Erklärung dafür, dass an die Stelle des Chorals «Ich bete an die Macht der Liebe» nunmehr die Hymne tritt «Die Himmel rühmen». Man kann es an der Neige des fünften Kriegsjahres jedenfalls als vordringlich empfinden, dass eine solche Änderung verfügt wird. Denn die Liebe ist in dieser Zeit in solchem Maße aus der Welt entwichen, dass die Anbetung ihrer Macht gewagt erscheinen

> kann. Dazu kommt noch, dass in dem Choral die Offenbarung der Liebe in Jesu gefeiert wird. Zu fern ist dazu der zweite Schlesische Krieg und die Schlacht von Kesselsdorf, die der alte Dessauer mit dem Angriffsbefehl begann: «In Jesu Namen marsch!» Den Gang der Welt in diesen zwei Jahrhunderten kann man eigentlich an diesen beiden Episoden ganz gut beleuchtet sehen, und doch hat auch der Soldat unserer Zeit nicht nur Veranlassung, zusammen mit den Himmeln des Ewigen Ehre zu rühmen, sondern auch die Macht der Liebe anzubeten, deren Verbannung aus der Welt das Urteil über diese Welt spricht. Und wo wollen wir denn eine vollkommenere Offenbarung der Liebe finden als in der Gestalt Jesu Christi. – Wer wird von dieser Änderung Kenntnis nehmen? Wem wird sie Veranlassung bieten, sich ihren Sinn und Bedeutung klar zu machen und daraufhin seinen Standort zu beziehen? (Stille, 132 f.)

Eine kleine Begebenheit am Rande des großen Krieges: Texte und Musik werden ausgetauscht, um den Geist der eigenen Epoche besser zu treffen. Ein Teil des traditionellen Großen Zapfenstreichs enthielt einen Text von Gerhard Tersteegen: «Ich bete an die Macht der Liebe, die sich in Jesu offenbart», der von dem russischen Kapellmeister Dmytri Bortniansky vertont worden war. An die Stelle sollte ein Text von Johann Christian Fürchtegott Gellert treten: «Die Himmel rühmen des Ewigen Ehre», zu dem Ludwig van Beethoven die Musik geschrieben hatte. Beim ersten handelt es sich um einen christologischen Text, der zweite gibt Gott als dem Schöpfer der Natur die Ehre. In diesem Wechsel sieht Yorck den Versuch, die «Macht der Liebe» und Jesus Christus aus der Welt der Macht zu verbannen.

Yorck wusste, dass die Zusammenführung des militärischen mit dem zivilen Widerstand die notwendige praktische Seite war. Die andere Seite lag für ihn in der geistig-politischen Wiedergewinnung des einzelnen Menschen. An seine Mutter schrieb er:

> Es ist das ja die an unsere Zeit gestellte Frage, und es ist ungeheuer schwer, die Massenhaftigkeit zu überwinden, nachdem sich der

Massenmensch so gut organisiert hat und Meister des Terrors und der Verführung geworden ist. Auf alle Fälle wird der Weg ein langer und beschwerlicher sein, und es ist ja wie in der Nacht, da sieht man auch nicht, ob es noch bergab oder schon bergauf geht.

In der Nacht vom 27. auf den 28. Januar 1944 wurde Yorcks Haus in der Hortensienstraße bei einem schweren Luftangriff mit 481 britischen Bombern, von denen nur 33 abgeschossen werden konnten, beschädigt. An Marion Gräfin Dönhoff berichtete er darüber am 2. Februar:

> Wir leben noch, und auch das Haus steht noch sozusagen. Es hat eine ziemlich schwere Mensur hinter sich. Eine recht erhebliche Sprengbombe in den Bahndamm am Ende unseres Gartens und einige ebenfalls unangenehm heulende Kollegen haben ihm allerdings ziemlich viele Schmisse beigebracht. Das Dach rieselte herunter. Drei Viertel der Scheiben zerklirrten, Bilder und Birnen stürzten von den Wänden, Türen zersplitterten und Wände zersprangen. Aber trotz allem ist es wieder sehr wohnlich, nachdem Eimer von Schutt und Scherben das Haus verlassen haben, die Dachziegel wohlgeordnet nebeneinander liegen und sogar die ersten Scheiben schon heute Abend wieder erwartet werden. Für Marion leider eine Hundearbeit, wie überhaupt die Versorgung von einem Haus und drei Männern doch so mühsam ist, dass ich mich manchmal sehr sorge, es könne zu viel werden neben der Ungemütlichkeit, die Bomben und andere Schrecknisse mit sich bringen. Vielleicht war es dieser Umstand, der sie uns anders als sonst finden ließ und mich sehr bekümmert.

Mit den drei zu versorgenden Männern meinte er sich, Gerstenmaier und Moltke, die seit Wochen bei ihm wohnten. Moltke allerdings war Ende Januar schon nicht mehr dabei und erlebte den Luftangriff im Gefängnis.

An der Seite von Claus von Stauffenberg

Am 19. Januar 1944 wurde Helmuth James von Moltke von der SS festgenommen. Der Gestapo war durch einen Spitzel bekannt geworden, dass er seinen Freund Otto Carl Kiep (1886–1944), der Verbindung zum Widerstandskreis um Hanna Solf, dem sogenannten Solf-Kreis, unterhielt, vor dessen drohenden Verhaftung gewarnt hatte. Moltke wurde zunächst in das Gestapo-Gefängnis in der Prinz-Albrecht-Straße eingeliefert, wo er von Marion in den ersten Wochen mit Lebensmitteln und praktischen Dingen versorgt wurde. Am 11. Februar wurde er in den Gefängnisbau des Konzentrationslagers Ravensbrück verlegt.

Nach der Verhaftung Moltkes reihte sich Yorck immer mehr in die Zusammenarbeit zwischen dem militärischen Widerstand unter Beck, Stauffenberg, Olbricht und Tresckow und dem zivilen Widerstand um Goerdeler, Hassell, Popitz, Jakob Kaiser, Leuschner, Maass und Leber ein. Seine Bereitschaft, sich den Staatsstreichsvorbereitungen seines Vetters Claus von Stauffenberg zur Verfügung zu stellen, war angesichts seiner wachsenden Katastrophenängste nur konsequent. Er hatte sich von früheren Bedenken gegen den «Tyrannenmord» gelöst und war von der Notwendigkeit eines Attentats auf den Führer überzeugt. Diese radikale Entscheidung führte zu klaren Fronten, aber auch zu Entfremdungen im alten Freundes- und Bekanntenkreis.

Es war besonders Fritz-Dietlof von der Schulenburg, der sowohl nach möglichen Attentätern als auch nach Verbindungsoffizieren für die einzelnen Wehrkreise sowie nach Spitzenbeamten Ausschau hielt. Als Offizier und hoher Verwaltungsjurist besaß er eine große Personalkenntnis im militärischen wie im zivilen Sektor. Er, Brücklmeier, Schwerin und Yorck arbeiteten in den folgenden Monaten intensiv mit Stauffenberg zusammen, sie bildeten den engeren zivilen Kreis um den militärischen Kopf.

Yorck arbeitete intensiv dabei mit, Verbindungsoffiziere zu gewinnen, die nach dem Staatsstreich die Exekutive in ihren Wehrkreisen übernehmen und mit den «politischen Beauftragten» kooperieren sollten. Als politische Beauftragte gewannen er und Schulenburg Heinrich Graf zu Dohna, Ewald von Kleist-Schmentzin (1890–1945), Hans Lukaschek, Fritz Voigt (1882–1945) und Achim Freiherr von Willisen (1900–1983). Die Hauptliste mit den Namen wurde über Schwerin an Beck geleitet, für den die zivilpolitische Stützung des Militärputsches eine große Bedeutung hatte. Auch bei der Suche nach Spitzenbeamten war Yorck Schulenburg behilflich.

In der Kabinettsliste Goerdelers tauchte der Name von Schwerin als Staatssekretär bei Beck und der von Yorck als Staatssekretär des Reichskanzlers Goerdeler auf. Das dürfte die hohe politische und fachliche Einschätzung Peter Yorcks durch die Spitzen des Widerstands zum Ausdruck bringen. Da er selbst keine Neigung zu höheren Ämtern hatte, musste er von Stauffenberg dazu aufgefordert werden, dieses wichtige Amt zu übernehmen. Schulenburg sollte in gleicher Position dem Innenminister Leber zugeordnet werden.

Für Stauffenberg spielten die sogenannten Arbeiterführer eine immer größere Rolle. Leuschner war nach kurzer Anbindung an den Kreisauer Kreis eine Zusammenarbeit mit Goerdeler eingegangen, weil dieser dem Konzept einer Einheitsgewerkschaft zustimmte. Nach seiner Ankunft in Berlin hatte Stauffenberg zunächst Maass, den Vertrauten von Leuschner, kennengelernt, dann Leuschner selbst. Etwa zur gleichen Zeit war er dem Sozialdemokraten Leber begegnet, mit dem er sich überraschend schnell persönlich und politisch verständigen konnte. Dieser war zudem ein hochdekorierter Offizier aus dem Ersten Weltkrieg und in seiner alten Partei und im Weimarer Reichstag wehrpolitischer Experte gewesen.[1]

Trotz des gemeinsamen Zieles, Hitler und das NS-System zu beseitigen, kam es unter den Militärs, aber auch unter den Zivilisten ständig zu Kontroversen und Konflikten. Bald war nicht mehr

Abbildung 46: Claus Schenk Graf von Stauffenberg als Oberleutnant der Kavallerie in Bamberg, um 1934.

zu übersehen, dass Goerdeler gegenüber der neuen Allianz Stauffenberg-Leber an Einfluss verlor.

Am Abend des 19. Januar 1944, direkt nach der Verhaftung Moltkes, suchte Stauffenberg Yorck in seiner Wohnung auf. Die Festnahme war für die ganze Widerstandsbewegung ein harter Verlust. Neben der konzeptionellen Arbeit hatte Moltke bei den Militär- und Zivilbehörden in den besetzten Ländern für den beabsichtigten Staatsstreich geworben. Auch seine dortigen Kontakte zu nationalen Widerstandsgruppen und ökumenischen Kreisen hätten wichtig werden können. Im April 1942 hatte Moltke, unterstützt von Canaris und Dohnanyi, zusammen mit Dietrich Bonhoeffer eine Reise nach Oslo, Stockholm und Kopenhagen unternommen. Im Juni 1943 war er in den Niederlanden, in Belgien und in Frankreich gewesen und hatte Gespräche mit hohen

Militärs geführt. Es folgten zwischen Juli und Oktober 1943 Aufenthalte in Wien, der Türkei, in Graz, Salzburg, Brüssel und Paris. Kaum einer aus dem deutschen Widerstand hatte einen so umfassenden Überblick über die europäische Szene wie Moltke. Er und Trott waren die außenpolitischen Experten des Widerstands. Glücklicherweise hatten Moltke und Trott ihre Freunde, unter ihnen besonders Yorck, ausführlich über die Ergebnisse ihrer Reisen unterrichtet, sodass man nach Moltkes Verhaftung trotzdem über Kontaktpersonen und mögliche Aktionen informiert war. Zudem wusste Claus von Stauffenberg auch durch seinen Bruder Berthold Bescheid.

In den Monaten vor dem 20. Juli spielte der Sozialdemokrat Maass eine zentrale Vermittlerrolle. Er kannte neben seinen sozialdemokratischen Freunden alle Kreisauer, die Leute um Josef Wirmer (1901–1944) und Jakob Kaiser (1888–1961), viele aus dem Goerdeler-Beck-Kreis und etliche aus dem militärischen Widerstand. Ähnlich wie Yorck betätigte sich Maass als Kontaktperson, als Informant und selbstständiger Diskutant. Wie Yorck eine gute Personenkenntnis der staatlichen Behörden besaß, wusste Maass über den Personalstand der freigewerkschaftlichen und sozialdemokratischen Szene Bescheid, stand aber auch in Kontakt zu Männern aus der christlichen Arbeiterbewegung. Yorck und Maass spielten in dem Netzwerk des sich neu formierenden Widerstands eine zentrale Rolle in der Vermittlung von Personen und Positionen.

Friedliche Tage mit Marion

Ende April/Anfang Mai hielt sich Yorck eine Woche lang in Kauern auf, eine Zeit, die ihm offenkundig guttat, wie sein Brief vom 10. Mai 1944 an Marion Dönhoff beweist:

> Die Woche in Kauern habe ich sehr genossen. Sie hatte nur den Fehler, zu schnell zu vergehen. Das Schöne daran ist doch, dass

> man nicht auf Erholungsspaziergängen seine hiesigen Fragen und Sorgen mit sich herumträgt, sondern ganz aufgehen kann in den Fragen des Kuhstalls und des Ackers. Und da ist so ein Gut wie Kauern gerade recht; denn man ist mitten in ihm drin, verwaltet nicht, sondern genießt das Fehlen jeglichen Apparats, wie ja ein Rentamt schon einer ist. Auch die Steuererklärung ist in diesen Wochen noch erträglich und nicht allzu aufregend.

Dass Yorck selbst in Ställen, auf Äckern und Wiesen mitarbeitete, forderte der Alltag eines Gutes, das den staatlichen Abgabebestimmungen unterlag und mit den Problemen der Arbeitskräfte und der technischen Ausstattung zu kämpfen hatte. Die politische Lage kommentiert er im selben Brief:

> Hier lebt man in Erwartung der Invasion und eines synchronisierten russischen Angriffs. Die Luftangriffe auf die Verkehrsanlagen des Westens lassen hoffen, dass der Angelsachse sich nun doch dazu entschließt, sich diese Blöße zu geben. Mit ruhiger Spannung können wir das erwarten und daran unsere Lebenslügen knüpfen.

Am 31. Mai 1944, seinem vierzehnten Hochzeitstag, berichtet Yorck über die Pfingsttage, die er mit seiner Frau Marion in aller Stille verbracht hatte. Über vierzehn Jahre Ehezeit schreibt er:

> Es ist doch eine lange Strecke Lebensweg, die nun schon gemeinsam gewandert ist, und vieles, das man in diesen Jahren erlebte. Das hervorstechendste Gefühl ist doch das eines unverdienten Beschenktseins und tiefer Dankbarkeit darob. Man begreift, wie es mitten im Kriege doch den Frieden der Menschen geben kann und wie Not und Schmerz, unerfüllte Hoffnungen und versagte Wünsche ihren Segen wirken und ihre Frucht bringen.

Marion war für ihn das Geschenk seines Lebens. In engster Gemeinschaft lebten sie ihre Ehe unter Bedingungen, die kaum Raum ließen für oberflächliches Glück. Neben gemeinsamen Tagen in Berlin oder Kauern gab es Phasen der Trennung. Dabei dürfte ihnen bewusst gewesen sein, dass sie im Vergleich zu vielen anderen Ehepaaren noch privilegiert waren. Sie sahen sich immer wieder, erledigten viele Alltagsdinge zusammen und konnten ihre offiziellen Lebensmittelzuteilungen durch Produkte aus Kauern ergänzen. Aber am Rande eines immer totaler werdenden Krieges war ihr Leben alles andere als ein Idyll: Berlin war immer von Bomben bedroht, Freunde und Bekannte waren verwundet, gefallen oder vermisst, Häuser, Wohnungen und Arbeitsstätten wurden zerstört, Beziehungen zerbrachen. Und vor allem: Immer mehr Menschen verloren ihre Heimat im Osten. Inmitten dieses ganzen Chaos jedoch gab es für Peter die innige Beziehung zu seiner Frau. Diese Liebe hielt nicht nur, sondern wurde noch fester, als ihrer beider Wunsch nach einem Kind nicht in Erfüllung ging. Gerade daraus entsprang der Wille zu bleibender Gemeinsamkeit. Die letzte Zuflucht, die ganz persönliche Liebe zu seiner Frau, ließ er sich im Chaos eines Krieges, der für die Wehrmacht immer aussichtsloser geführt wurde, nicht nehmen.

Ebenfalls im Mai 1944, nach einem Besuch Marions in Berlin, bei dem sie gemeinsam den Gottesdienst bei Hanns Lilje besuchten und das Abendmahl feierten, schreibt er ihr:

> Meine immer tiefer geliebte Frau,
>
> noch hast Du Berlin nicht verlassen, und das Adieu oder zu Deutsch das Gott befohlen klingt noch im Ohr und brennt auch im Herzen. Doch gekühlt wird dieser Schmerz von einer Woge von Dankbarkeit für einen solchen Tag inmitten solcher Zeit. Ich fühle mich in besonderer Weise ergriffen, und manchmal scheint es mir, als ob aus all dem Geschehen neue Kräfte zuwachsen. Natürlich meldet sich dann auch sehr bald der Zweifel, die Frage, ob das nicht nur eine optimistische Illusion ist. Gegenüber solchen Tagen wie dem gestrigen kann sich dieser Zweifel aber nicht halten, er wirkt und ist

Abbildung 47:
Marion Yorck, um 1940.

eine Kraft. Die Intensität des Erlebens hat sich bei sehr vielen Menschen wohl gesteigert, und deshalb war wohl gestern früh auch so ein komprimiertes und konzentriertes Gefühl der beteiligten Menschen zu fühlen. Alle Einzelgeschehnisse und Einzeleindrücke verdichten sich zu dem Verspüren des waltenden Schicksals, und die Allmacht Gottes wird sozusagen handgreiflich und übermächtig in die Welt einwirkend. Merkwürdig ist es, wie neben dem Bedrohtsein, dem Aus den Angeln gehobensein, der Labilität des Augenblicks die vertrauende Hoffnung steht und stärker das Gerufensein als das Gerichtetsein gefühlt wird. In diesem Sinne brachte die gestrige Feier eine gnadenvolle Kraft, und ich fühlte mich dazu in besonderer Weise zur Teilnahme getrieben. In der Gemeinsamkeit dieses Erlebens liegt auch ein besonderes Geschenk, und das bleibt ungeschmälert dadurch, dass wir zeitweise getrennt sind. Denn die Kontinuierlichkeit des Landlebens, dieses Werden und Wachsen und sich Entwickeln, das ist ein sehr lebendiges Korrelat zu diesem hiesigen Leben, das ohne Beständigkeit und Fundus abrupt gelebt werden muss und des gefügten Bodens leicht ermangeln würde. Denn durch Dich und mit Dir ist Kauern doch sehr viel näher und sehr viel lebendiger und nicht lastend, sondern stärkend. Sonst würde Hans noch manchmal vorwurfsvoll dreinschauen und ein schwer zu überbrückendes Vakuum entstehen. Die Herzen der Menschen sind in dieser Zeit aufgetan und sogar bedürftig (d. h. dass Du mit ihnen sprichst und ihre Sorgen teilst). Ihnen gebend erwirbt man selbst Kraft. Und so sammelst Du dort z. Z. mehr, als es Dir hier möglich wäre, und beglückst mich mit Deinen Briefen, Gedanken und mit solch schönen Tagen wie den beiden letzten. Gewiss ist das kein Dauerleben, aber dieser Zustand kann ja auch kein Dauerzustand sein. Dem widerspricht die Gesetzlichkeit des Lebens und die Ordnung des Schöpfers. – So ist heute nur Dank und Zuversicht in meinem Herzen und unaussprechlich viel Liebe für meine Frau. Gott befohlen. Sehr zärtlichen Handkuss, Peter (Stille, 134 f.)

Dies war ein Hymnus an die geliebte Frau und an das mit ihr gelungene Leben. Yorcks Verhältnis zu ihr war eingebunden in das gemeinsame Erlebnis der gottesdienstlichen Feier. Die Trennung von ihr, die sich meistens bei ihrer Arbeit auf dem Gut Kauern aufhielt, sah er auch als eine Möglichkeit für sie an, den Menschen dort in ihren Problemen und Nöten nahe zu sein. Über ihre Briefe und die wenigen Tage der Gemeinsamkeit zeigte er sich beglückt, war aber auch überzeugt davon, dass die zerrissene Existenz ein Ende haben werde.

Seiner Mutter gab Yorck im Mai 1944 eine knappe Einschätzung der Kriegslage:

Das allgemeine Geschehen ist der sorgfältigen Lektüre der Zeitung zu entnehmen. Im Osten herrscht Stille wohl vor dem Sturm. In Italien wehren wir sehr hartnäckig ab, und die Invasion bleibt das große Fragezeichen. Mit der Luftoffensive werden sie wohl schwerlich hoffen, den Krieg zu Ende zu bringen. Also heißt es, weiter der Dinge zu harren, die da kommen werden und auf die man ja gar keinen Einfluss hat.

Tatsächlich flauten die Kämpfe an der Ostfront seit dem 13. Mai ab, aber am 22. Juni, dem Jahrestag des deutschen Überfalls auf die Sowjetunion, begann mit der großen sowjetischen Sommeroffensive der Endkampf im Osten. Yorcks Einschätzung, dass die Alliierten den Krieg nicht nur durch ihre Luftangriffe gewinnen konnten, traf zu. Eine Invasion im Westen war für ihn nur eine Frage der Zeit. Diese begann am 6. Juni in der Normandie. Fortan hatte sich NS-Deutschland sowohl im Osten als auch im Westen zu wehren. Die Frage der Männer um Claus von Stauffenberg war, ob dies nicht der letzte Zeitpunkt sei, den Staatsstreich gegen Hitler zu wagen.

Das Attentat

Am 1. Juni 1944 trafen sich bei Yorck in der Hortensienstraße die Kreisauer Leber, Reichwein, Haubach, Husen und Trott, am 21. Juni kam noch Lukaschek hinzu. Unter anderem wurde überlegt, mit der illegalen KPD Kontakt aufzunehmen. Das Treffen von Leber und Reichwein mit den Kommunisten Anton Saefkow (1903–1944) und Franz Jacob (1906–1944) am 22. Juni führte zu ihrer Verhaftung am 4./5. Juli 1944. Am selben Tag unterrichteten Haeften und Yorck Stauffenberg von der Festnahme ihrer Freunde. Nachdem am 11. Juli auf dem Obersalzberg und am 15. Juli in der Wolfsschanze bei Rastenburg zwei Attentatsversuche gescheitert waren, suchte Husen am 16. Juli Yorck auf, um über die neue Situation zu beraten. Am Abend dieses Tages versammelten sich die Verschwörer in der Wohnung der beiden Stauffenbergs in der Tristanstraße und debattierten über die Lage: Hofacker (Paris), Hansen, Mertz von Quirnheim (1905–1944), Schulenburg, Schwerin, Trott und Yorck. Sie sprachen über die gescheiterten Attentate, über den Durchbruch der Russen an der Ostfront und über die bedrohliche Lage nach der Invasion der Alliierten im Westen. Es kam zwar eine Reihe von Lösungsvorschlägen zur Sprache, aber man blieb bei einem Attentat als Voraussetzung für den vorbereiteten Staatsstreich. Zudem entschied man sich für die gleichzeitige Aufnahme von Verhandlungen mit dem Westen und dem Osten. Trott sollte, unterstützt von Abs, mit den Westmächten verhandeln, und der Botschafter Friedrich-Werner Graf von der Schulenburg (1875–1944) mit den Russen.[2]

Fragt man nach der politischen Entwicklung des Peter Yorck, so dürfte eine Tatsache besonders bedeutsam sein: Unter dem Eindruck der Begegnung mit Mierendorff, Haubach, Leuschner, Maass, Reichwein und zuletzt Leber hatte er sich in den letzten Jahren eine Position erarbeitet, die von Berührungsängsten mit Anhängern eines demokratischen Sozialismus völlig frei war. Er sah kein Problem mehr darin, dass die Arbeiterschaft nach einem Umsturz eine führende Rolle in Deutschland spielen würde. Von den Ängsten seines Vaters vor Demokratie und Republik hatte er sich endgültig befreit. Weder eine monarchistische oder eine staatsautoritäre Verfassung noch eine uneingeschränkte Herrschaft von Großindustrie und Großgrundbesitz hatten für ihn eine Zukunft. Die traditionellen Eliten hatten seiner Meinung nach mit ihrer weitgehenden Anpassungspolitik an den Nationalsozialismus ihren Kredit verspielt. Yorck selbst bestimmten weder Klasseninteressen noch nationalistisch-imperiale Intentionen. Wie etliche andere seines Standes hatten ihn die Erfahrungen unter dem Nationalsozialismus und im Krieg zu einem neuen Verständnis von verantwortlicher Politik gebracht. Ein Lernprozess aus historisch-kritischer Reflexion und aus leidender Zeitgenossenschaft hatte Yorck auf dem Fundament der religiösen Freiheit eines Christenmenschen zu einem – wie er selbst in seinem letzten Brief an die geliebte Mutter schreibt – «Rebellen für Freiheit, Menschenwürde und Recht» gemacht.

Nimmt man die Entscheidungen für ein anderes Deutschland auch als ganz persönliche Entscheidungen des Peter Yorck, so kann man ermessen, einen wie weiten Weg er und die anderen jungen Männer aus altem Adel gegangen waren: Yorck, Moltke, Trott, Schwerin, Schulenburg und andere. Dieses Sich-hindurch-Arbeiten zu einem neuen Staatsverständnis, zu einem neuen Gesellschaftsbild und zu einer neuen Wirtschaftsordnung war auch ein Ergebnis der Begegnung mit Menschen mit einem ganz anderen sozialen und religiösen Hintergrund. Wenn «Kreisau» für etwas steht, dann für den Aufbruch dieser Männer und Frauen des Widerstands in eine neue Epoche deutscher und europäischer Geschichte.

Am 18. Juli 1944 erfuhr Yorck durch Schwerin den Zeitpunkt des nächsten Attentatsversuchs. Am folgenden Tag reiste er mit seiner Frau Marion nach Weimar zu einer Hochzeitsfeier des alten Freundes Pückler. Marion berichtet:

> Wir wohnten in einem hübschen alten Hotel, vor dem ein schöner alter Brunnen auf dem Platz stand. Am Polterabend hielt Peter eine Rede auf das Brautpaar, und es war eigentlich eine Rede auf mich. Die Braut war ganz traurig, weil sie wohl spürte, dass Peter mit seinen Gedanken ganz woanders war. Sie konnte erst später richtig verstehen, wo. (Stille, 71)

Um Mitternacht verabschiedeten sich Marion und Peter voneinander, und er fuhr allein nach Berlin zurück. Es sollte ihr letztes Beisammensein gewesen sein.

Am Morgen des 20. Juli 1944 saß Yorck zusammen mit Schulenburg und Berthold von Stauffenberg im Büro von Schwerin. Nach dem vereinbarten Telefonanruf Werner von Haeftens, der das Gelingen des Attentats meldete, gingen sie in die nahe gelegene Bendlerstraße. Yorck, der an diesem Tag seine Leutnantsuniform angezogen hatte, rief gegen 17 Uhr bei Gerstenmaier in der Hortensienstraße an. Obwohl dieser schon durch das Radio vom

Scheitern des Attentats gehört hatte, erschien er mit «Bibel und Pistole» in der Tasche in der Bendlerstraße.[3] Als der einzig Überlebende schilderte er später in seinem Lebensbericht *Streit und Friede hat seine Zeit* die letzten Stunden der Verschwörer. «Peter Yorck war ernst und wurde im Laufe des Abends immer stiller», heißt es und: «Peter Yorck war noch blasser als sonst. Er aß nichts. Ich sah ihm an, wie er sich für den Untergang bereit machte.»[4]

Gerstenmaier, Schulenburg, Schwerin, Berthold von Stauffenberg und Yorck wurden zusammen verhaftet, im «Hausgefängnis Himmlers» in der Prinz-Albrecht-Straße in Einzelzellen gesperrt und von Karl Neuhaus, einem ehemaligen evangelischen Religionslehrer und Orientalisten, der seit Mai 1944 Leiter des Kirchenreferates im Reichssicherheitshauptamt war, verhört. Hinter einer Tür hörte Gerstenmaier noch einmal die Stimme seines Freundes, den er nie wieder sah.[5]

Verhaftungen

Bereits am 21. Juli 1944 wurde von der Gestapo die «Sonderkommission 20. Juli 1944» mit rund 400 Beamten eingesetzt. In kürzester Zeit kam es zu Hunderten von Verhaftungen. Yorck wurde am Nachmittag des 21. Juli 1944 zusammen mit Schwerin, Kleist und Fritz von der Lancken (1890–1944) in die Polizeischule Drögen bei Fürstenberg gefahren, wo die üblichen «verschärften» Verhöre stattfanden. Yorck wurde im Zellenbau des nahe gelegenen Ravensbrücker Konzentrationslagers untergebracht, zusammen mit Ewald Heinrich von Kleist, Ulrich Wilhelm Graf von Schwerin, Joseph Wirmer, Ulrich von Hassell, Erwin Planck, Werner von Alvensleben, Hjalmar Schacht, Johannes Popitz, Julius Leber, Theodor Haubach, Wilhelm Leuschner, Hermann Maass, Franz Halder und Karl-Ludwig von Guttenberg. Yorck hat sie alle gekannt. Alle Insassen wurden scharf voneinander isoliert. Moltke, der nur wenige Zellen weiter einsaß, erfuhr zwar von der Anwesenheit seines Freundes, konnte ihn jedoch weder sehen noch sprechen.

Am 23. Juli schrieb Yorck aus Ravensbrück an seine Frau:

Liebe Frau,

zur Feier des Sonntags hat man mir freundlicherweise Tintenstift und Papier gegeben, sodass ich Dir schreiben kann. Von Lottchen [Bertha Siemens] ist Dir gewiss schon Nachricht gegeben worden. So weißt Du, wo ich bin. Da ich nicht weiß, ob es erlaubt ist, schreibe ich über den Grund und die Umstände meines Hierseins nichts. Ich hoffe, dass mein Missgeschick sich aufklärt und dass Du damit eine Sorge los bist. Sage doch auch bitte Muttchen, dass es mir sehr kummervoll ist, ihr zu dem Schmerz über die beiden gefallenen Söhne diese Sorge zu bereiten. Sie soll sich keineswegs aufregen, das bekommt ihrem Herzen nicht. – Du kannst Dir denken, wie erschüttert ich durch das Ereignis bin und wie sehr es mich in diesen langen Tagen beschäftigt. Denn im Gegensatz zu dem Berliner Tag spürt man hier handgreiflich die Wahrheit von Goethes: Ihrer Hundert hat die Stunde, über Tausend hat der Tag. Sobald ich Bücher habe, werde ich dies nutzen. Z. Z. bleibt mir nur die reine Meditation. Meinen Bücherwunsch habe ich nicht spezialisiert und möchte das nachholen: Ich hätte gern die Bibel, Holl – der erste Band ist im Büro –, Onkel Maxens Weltgeschichte, landwirtschaftliche Bücher – diese auch im Büro. Von dort erbitte ich auch meinen Füllhalter. Ich hatte dort um Unterrichtung über den öffentlichen Spielplan und um Theaterkarten für die kommende Woche gebeten; diese bestell doch bitte ab. Patiencekarten hätte ich gern. Zur Zeit habe ich mir ein Spiel aus Klopapier gemacht. Fürs Rasieren brauche ich einen Spiegel. Schuhputzzeug, Nähgarn und einen dunklen Uniformknopf. Ferner Briefpapier und Porto. Dann abonniere bitte den VB [Völkischen Beobachter] für mich, man ist sonst zu sehr abgeschlossen von dem Welt- und Kriegsgeschehen. – Ich schreibe egoistisch nur von mir, kann Dich aber versichern, dass ich sehr liebevoll an Dich denke und an all die Last, die nun noch zusätzlich auf Dir liegt. Kümmere Dich doch bitte um die Bausache von Tischer, den Dreschsatz und die anderen Ma-

> schinen von Fischer, den Fortgang der Feldbahn. Sobald der Bestellungs- und Düngeplan auf Grund der Besprechung mit Görbing fertiggestellt ist und Du Sprecherlaubnis bekommst, müssen wir ihn besprechen. Außerdem muss ich Dir für Delbrück und Eichborn [Banken] Bankvollmachten ausstellen. Ich bitte um die nötigen Formulare. Nimmst Du Mariechen nach Kauern? Sorge doch bitte dafür, dass in der Schiedsgerichtssache ein Termin vorläufig nicht stattfindet. Hier ging gestern ein schlimmes Unwetter und Hagel herunter, das sicher viel Schaden gemacht hat. Hoffentlich geht bei uns die Ernte glatt. Mehr darf ich nicht schreiben, aber ich darf Deiner stündlich denken. Ich bin deshalb bei Dir intensiv und liebevoll.
> Ich küsse Dir sehr zärtlich die Hände. Peter (Stille, 135 f.)

In seiner nach menschlichem Ermessen aussichtslosen Situation denkt Yorck an ganz praktische Dinge des alltäglichen Lebens. Er weiß, dass das Leben für die Zurückbleibenden weitergeht, gibt ihnen seinen Rat und versichert sie dadurch seiner Solidarität über den eigenen Tod hinaus. Auch in dieser Situation gelten seine Gedanken nicht allein sich selbst, klagt er mit keinem Wort über sein Geschick, sondern durchschreitet mit seinen Worten den ihm geläufigen sozialen Kosmos eines landwirtschaftlichen Betriebes. Seine Hoffnung ist eine gute Ernte. Von ihr leben die Landmenschen.

Für sich selbst bittet er um ein Exemplar der *Weltgeschichte* seines Onkels Maximilian Yorck und neben landwirtschaftlicher Fachliteratur um eine Bibel und Band 1 der *Gesammelten Aufsätze zur Kirchengeschichte* von Karl Holl. Seine in der letzten Zeit intensivierte Bibellektüre will er fortsetzen. Er hatte gelernt, die Bibel nicht als frommes Erbauungsbuch für alle Lebenslagen zu lesen, sondern sie als ein Buch erkannt, das den Menschen und seine Geschichte illusionslos beschreibt. Die Bibel im Gefängnis zu lesen, auf die Worte beider Testamente zu hören, kann ein letzter Akt der Konzentration auf sich selbst sein, kann zu einem Abschiedsgespräch mit sich selbst werden und zu einer inneren Freiheit führen, die das Kommende gelassen auf sich nimmt. Kein Wort der Verzweiflung und kein Wort der Angst fließen ihm in die Feder.

Warum wollte Peter Yorck jetzt neben der Bibel wieder Karl Holl lesen? Er ist der große Gelehrte der sogenannten Lutherrenaissance. Luther hatte für alle Yorcks von Ludwig über Paul bis Heinrich immer eine besondere Heimstätte in Klein-Oels gehabt. Wer seinen Luther kannte, wusste um die Freiheit eines Christenmenschen, die der Glaube schenkt, und er wusste um die Gebundenheit des Gewissens in der Liebe:

> Er ist ein freier Herr über alle Dinge und niemandem untertan, und er ist ein dienstbarer Knecht aller Dinge und jedermann untertan.

Und:

> Ein Christenmensch lebt nicht in sich selbst, sondern in Christus und in seinem Nächsten: in Christus durch den Glauben, im Nächsten durch die Liebe.

Sprachlich und inhaltlich ist dies der Kern der lutherischen Ethik. Unter den evangelischen Christen im Widerstand war die Schrift Luthers *Über die Freiheit eines Christenmenschen* die gewissensorientierende Grundschrift.

In den folgenden Tagen wurde Yorck ständig verlegt: nach Sachsenhausen, zurück nach Ravensbrück und schließlich wieder nach Berlin. Nach der Bildung eines «Ehrenhofs der Armee» am 2. August 1944 unter dem Vorsitz von Generalfeldmarschall Wilhelm Keitel (1882–1946) gehörten Witzleben, Schulenburg und Yorck zu den ersten, die aus dem Heer ausgestoßen wurden. Die Folge war, dass die Soldaten unter den Angeklagten nicht mehr vor ein Militärgericht gestellt werden konnten, sondern dem Volksgerichtshof übergeben wurden.

Bereits am 21. Juli 1944 wurde Paul Yorck in Marienbad festgenommen; auch seine Frau Else wurde kurzzeitig inhaftiert. Paul wurde zunächst in das Breslauer Gestapo-Gefängnis verlegt und am 23. September 1944 nach Moabit überstellt, in Ohlau öffentlich zum Staats- und Volksfeind erklärt und enteignet. Am 26. Januar 1945 kam er in das Konzentrationslager Sachsenhausen, aus dem er am 23. April 1945 als schwer kranker Mann von den Russen befreit wurde.

Da Hitler verfügt hatte, die Familien der Verschwörer in «Sippenhaft» zu nehmen, wurden sogar die Mutter Yorcks und seine unverheirateten Schwestern Dorothea und Irene verhaftet. Am 15. August 1944 schrieb Tochter Davida, die Witwe von Hans Adolf von Moltke, ein Gnadengesuch an den «Führer des Großdeutschen Reiches»:

> Mit der inständigsten und flehentlichen Bitte wende ich mich heute an Sie, mein Führer, meine 72-jährige Mutter, Sophie Gräfin Yorck von Wartenburg, die am Freitag, dem 11. August 1944, auf Anordnung von Berlin durch die Staatspolizei Breslau in Haft genommen wurde, aus derselben zu entlassen. Meine Mutter ist schwer herzkrank; sie hatte bereits zwei Söhne im Krieg verloren, und die letzten Ereignisse, Kummer und Sorgen haben sie naturgemäß gesundheitlich schwer geschädigt und mitgenommen. Wir sind in allergrößter Besorgnis, wie sie diese Hafttage und den seelischen Schmerz überstehen soll, und meine flehentliche Bitte geht dahin, sie freizugeben, zumal sie als 72-jährige kranke Frau ja unmöglich mit politischen Ereignissen in Verbindung gebracht werden kann.
> Auch für meine Schwester DOROTHEA, welche seit Jahren schwer krank ist, was von ärztlicher Seite bezeugt werden kann, bitte ich inständig um Haftentlassung oder wenigstens um die Gewährung von Erleichterungen. – Meine Schwester IRENE steht als Betriebsärztin eines Waldenburger Bergwerksdistriktes in verantwortungsreicher Arbeit und wird auf ihrem Posten dringend gebraucht.
> Ich lege das Schicksal dieser liebsten Angehörigen bittend in Ihre Hand. Davida von Moltke (SB 2, 678)

Mutter und Töchter wurden nach einigen Wochen entlassen. Im Januar 1945 traf sich ein großer Teil der Familie bei Renate von Gersdorff auf dem Gut Torwitz bei Neustrelitz. Dort starb die Mutter am 24. Oktober 1945, nachdem sie noch mit ihrem Sohn

Paul hatte sprechen können. Sie sind versöhnt voneinander geschieden. Paul und Else hatten noch eine lange gemeinsame Zeit vor sich: Else starb 1989, Paul 2002 im Alter von einhundert Jahren.

Vorbereitung auf das Ende

Am 6. August, einenTag vor seinem Prozess, schrieb Peter Yorck an seinen Bruder Paul, von dessen Verhaftung am 21. Juli er wohl noch nichts wusste. Er wollte den Zwist, der durch ihren Prozess im Mai 1944 nicht geregelt werden konnte, klären:

> Soeben erfahre ich, dass morgen früh für mich Termin beim Volksgerichtshof angesetzt ist. Nach Lage der Dinge zweifle ich nicht an dem Ausgang und befehle mich in die Hand Gottes. Nachdem ich am 20.VII. einige kritische Augenblicke durchlebt hatte, stellte ich dankbar fest, noch am Leben zu sein und mit Dir reden zu können. Für den Fall, dass dies mir doch nicht mehr gelingt, will ich Dir sagen, dass ich mit brüderlicher Liebe im Herzen von hier fortgehe. Was Du mir unter Lebenden nicht abgenommen hast, magst Du dem Scheidenden glauben dürfen: Meine Haltung war nur von gemeinsamer Verantwortlichkeit und von Liebe bestimmt; Deinen Entschluss habe ich nicht nur für unrichtig, sondern für unglücklich gefunden. Nach meiner Ansicht musste der Geist der Heimat Dich so stark bedrücken, dass Du stets etwas in Spannungen leben musstest. Nun stellt Gott Dich vor eine Notwendigkeit. Als Letzter von uns 4 bist Du alleiniger Schutz und Schirm unserer Mutter und Schwestern in einer wirklich schwarz verhangenen Zeit. Auch meine Frau muss ich Deiner brüderlichen Liebe vertrauensvoll anheimgeben. Du kennst unser glückliches Eheleben; Du weißt, wie allein sie mit meinem Sterbetage wird. Sie hat eine sehr empfindsame Seele und bedarf der Zartheit und Liebe. Ich bitte Dich von ganzem Herzen, sei ihr ein treuer, sorgender Freund. Lass keinen Misston der letzten Jahre weiterklingen. Hilf ihr, hilf unserer Mut-

ter und den Schwestern. Finde den Weg zu ihren Herzen, ich bitte Dich darum.
In meinem bestehenden Testament habe ich verfügt, dass Marion in Kauern mein Vorerbe und der bei ihrem Tode im Besitz von Klein-Oels Befindliche ihr Nacherbe sein soll. Da zwischen Ehegatten Erbschaftssteuer nicht erhoben wird, besteht da keine Schwierigkeit. Ich bitte Dich von ganzem Herzen, diesen meinen letzten Wunsch zu respektieren und Marion nur zu helfen, ihr aber keine Schwierigkeiten zu machen. Ich weiß sie damit in einem Milieu geborgen, dem sie gewachsen war und wo sie Wurzeln geschlagen hat. Ich weiß auch, dass sie ein enges Verhältnis mit den Kauern'schen Leuten hat und es sehr gut machen wird. Vielleicht können wir darüber noch zusammen sprechen. Für alle Fälle wollte ich Dir nur sagen, dass dies mein letzter Herzenswunsch ist.
Am 6. VIII. gegenüber Rechtsanwalt Dr. Langemann habe ich ausdrücklich auf meine Rechte aus dem Kaufangebot für Kauern verzichtet. Ich bitte Dich, Marion Verwaltung und Nutznießung zu überlassen, wobei sie natürlich Goldchen und den Schwestern gegenüber dieselben Verpflichtungen hat wie ich. Wirtschaftlich habe ich für Kauern noch folgende Anliegen:
1.) Zurverfügungstellung des Betriebes auf der Höckricht-Gustener Strecke zur Durchführung der Feldbahn nach dem Bahnhof Gusten.
2.) Pachtweise Überlassung der Teichwiese und Kauernhäuser-Acker zur Anlegung einer Dauerweide.
3.) Für den Fall des Erwerbs der Langendorfer Wiese die Möglichkeit des Viehtriebs zur Niedermayer Wiese nach einem Brückenschlage.
Ich bitte Dich, meine Nachfolge als Testamentsvollstrecker zu übernehmen. Der Nachlass besteht nur noch aus wenigen Papieren bei Eichborn, Kauern heißt eigentlich nur noch Erbgemeinschaft, ist aber schon auseinandergesetzt. Über die Forderungen der Mutter und Schwestern mir gegenüber bestehen eingehende Abmachungen. Ich hoffe, Dir dies übergeben zu können. Die in Kauern befindlichen Lutherdrucke, die noch nicht in Klein-Oels sind und die ich erwarb, darf ich Dir zum Abschied schenken.
Ich weiß, es blieb eigentlich alles ungesagt, liebster Bruder. Ich sehe

Deine schwere Aufgabe, den Schritt zurück zu tun. Aber ich habe das Vertrauen, dass Du die Kraft dazu hast. Für die Liebe, die Du mir erwiesen hast, und für das, was Du mir warst, danke ich Dir von Herzen. Deiner Frau kann ich heute nicht mehr schreiben; sage ihr, dass ich sie nicht kränken wollte. Nach meiner Überzeugung wäre eine tiefe Freundschaft zwischen Euch segensreicher gewesen als Euer gemeinsamer Entschluss. Auch in dieser Sache stand ich für meine Überzeugung. Morgen falle ich für die anderen. Ich glaube, dass meine Seite im Schiedsverfahren sich mit Marion mühen wird. Vielleicht siehst Du mit [unleserlich] meinen Trauerzug, an dem sich Marion dann beteiligt.
Ich stehe am Ende eines sehr reichen Lebens, für das ich Gott von Herzen dankbar bin. Der Gang morgen ist nicht leicht, aber ich hoffe auf seine Hilfe.
Schließt mich in Euer Gebet ein. Sei brüderlich umarmt. Peter
(SB 2, 792 f.)

In einem zweiten Brief vom selben Tag machte er noch genauere Angaben zum Komplex der Vermögensverhältnisse. Der Todgeweihte dachte an die Zurückbleibenden und unternahm alles, um ihnen die Zukunft in gewohnter Umgebung zu sichern, was ohne den guten Willen des Bruders nicht möglich war. Als Alleinerbe von Klein-Oels hatte dieser rechtlich eine starke Stellung.

Noch kurz vor seinem Tod beharrt der jüngere Bruder darauf, dass die Heirat des Älteren mit Else unrichtig und unglücklich war. Und dennoch sagt er dem Bruder Dank im Blick auf ihr gemeinsames Leben.

Auch an seine Frau Marion schrieb Yorck kurz vor dem Prozess:

Mein innig geliebtes Herzenskind!

Wir stehen wohl am Ende unseres schönen und reichen gemeinsamen Lebens. Denn morgen will der Volksgerichtshof über mich und andere zu Gericht sitzen. Ich höre, das Heer hat uns ausgestoßen; das Kleid kann man uns nehmen, aber nicht den Geist, in dem

wir handelten. Und in ihm fühle ich mich den Vätern und Brüdern und auch den Kameraden verbunden.
Dass Gott es so gefügt hat, wie es gekommen ist, gehört zu der Unerforschlichkeit seiner Ratschlüsse, die ich demutsvoll annehme. Ich glaube mich durch das Gefühl der alle niederbeugenden Schuld getrieben und reinen Herzens. Ich hoffe deshalb auch zuversichtlich, in Gott einen gnädigen Richter zu finden.
Dich, meine über alles geliebte Frau, lasse ich in einer sehr dunklen Welt mit heißen Gebeten für Deine Behütung zurück. Als wir vom letzten Abendmahl heimwärts gingen, da fühlte ich eine fast unheimliche Erhobenheit, ich möchte es eigentlich Christus-Nähe nennen. Rückblickend erscheint sie mir als ein Ruf. Es war so schön, dieses Leben mit Dir, immer höher hinauf bei allem Leid, das wir darin erlebten. Ich fühle mich so reich beschenkt durch Deine Liebe; mein Dank ist unaussprechlich groß. Und auch darin sehe ich eine Gnade, dass ich nicht eher abgerufen wurde. Denn ich weiß, heute lasse ich Dich nicht mehr wurzellos zurück; heute hast Du eine Heimat, in der Du mit tausend Fäden der Liebe verankert bist. So wie ich Dich dort geborgen weiß, so lege ich das Wohl und Wehe von Kauern voll Vertrauen in Deine Hände. Du hast es Dir in den letzten Jahren erworben. Besitze es jetzt und erfülle es mit Deiner menschlichen Schönheit. Sieh diese Aufgabe nicht für zu schwer an. Die Liebe macht sie leicht und lebenswert. Liebe hast Du gesät und wirst Du ernten; auch was Hans einstreute und was ich nach meinen Kräften zu vermehren trachtete, es wächst Dir zu. Wenn ich auch hier fortgehe, meine Tapfere, ich lasse Dich nicht allein; auf Schritt und Tritt begleitet Dich meine Liebe, mein sorgender Gedanke, mein Gebet. In den sechzehn langen Tagen habe ich mir Dein Leben schon teilnehmend ausgemalt. Der Ausbau des Oberstocks bis zur Schüttbodentreppe, also noch rechts zusätzlich zwei große Stuben, wovon die hintere zweifenstrig mit den Berliner Möbeln des Wohnzimmers geschmückt wäre und die Geschirrkammer rechts als Badezimmer figuriert.
Ich sah den großen Garten, darin Mariechen als Frau eines zu engagierenden Gärtners. Statt der Staudenrabatte im jetzigen Garten rechts und links vorn sah ich Rosenrabatten mit Frühlingszwie-

beln, den Mittelweg erhalte, aber nur mit Rosen-Hochstämmen einer Blumenkante begrenzt, die Bank und Anzuchtsbeete, die zweite Hälfte Frühbeete und hinten ein oder zwei Glashäuser, wobei man die Mauern vielleicht um die Scheunenbreite oder sogar bis zur Ecke vorzieht. Ich sah Reichert Wilhelm nach seiner Ausbildung auf der Reit- und Fahrschule hochherrschaftlich auf dem Bock, und meine Uniform zu Kutscher-Livreen umgearbeitet gaben ihm das hochherrschaftliche Ansehen, das er als Kutscher der allergnädigsten, allertüchtigsten Frau Gräfin haben muss. Den großen Garten sah ich unter Zuhilfenahme von Obststräuchern und Blumen sinnvoll aufgegliedert, nichts Verziertes, aber auch keine Plantage. Ich sah die reiche Obstblüte draußen und die schöne Ernte, aber auch das Vieh auf gut beregneter Weide des Kauer Häuser-Schlages oder der Lorzendorfer Wiese. Es war ein Bild der fruchtbaren Liebestätigkeit, an dem mein Auge sich weidete.
Mein liebstes Herzelein, an allem will ich weiter teilnehmen, und ich sehe Dich weiter von Goldchen und den Schwestern liebevoll umhegt. Auch Bia wird voller Fürsorge und Hilfe sein, und so darf ich ruhig sein und mein Leben mit großem Dank beschließen. Wir werden uns ja noch sehen; wir wollen dann nicht nur traurig sein, dass es vorbei ist, sondern voll Dank, dass es so schön war und so unverlierbar schön bleibt. Vielleicht ist auch Herr Lilje so nett, nach Haus zu kommen und letzte Wort zu sprechen und auch in Kauern eine stille Andacht abzuhalten.
Such für uns zwei eine Stelle aus, wo wir ganz nah beieinander Platz haben. Und die Tafel für Hans, die machst Du für uns Drei; für Hans, der lebte und wirkte; für Heinrich, der großherzig Verzicht leistete, und für Peter, der weiterbaute; dann sind wir alle Drei immer da.
Nun will man mich schließen, wie es hier heißt. Darum gute Nacht, ich befehle Dich Gottes Güte und bitte ihn um Kraft. Ich küsse Dir sehr zärtlich Deine Hände. Dein Peter (Stille, 137 ff.)

Der Prozess

Am 7. und 8. August 1944 begann der erste Prozess vor dem Volksgerichtshof im Großen Plenarsaal des Kammergerichts Berlin unter seinem Präsidenten Roland Freisler, einem promovierten Juristen. Das Attentat vom 20. Juli lag erst 18 Tage zurück. Man muss fast sagen: zum Glück, denn so blieben Yorck wahrscheinlich weitere schikanöse Verhöre und Folter erspart. Angeklagt waren neben Peter Yorck außerdem Erwin von Witzleben, Erich Hoepner, Hellmuth Stieff, Albrecht von Hagen, Paul von Hase, Robert Bernardis und Friedrich Karl Klausing.

Zunächst verlas der Oberreichsanwalt Ernst Lautz die Anklage:

> … erhebe ich Anklage wegen folgender Tat: Sie haben im Inlande im Sommer 1944 als Teilnehmer an einer zahlenmäßig unbedeutenden Führerclique mutlos gewordener Offiziere es unternommen, den Führer durch feigen Mord zu töten, um sodann unter Beseitigung des nationalsozialistischen Regimes die Gewalt über Heer und Staat an sich zu reißen und den Krieg durch würdeloses Paktieren mit dem Feinde zu beenden. Als Hoch- und Landesverrat haben Sie sich gegen folgende gesetzliche Vorschriften vergangen …

Für Freisler bedeutete dies die «ungeheuerlichste Anklage, die in der Geschichte des deutschen Volkes je erhoben worden ist» (Mühlen, 36).

Alle Angeklagten wurden nacheinander vernommen. Auch bei Yorck wurden zunächst die üblichen Lebensdaten referiert. An den Fragen Freislers merkt man, dass er die Vernehmungsprotokolle von Karl Neuhaus gut kannte. Er ließ sich weithin bestätigen, was er schon wusste: Yorck sei bis 1933 nirgends organisiert gewesen, er soll die DNVP und dann die NSDAP gewählt haben, aber nach 1933 keiner Parteigliederung beigetreten sein. Freislers

Frage «Warum denn nicht?» beantwortete Yorck: «Weil ich an und für sich nicht Nationalsozialist bin» (Mühlen, 83).

Dann ging es um das Verhältnis zwischen Yorck und Stauffenberg. Yorck berichtete über seine Gespräche mit seinem Vetter, der immer wieder auf den Ernst der militärischen Lage und auf die Notwendigkeit einer Änderung hingewiesen habe. In diesem Zusammenhang habe Stauffenberg betont, auch vor einer «Beseitigung des Führers» nicht zurückzuschrecken. Die Frage an ihn selbst sei gewesen, ob er sich nach dem Attentat zur Verfügung stellen würde. Dazu habe er ihm sein Ehrenwort gegeben. Als Freisler ihn fragt: «Was haben Sie für einen Gedanken gehabt, als Sie das gehört hatten?», antwortet Yorck:

> Herr Präsident, ich habe bereits bei meiner Vernehmung angegeben, dass ich mit der Entwicklung, die die nationalsozialistische Weltanschauung genommen hatte ... (Freisler unterbricht und fährt selbst fort): nicht einverstanden war! Sie haben, um es konkret zu sagen, ihm erklärt: In der Judenfrage passe Ihnen die Judenausrottung nicht, die nationalsozialistische Auffassung vom Recht hätte Ihnen nicht gepasst.

Yorck nimmt sich wieder das Wort und sagt:

> Das Wesentliche ist, was alle diese Fragen verbindet, der Totalitätsanspruch des Staates gegenüber dem Staatsbürger unter Ausschaltung seiner religiösen und sittlichen Verpflichtungen Gott gegenüber.

Freisler antwortet gereizt:

> Sagen Sie einmal, wo hat der Nationalsozialismus die sittlichen Verpflichtungen eines Deutschen ausgeschaltet? Der Nationalsozialismus hat die sittlichen Verpflichtungen eines Deutschen, des deutschen Mannes, der deutschen Frau, unendlich gesundet und unendlich vertieft. Dass er sittliche Verpflichtungen ausgeschaltet hätte, habe ich noch nie gehört. Und was die Religion anbelangt,

> so ist im Grunde der Nationalsozialismus sehr bescheiden. Er sagt: Bitte, mache das doch ab, wie Du willst, nur bleibe im Jenseits mit deinen Ansprüchen, Kirche; denn die Seelen sollen ja im Jenseits herumflattern; hier auf der Erde gilt unser jetziges Leben. Sonst kann sie sich um die Politik kümmern. Also, was Sie sagen, ist mindestens sehr schief gesehen; es hat keinen Sinn …
> Was weiter die nationalsozialistische Auffassung vom Recht betrifft, so kann ich als einer, der seit vielen Jahren nun wirklich im Rechtsleben darin steht, sagen, dass unsere Auffassung vom Recht theoretisch und praktisch ebenfalls eine ungeheure Vertiefung erfahren hat, dass das Recht unseres Volkes eine ungeheure Gesundung und Verstärkung erfahren hat … (Mühlen, 85)

Auch das Ehrenwort, das Yorck Stauffenberg gegeben habe, zeigt nach Freisler seine «anarchische Gesinnung». Es ist

> nämlich anarchisch, wenn jeder durch ein eigenes Wort sich ein eigenes Gesetz des freien Handelns in der Gemeinschaft schaffen kann. Das allgemeine Gesetz des Handelns in unserer Gemeinschaft ist, dass Verrat an Volk, Führer und Reich unter allen Umständen bekämpft und vernichtet werden muss. (Mühlen, 85)

Dann kommt er auf das für den Angeklagten vorgesehene Amt des «Chefs des Stabes in der Reichskanzlei» zu sprechen. Yorck betont, dass er die Übertragung dieses Amtes abgelehnt, aber weiter zur Verfügung gestanden habe. Im Folgenden geht es um einzelne Mitverschwörer wie Goerdeler, Hassell und Schulenburg. Wichtiger aber wird die Tatsache, dass Yorck über die Attentatsversuche vom 11. und 15. Juli 1944 durch Schwerin informiert war. Was die Arbeit von Yorck und Schulenburg bei der Personalpolitik in der inneren Verwaltung angeht, macht sich Freisler lustig über die Kenntnisse eines Oberregierungsrates.

Yorck bestätigt, dass er am 18. Juli den Tag des Attentates durch Schwerin erfahren und am Mittag des 20. Juli in der Bendlerstraße erschienen sei, nachdem er vom gelungenen Anschlag gehört habe. Die Reaktion Freislers:

> Das ist ja furchtbar! Welches Vertrauen hat der Nationalsozialismus diesen Leuten entgegengebracht! Da finden wir drei Männer – Graf von Stauffenberg, Graf Yorck von Wartenburg und Schwerin – auch Graf. (Mühlen, 87)

Auch über die Tatsache, dass Yorck Ausweise für die in die Reichsministerien zu entsendenden Offiziere ausgefüllt hatte, macht Freisler sich lustig, um ihn dann nach seinem Wissen um die «Walküreaktion» zu befragen. Yorck weist darauf hin, dass er in die anlaufenden militärischen Maßnahmen nicht eingebunden war.

Am Ende der Vernehmung kommt Freisler auf Yorcks Teilnahme an dem Treffen in der Wohnung der Stauffenbergs zu sprechen, wo man über Verhandlungen mit den Kriegsgegnern gesprochen habe. «Jawohl, nach Westen und Osten!» – die wahrheitsgetreue Antwort von Yorck. Abschließend bemerkt er:

> Ich habe diese Dinge sehr kurz behandelt, glaube aber, dass die wesentlichen Punkte behandelt worden sind. (Mühlen, 88)

Dieser erste Schauprozess mit großer Publizität sollte die Angeklagten als Verräter vorführen, weshalb der Vorsitzende Richter mit seinem Wortschwall den Angeklagten kaum die Möglichkeit für eine Entfaltung ihrer Motive und ihrer politischen Ziele gab. Yorck jedoch ließ sich durch Freislers Tiraden nicht völlig mundtot machen, betrieb keine trickreiche Selbstverteidigung und schob auch nicht die Hauptschuld auf andere ab. Verglichen mit anderen Verhandlungen hielt sich Freisler, der für seine Abneigung gegenüber Adeligen bekannt war, mit harten, vernichtenden Urteilen zurück. Ernst Kaltenbrunner, Chef des Reichssicherheitshauptamtes und Chef der Sicherheitspolizei und des Sicherheitsdienstes, zog in einem Brief vom 9. August an den Leiter der Parteikanzlei, Martin Bormann, eine Bilanz:

> Yorck zeigte sich als degenerierter Intellektueller. Er gab in der Verhandlung ohne weiteres zu, dass er der Partei oder einer ihrer Gliederungen auch nach 1933 nicht beigetreten ist, weil er nie Nationalsozialist war. Auch Yorck war, von seiner gesinnungsmäßigen Einstellung zum Nationalsozialismus abgesehen, durch das «Ehrenwort» gegenüber Stauffenberg fester gebunden als durch den Eid, den er als Beamter (Oberregierungsrat) und als Offizier abgelegt hatte. (SB 1, 181)

Natürlich hatte Yorck schnell erkannt, dass die Recherchen der Sonderkommission 20. Juli umfangreich und zum Teil sehr exakt waren. An keiner Stelle verleugnete er sich, seine Gesinnung oder sein Tun, sondern bezeugte in einem dramatischen Wort die politisch-moralischen Motive seines Widerstands. Auch seine Solidarität zum Attentäter Stauffenberg löste er an keiner Stelle auf, wie er auch die anderen Mitverschwörer nur beim Namen nannte, sie aber nicht belastete. In dieser Situation blieb Yorck ein Mann von klarem Charakter und Profil, der von Anfang an wusste, dass er vor diesem Volksgerichtshof keine Chance des Überlebens haben würde.

Im weiteren Verlauf des Prozesses erläuterte zunächst der Oberreichsanwalt Lautz seine Anklage. Allen Angeklagten unterstellte er «Hass auf den Führer» und sein Regime, persönlichen Ehrgeiz sowie abgrundtiefe Gewissenlosigkeit gegenüber dem deutschen Volk. Nacheinander charakterisierte er die Angeklagten. Über Peter Yorck stellte er fest:

> Der Angeklagte Yorck von Wartenburg ist der typische Intellektuelle einer versunkenen Zeit, ein Mann, der hier vor dem Gericht steht und schöne Reden darüber schwingt, wie er sich das Leben in einem wohlgeordneten Staate denkt, und das zur Begründung dafür anführt, weshalb ihm der Nationalsozialismus nicht passt. Ja, dem kann ich nur entgegenhalten: Ihm passt der Nationalsozialismus nicht, weil er eine Weltanschauung ist, die die Pflicht vor das Recht stellt, die die Pflicht vor das Recht stellt namentlich in einem Zeitabschnitt der deutschen Geschichte, in dem nur Pflichterfüllung

seitens eines jeden Deutschen zum Erfolge führen kann. Der Angeklagte Yorck von Wartenburg ist aber auch der typische Intellektuelle deshalb, weil er nur etwas beitragen wollte zum Gelingen des Ganzen: salbungsvolle Worte wegen einer Personalbereinigung im neuen Reich, für die er freilich an Voraussetzungen gar nichts anderes mitbrachte, als dass er Oberregierungsrat an einer nicht sehr prominenten Stelle des gegenwärtigen Staates war.
Woher die Personalkenntnisse dann kommen sollten, wenn sie fachlichen Erwägungen entsprechen sollten, liegt, glaube ich, auf der Hand. Man ist deshalb wohl berechtigt, anzunehmen, dass diese Personalkenntnisse geschöpft werden sollten aus dem verwandtschaftlichen und sonstigen reaktionären Klüngel. Dass er selbst so außerordentlich bescheiden war, den Posten eines Staatssekretärs nicht im Voraus zu begehren, das hat er hier erzählt. Ich glaube aber nicht, dass es ihn gehindert hätte, wenn es im Augenblick so leicht gewesen wäre – die Herrlichkeit hätte nur wenige Tage dauern können –, den Posten doch anzunehmen.
Von ihm wissen wir weiter, dass er auch an dem historischen 20. Juli in der Bendlerstraße war, und vor allen Dingen, dass er genauestens über das Attentat, seinen zeitgemäßen Ablauf und die früheren Versuche, die erfolglos geblieben waren – der Sprengstoff war schon mitgenommen; deshalb ist es keine erfolglose Vorbereitungshandlung für ein Unternehmen gewesen –, über alles im Bilde gewesen ist, dass es ihm recht war, wenn der Führer beseitigt wurde, wenn er nur mit seinem Anhang in schöne Pfründe gelangen könnte. (Mühlen, 96)

Man kann sich vorstellen, wie solche Worte auf den Angeklagten gewirkt haben müssen. Einem Mann wird erbarmungslos die moralische, die berufliche und charakterliche Fähigkeit abgesprochen. Er wird zur Unperson und zum Unhold erklärt.

Der Pflichtverteidiger Bergmann schloss sich daraufhin der Auffassung des Anklägers an, dass «sowohl nach der objektiven wie nach der subjektiven Seite» der Tatbestand des Hochverrats vorliege und «es auch seinem Willen entsprach, dass diese Tat ausgeführt wurde». Und:

Abbildung 48–52: Peter Graf Yorck von Wartenburg wird zur Verhandlung im Kammergericht an der Elßholzstraße in Berlin von Polizeibeamten vorgeführt (links oben). – Während der Vernehmung am 7. August 1944; am Richtertisch rechts: General Hermann Reinecke, Chef des Allgemeinen Wehrmachtsamtes im Oberkommando der Wehrmacht und militärischer Beisitzer des Volksgerichtshofes (Mitte links). – Verhandlungspause im Kammergericht; links im Bild: der Mitangeklagte Leutnant Albrecht von Hagen im Gespräch mit seinem Verteidiger (links unten). – Während der Vernehmung am 8. August 1944; im Hintergrund von links die Verteidiger Reinhard Neubert, Leonhard Schwarz, Wiessmann, rechts die Mitangeklagten Erwin von Witzleben und Paul von Hase (oben).

> Das Gesetz kennt keine mildernden Umstände, hier nicht. Die Motive der Tat sind für die objektive Feststellung des Urteils ohne Bedeutung. (Mühlen, 105)

Und tatsächlich wurden die politischen und moralischen Motive der Angeklagten bei der Urteilsfindung ausgeklammert, es zählte nur die Unterstützung der Tat als solcher. Immerhin führt der Verteidiger am nächsten Tag aus:

> Auch bei dem Grafen Yorck von Wartenburg trifft es zu, dass er nur durch Stauffenberg in diese Angelegenheit hineingekommen, nur von ihm verführt worden ist, dass er ein offenes Bekenntnis abgelegt hat und keine Ausflüchte zu machen gesucht hat. Es trifft weiter auf ihn zu, dass er mit dem Attentat selbst direkt nicht in Verbindung gestanden hat, dass er mit den Vorbereitungen zu dem Attentat nichts zu tun gehabt hat. Ich möchte nur noch einen Punkt berühren, den ich gestern nicht erörtert habe. Ich habe das gestern nicht getan, weil dieser Punkt für die Frage der Urteilsfindung ohne Bedeutung war. Aber er kann vielleicht doch eine Rolle spielen. Das ist die Tatsache, dass aus der Familie des Angeklagten zwei Brüder in diesem Weltkrieg gefallen sind und ein dritter schwer verwundet ist. (Mühlen, 116)

Der zaghafte Versuch des Verteidigers, den Angeklagten als Verführten seines Vetters Stauffenberg aus der Vorbereitung des Attentatsbereichs herauszubringen und auf die Blutopfer der Familie hinzuweisen, hatte natürlich keine Bedeutung in einem Prozess, der in den Zeitungen und im Radio im Sinne der politischen Richter interpretiert wurde und nur mit einem Todesurteil enden konnte.

Die Verhandlung am 8. August wurde von Freisler unterbrochen, um die Urteilsverkündung zu formulieren. Yorck kam zurück in die Zelle und hatte die Gelegenheit, einen allerletzten Brief an seine Frau zu schreiben, die den ganzen Prozess in einem Wachtmeisterraum neben dem Gerichtssaal verfolgen konnte, ohne etwas davon zu sehen (Stille, 75 f.):

Offenbar hat man es mit der Vollstreckung des Urteils sehr eilig. Deshalb haben wir schon vor der Urteilsverkündigung Gelegenheit, noch einmal zu schreiben. Ob es Dir gelingen wird, mich noch zu sehen, scheint mir mehr als fraglich. Deshalb möchte ich in dieser Stunde noch mit Dir reden und mein Zwiegespräch fortsetzen, liebe Frau.
Um Dich von den geschäftlichen Dingen zu entlasten, insbesondere die Dinge, welche die Einziehung des Vermögens betreffen, habe ich Bia eine detaillierte Aufstellung gegeben. Er hat es leichter, diese Verhandlungen zu führen. Da er ja Eigentümer von Kauern ist, habe ich ihm vorgeschlagen, Dir dieses zu verpachten. Als Pacht kämen meines Erachtens die Leistungen an Goldchen und die Schwestern in Betracht und ferner die Verzinsung und Amortisation der Summe, die er etwa aus seinen Mitteln aufwendet, um das der Einziehung verfallende Vermögen zu bezahlen. Sag ihm das doch bitte; denn ich unterließ, ihm darüber zu schreiben. Für mich wäre es eine große Beruhigung, Dich in Kauern zu wissen. Die Berliner Wohnung würde ich rasch an Freunde geben und ab 1.9. keine Miete mehr zahlen. Vielleicht hat auch Freya [Moltke] oder Brigitte [Gerstenmaier] ein Interesse daran. Deine Möbel usw. nimmst Du am besten nach Kauern; vielleicht kann Dir Herr Joesch bei der Reichsbahn-Direktion dabei behilflich sein. So allein bist Du nun in diesem schwierigen Leben, mein Tuschelchen. Aber ich kenne Deine Tapferkeit und Liebe und stehe Dir auch weiterhin bei, des kannst Du gewiss sein.
Nun will ich doch noch der vielen Lieben gedenken, die Du bitte noch grußen musst. Wie soll ich ihnen alle erfahrene Liebe vergelten! Vor allem Tekchen [Irene Yorck] sage, dass ich sehr fest auf sie zähle und dass sie sich Deiner sehr intensiv annehmen soll. Sie soll ihre Praxis nach Kauern verlegen und mit Dir zusammen wohnen, lasse ich ihr sagen. Sie profitiert dabei ebensoviel oder mehr als Du, das weiß sie auch. Dävchen muss nun meines bescheidenen Rats entbehren. Sag ihr doch, mit Wagner [Inspektor] soll sie es nur ein Jahr versuchen, geht es dann nicht, muss sie doch wechseln. Bei Wagners Alter darf sie dann nicht warten. Mit dem Finanzamt Tiergarten sprach ich leider nicht. Ihr und ihren Kindern alles Liebe,

wie auch den anderen Schwestern. Ich kann meine Grüße, Wünsche und Beteuerungen nicht mehr individualisieren.
Und nun die Freunde und Freundinnen. Dass das bei Sylvius [Pückler] mein Schwanengesang war, hat mich merkwürdig berührt. Auch dass Ulla [Mangoldt] so gar keine Nachricht gegeben hatte, ist Gegenstand meines Amusements. Die aale Lerge [Luckner] musst Du sehr grüßen. Vielleicht kann sie an Anzügen oder Wäsche etwas gebrauchen und malt Dir ein Bild von mir als dem unglücklichen Rebellen für Freiheit, Menschenwürde und Recht. Er war so unzufrieden mit mir, ich hoffe aber, er vergibt mir. Dem kleinen Kling [Mitarbeiter] sehr herzliche Grüße. Gib ihm doch den Lassalle-Heraklit von mir, ich hoffe, er hatte durch mich keine Unannehmlichkeiten. Teddy [Kessel], Gogo [Nostitz] und die vielen, Reyali [Freya Moltke], Helmuth [Moltke] und wer es noch alles ist, Paulus [van Husen] und Lukas [Lukaschek], ihnen meine Grüße und meinen Dank. Wie könnte ich in dieser Stunde an alles das denken, was sie uns mit ihrer Freundschaft waren! Mariechen wird Dich gewiss nicht verlassen. Sie soll für mich beten und mich in liebevollem Andenken behalten. Sie weiß ja, wie ich sie liebe und welche Dankbarkeit ich ihr gegenüber empfinde.
In Kauern hast Du auch jedem Einzelnen zu sagen, mit welchem Glück und Dank ich an alle denke, wie ich ihre Sorgen um die Leute draußen teile und wie sehr ich ihnen allen einen baldigen Frieden wünsche. Verlasse sie bitte nicht, sie bedürfen Deiner sehr und auch ihr Vertrauen und ihre Liebe wird Dich tragen. Der gute Lampl [Inspektor] erlebt es nun auch zum zweiten Mal. Gib ihm doch ein Andenken von mir, vielleicht Diters Silberdose oder Koljas Manschettenknöpfe. Versichere ihn meines großen Dankes und Vertrauens. Er wird gewiss so bald nicht weggehen und Dir zur Seite stehen. Meinen Patenkindern gib doch Andenken, wie die Uhr an Tiechen, die Abeken an Gebchen, die Heter-Uhr an Peter Voss, die Flinte, die in Kleinöls ist, später vielleicht dem kleinen Schulenburg und der Friedrich der Große an den kleinen Katte. Die beiden Nichten sind schwer zu bedenken. Deinen Geschwistern auch meine Grüße. Abs, Borsig und alle anderen werden immer für Dich da sein. Lass diese unser Leben so bereichernden Verbindungen nicht abreißen.

Lade Dir die Freunde und Freundinnen ein und vergiss auch Ostpreußen dabei nicht. Lass Dein Leben in der Fülle bleiben; es ist so unendlich beglückend, Liebe zu empfangen und zu geben. Mein großer Herzenswunsch ist, dass mein Tod die Harmonie mit Bia wiederherstellt. Wirke doch bitte auch in diesem Sinne. Auch für ihn ist es wieder eine Chance.
Nun erweist es sich als Glück, dass ich weder Kleinöls noch Kauern erwarb und dass beides deshalb nicht gefährdet ist. Mit Schiedsrichter und Anwalt wirst Du wegen Zahlung bzw. Erstattung gewiss einig werden; es geht ja von den beschlagnahmten Vermögen ab und ist vorab aus ihm zu zahlen.
Doch genug von diesen Sorgen. Voll Zuversicht vertraue ich Deine Zukunft Gottes Güte und der Liebe der Meinen und Deinen an. Und unsere Zweisamkeit, sie dauert fort, mein Herzlieb, auch wenn meine großen Hände Dich nicht mehr streicheln können. An ihrer Stelle tun das meine Gedanken, die Dich ständig umgeben und umschweben werden. Mein Tod, er wird hoffentlich angenommen als Sühne aller meiner Sünden und als Sühnopfer für das, was wir alle gemeinschaftlich tragen. Die Gottesferne unserer Zeit möge auch zu einem Quäntchen durch ihn verringert werden. Auch für meinen Teil sterbe ich den Tod fürs Vaterland. Wenn der Anschein auch sehr ruhmlos, ja schmachvoll ist, ich gehe aufrecht und ungebeugt diesen letzten Gang, und ich hoffe, dass Du darin nicht Hochmut und Verblendung siehst, sondern ein bis zum Tode getreu! «Des Lebens Fackel wollten wir entzünden, ein Flammenmeer umgibt uns, welch ein Feuer!»
Und nun sage ich Dir zum letzten Mal Lebewohl. Sei tapfer und stark, gib Liebe und vertraue Dich der Liebe. Nimm den unaussprechlich großen Dank Deines Mannes entgegen, der Dir die Schönheit seines Lebens dankt. Mein letztes Gebet gilt dem, dass ich Dich Gott anbefehle und Vergebung meiner Sünden und Seelenheil erbitte.
In der zärtlichen Liebe, in der ich hier mit Dir lebte, werde ich weiter leben. Lass Dich umarmen und Dir Deine lieben Hände streicheln und küssen von Deinem Mann (Stille, 139 ff.)

Auch an seine Mutter schrieb Yorck einen allerletzten Brief:

> Geliebtes Muttchen!
>
> Dies ist mein Abschiedsbrief, wenn Du ihn in den Händen hältst, lebe ich wohl nicht mehr.
> Am Ende eines an Liebe und Freundschaft überreich gesegneten Lebens habe ich nur Dank gegen Gott und Demut unter seinem Willen. Dass ich Dir diesen Kummer bereite, ist mir ein sehr großer Schmerz nach alledem, was Du an Traurigem erleben musstest. Ich bitte Dich, mir das von ganzem Herzen zu vergeben. Ich habe über zwei Wochen Zeit gehabt, mich und mein Handeln vor Gott zu stellen, und bin überzeugt, in ihm einen gnädigen Richter zu finden. Das Ausmaß an innerer Not, das Menschen wie ich in den letzten Jahren zu durchleben hatten, ist gewiss nicht von denen zu verstehen, die ganz von ihrem Glauben beseelt sind, den ich nun einmal nicht teilen kann. Dich darf ich versichern, dass kein ehrgeiziger Gedanke, keine Lust nach Macht mein Handeln bestimmt hat. Es waren lediglich meine vaterländischen Gefühle, die Sorge um mein Deutschland, wie es in den letzten 2 Jahrtausenden gewachsen ist, das Bemühen um seine innere und äußere Entwicklung, die mein Handeln bestimmten. Deshalb stehe ich auch aufrecht vor meinen Vorfahren, dem Vater und den Brüdern. Vielleicht kommt doch einmal die Zeit, wo man eine andere Würdigung für unsere Haltung findet, wo man nicht als Lump, sondern als Mahnender und Patriot gewertet wird. Dass die wunderbare Berufung ein Anlass sein möge, Gott die Ehre zu geben, ist mein heißes Gebet.
> Dir, geliebtes Muttchen, danke ich ein Leben voller mütterlicher Liebe, und mich bedrückt nur, ich könnte sie Dir nicht genug vergolten haben. Du sollst es aber wissen, dass sie mein ganzes Leben hindurch mir immer Quelle der Kraft gewesen ist. Mein letztes Gebet wird Dich Gottes Güte, Freundlichkeit und Trost empfehlen, und meine letzte Bitte an Dich ist, Dich in mütterlicher Liebe Marions anzunehmen. Durch die zu erwartende Vermögenseinziehung ist auch ohne äußerliche Möglichkeit sehr schwierig. Ich verlasse mich auf Euch und auch besonders auf Deine Doris. Du

weißt, wie empfindsam Marions Herz ist und wie innig unser Leben verbunden war. Hilf ihr bitte sehr, und erleichtere ihr den Übergang in das einsame Leben. Vielleicht findet sie später noch einmal einen liebevollen Mann; dann helft ihr zu dem Entschluss, der gewiss in meinem Sinne liegen würde. Die mir gelassene Zeit ist so kurz, dass ich den Schwestern nicht schreiben kann. Du musst ihnen allen meinen Lieben meinen Dank, meine Wünsche für sie und ihre Männer und Kinder übermitteln. Auch T. Doris sage doch alles Liebe von mir und Deinen Schwestern. Mit Bia habe ich meinen Frieden gemacht. Ich hoffe, Ihr findet wieder zusammen, und mein Tod wird die Grundlage zu einer neuen Harmonie. Auch er hat sie bitter nötig.
Nun Gott befohlen, mein innig geliebtes Muttchen. Vati und die Brüder werden mich aufnehmen, und ich gehe ohne Hass, nur mit Liebe im Herzen. Lass Dir zum letzten Mal sehr zärtlich die Hand küssen von Deinem Dich innig liebenden und Gott vertrauenden Sohn Peter (SB 2, 794)

Das Urteil

Nach der Beratungspause verkündete Freisler am Nachmittag des 8. August das Urteil:

> Im Namen des Deutschen Volkes! Eidbrüchige, ehrlose Ehrgeizlinge Erwin von Witzleben, Erich Höpner, Helmuth Stieff, Paul von Hase, Robert Bernardis, Peter Graf Yorck von Wartenburg, Albrecht von Hagen, Friedrich Karl Klausing verrieten, statt mannhaft wie das ganze deutsche Volk dem Führer folgend den Sieg zu erkämpfen, so wie noch niemand in unserer ganzen Geschichte das Opfer unserer Krieger, Volk, Führer und Reich. Den Meuchelmord an unserem Führer setzten sie ins Werk. Feige dachten sie, dem Feinde unser Volk auf Gnade und Ungnade auszuliefern, es selbst in dunkler Reaktion zu knechten. Verräter vor allem, wofür wir leben und kämpfen, werden sie alle mit dem Tode bestraft. (Mühlen, Anlage 119)

In einer langen Rede nahm Freisler noch einmal Stellung zum Attentat als «Schurkenwerk» im Ganzen und charakterisierte alle Angeklagten, um ihre Ehrlosigkeit und die Berechtigung der Todesstrafe durch Erhängen zu belegen. Zu Yorck führte er in teilweiser Wiederholung der Anklage von Lautz aus:

> Nun Peter Graf Yorck von Wartenburg: Im Januar 1944 sagte ihm sein Vetter Stauffenberg, die Lage sei aussichtslos, er wolle mit Beck zusammen eine Änderung herbeiführen; ob er wohl Bedenken habe, mit Goerdeler für den zivilen Sektor zu sorgen. Er sieht voraus: Das kann ja wohl nicht gut gehen. Es vergehen einige Wochen. Anfang Juni neues Zusammenkommen mit Stauffenberg. Stauffenberg verlangt sein Ehrenwort. Der Mann ohne Ehre will ein Ehrenwort abnehmen, stillzuschweigen. Peter Yorck von Wartenburg gibt das Ehrenwort, und nun erfährt er es ganz genau, der Stauffenberg werde den Führer beseitigen; denn die militärische Lage erfordere ein schnelles, rasches, entschlossenes Handeln; ob er sich einem militärischen Vorgehen anschließen wolle. Er antwortet: Ja. Er hatte die Frechheit zu bekunden, er habe sich durch das Ehrenwort gebunden betrachtet. Was gilt denn ein Ehrenwort gegenüber einem Lumpen, Verbrecher und Verräter, wenn man andererseits dem Führer die Treue geschworen hat? Im Juni wird er gefragt, welche Verwendung er nach dem Umsturz für sich haben wolle. Er tat bescheiden, er wehrt ab. Man hat für ihn allerdings vor: Er soll Staatssekretär beim Reichskanzler werden, wofür er, wie man ihm ansieht, nichts, aber auch gar nichts mitbringt als vielleicht das, was in einem solchen Kabinett der Reaktion genügt und ausreicht, einen unermesslichen Hochmut. Es folgen Besprechungen. Er fühlt sich in seinem Amt schon im Voraus hinein. Er macht Personalvorschläge über die allgemeine Verwaltung und überhaupt über die innere Verwaltung, er, der in einer Stellung gewesen war, von der aus er überhaupt nicht in der Lage war, mit Gewissenhaftigkeit Personalbeurteilungen abzugeben.
>
> Er bekommt den Verbindungsmann Haeften zum Grafen Schulenburg. Nun, die Attentatstermine, er erfährt sie alle, den 11.7. mit dem Ergebnis, dass es nichts geworden sei, weil der Reichsführer

> SS nicht da war, den 15.7. mit dem Ergebnis: Als Stauffenberg von einem Telefonat zurückgekommen sei, sei die Sitzung schon aufgehoben gewesen, und es sei nicht gegangen. Am 18.7. sagt ihm Graf Schwerin auf der Dienststelle, am 20.7. werde das Attentat beginnen. Ja, dieser kleine Klüngel hatte sich ein Nest gebaut, in dem er sicher glaubte leben zu können. Um 19 Uhr die Nachricht – oder etwas später; die Zeit ist nicht ganz klar –, Stauffenberg sei zurück und habe gemeldet, das Attentat sei geglückt. Er eilt ins Vorzimmer von Olbricht, und dort ist er nun mit dem übrigen Klüngel zusammen. Er erfährt von ihnen als Kumpanen, was geschieht. Ziel dieses Klüngels, so schnell wie möglich Verbindung zu nehmen mit den Feinden nach Westen wie nach Osten – dafür erklärt sich Schulenburg. Nach dem Osten hin soll Schulenburg auch mit dem Nationalkomitee, mit den Verrätern dort in Moskau, Fühlung nehmen. Ins Politische uns allen Geläufige übersetzt: Dieser Klüngel der Reaktion sollte und wollte bei Moskau die Rolle spielen, die der Polenemigrantenklüngel jetzt in Moskau spielt.
> Wir haben ihn gesehen: Peter Graf Yorck von Wartenburg, wie aus seinem Gesicht, aus seinen Reden der Hass, der wirklich abgründige Hass der Reaktion neben ihrer Dummheit uns entgegengrinste. Es ist darüber kein Wort zu verlieren, weil für ihn absolut dasselbe gilt, wie auch für alle anderen. (Mühlen, Anlage 124 f.)

Dass Yorck Reden während des Prozesses hielt, geht aus den Protokollen nicht hervor. Der Richter richtet über Herkunft und Gesinnung: Aus einem alten Adelsgeschlecht stammend, ist er «Reaktionär», voller Hass gegen den Nationalsozialismus, dazu persönlich noch dumm. Dass Yorck gegrinst haben soll, ist sonst nirgends bezeugt. Das bekannte Klischee musste herhalten: der grinsende Reaktionär. Freisler schloss mit den Worten:

> Wir kehren zurück in das Leben, in den Kampf. Wir haben keine Gemeinschaft mehr mit ihnen. Das Volk hat sich von ihnen befreit, ist rein geblieben. Wir kämpfen. Die Wehrmacht grüßt: Heil Hitler! Wir grüßen alle: Heil Hitler! Wir kämpfen mit unserem Führer, ihm nach für Deutschland. Wir haben die Gefahr jetzt abgeschüttelt. Wir marschieren mit totaler Kraft hin zum totalen Sieg. (Ebd., 127)

Abbildung 53: Peter Graf Yorck von Wartenburg vor dem Volksgerichtshof.

Freisler, in dieser Zeit die Personifikation des nationalsozialistischen Juristen und Richters, wollte nicht nur die landes- und hochverräterischen Taten der Angeklagten richten, sondern sie gleichzeitig als Personen und Charaktere vernichten. Er stilisierte sie mit einem Gemisch aus Wissen und Vermutungen, aus Kenntnissen und Unterstellungen, aus Entrüstung und Ironie zu Menschen ohne Geist und Moral. Seine ganz persönliche Abneigung gegen junge Männer aus dem Adel und gegen Männer der militärischen Elite konnte er nicht verbergen. Sein nationalsozialistischer Instinkt kannte nur Gefolgschaft oder Feindschaft. Allein der Wille Hitlers war die Norm und das Maß seines Denkens und Richtens. Der «Führer» war für ihn der oberste Rechtssetzer und Rechtsherr.

Yorck war selbst Jurist genug, um zu wissen, dass er nicht in erster Linie wegen seiner Beteiligung am 20. Juli in der Bendlerstraße verurteilt werden konnte. Er hatte sich selbst sein Todesurteil gesprochen, als er dem braunen Richter in roter Robe bekannte, dass er von der Gesinnung her kein Nationalsozialist sei und moralisch die Judenvernichtung des Regimes nicht akzeptieren könne. Freisler hat mit der Witterung eines Großinquisitors um die von Yorck personifizierte Alternative gewusst. Um des anderen Gewissens und der anderen Rechtsauffassung willen, die sich aus nationalsozialistischer Weltanschauung speisten, war Yorcks Tod für ihn eine kalte Notwendigkeit.

Berichte des Sicherheitsdienstes

Der von Ernst Kaltenbrunner geleitete Sicherheitsdienst, der sogenannte SD, erstellte nach dem Attentat vom 20. Juli für Hitler und seinen Stellvertreter Martin Bormann schonungslose Berichte über die Beteiligten der Verschwörung, die als «Kaltenbrunner-Berichte» bekannt geworden sind. Freisler tat an den beiden Prozesstagen gegen Yorck und später bei den Verfahren gegen die anderen Kreisauer im Grunde nichts anderes, als sich der Informationen des SD zu bedienen und gezielt für seine Zwecke zu verwenden. Selbstverständlich nahm er die Recherchen für bare Münze.

Der erste Bericht über Peter Yorck stammt vom 31. Juli 1944:

> Yorck hat spätestens im Juni von Stauffenberg selbst die Mitteilung erhalten, dass in ihm der Entschluss gereift sei, persönliche Schritte zu einer Beseitigung des Führers einzuleiten, dass «unsere verzweiflungsvolle Lage und die nach seiner Meinung unabwendbare Niederlage ein rasches Handeln erfordere. Auf seine Frage erklärte ich mich bereit, mich einem militärischen Vorgehen zur Verfügung zu stellen».
> Über die Motive seiner Teilnahme an der Verschwörung gibt der stark dekadente, in bürgerlich-christlichen Vorstellungen lebende Yorck Folgendes an:
> «Ich konnte mich einerseits der Bündigkeit der Stauffenberg'schen Beweisführung nicht verschließen, und andererseits hatte sich im Laufe der letzten Jahre in mir ein innerlicher Bruch mit dem Nationalsozialismus vollzogen, insbesondere waren es die nationalsozialistische Auffassung vom Recht, die über die Nürnberger Gesetze hinausgehenden Ausrottungsmaßnahmen gegen das Judentum und das Vorgehen, welches wir teilweise in den besetzten Gebieten an den Tag legten, die mich dem nationalsozialistischen Reich völlig entfremdet hatten. Ich bin der Überzeugung, dass eine europäische Einigung unter deutscher Führung im Zuge der Zeit liegt, aber sich nur verwirklichen lässt auf dem gemeinsamen Boden der abendländischen Vergangenheit, die im Wesentlichen geprägt ist durch Hellenismus, Christentum und die Schöpfungen des deutschen Geistes.»
> Ende Juni/Anfang Juli hat ihm Stauffenberg einen Posten in der neuen Regierung angetragen (Staatssekretär beim Reichskanzler). Yorck will abgelehnt haben, da seiner Meinung nach über die Verteilung der wichtigsten Staatsposten erst nach gelungenem Putsch zu entscheiden sei. «An der Bereitwilligkeit zu meinem Einsatz sollte er jedoch trotzdem nicht zweifeln.»

> Yorck hat dann an Schulenburgs Planungen für den zivilen Bereich mitgewirkt. Insbesondere hat er eine Reihe von Personalvorschlägen für die innere Verwaltung gemacht, die Schulenburg zum Teil übernahm (z. B. den Vorschlag Yorcks, den ehemaligen Polizeipräsidenten in Breslau zum Politischen Beauftragten zu ernennen). Yorck ist sowohl am 11. als auch 15. Juli in den beabsichtigten Anschlag eingeweiht worden. Am 18. Juli erhielt er durch Schwerin Kenntnis davon, dass Stauffenberg den Mord am 20. Juli 1944 erneut versuchen würde. Er fand sich am 20. Juli in der Bendlerstraße ein, und zwar mit einem von Schulenburg gewünschten Entwurf einer Anweisung für die Offiziere, die zunächst in die obersten Reichsbehörden gesetzt werden sollten, um in den ersten Tagen das Weiterlaufen der Verwaltung sicherzustellen. Als der Anschlag schiefging, hat Yorck den Entwurf vernichtet. (SB 1, 109 f.)

Die Leute des SD erkannten schnell die «konfessionellen Bindungen des Verschwörerkreises». Noch am 7. August 1944 wurde berichtet:

> Aus der Vernehmung des Oberleutnants Graf Yorck ergibt sich, dass zwischen den politischen Gesprächen häufig über liturgische Fragen, z. B. über die Ausgestaltung des Abendmahlsgottesdienstes, diskutiert worden ist.
> Stauffenberg, Yorck, Schwerin und Schulenburg haben etwa 3 bis 4 Wochen vor dem Anschlag lang und breit darüber gesprochen, dass das Christentum wieder die seelische Kraft der Zukunft sein solle. Generalfeldmarschall von Witzleben, selbst stark kirchlich eingestellt, sagte aus, dass nach den Wünschen der Verschwörer die politische Richtung der neuen Regierung mit ihrer mehr bürgerlichen Orientierung das Christentum stärker in den Vordergrund stellen sollte.

Und weiter:

> Eine große Zahl der Angeklagten hat vorgebracht, dass die Behandlung der Kirchenfrage im nationalsozialistischen Staat ihre Stellung zum Nationalsozialismus erheblich beeinflusst hat. (SB 1, 167 f.)

Ähnlich heißt es am 16. August 1944:

> Ein großer Teil von Personen, sowohl im Stauffenberg-Kreis wie in der Gruppe Goerdeler wie im Gewerkschaftsklüngel, ist konfessionell stark gebunden. Eines der Lieblingsthemen des Grafen Yorck waren Fragen der Reform der Liturgie und der möglichen Vereinigung von Protestanten und Katholiken. Haubach hat verschiedentlich an Zusammenkünften teilgenommen, bei denen solche Probleme erörtert wurden. (SB 1, 233 f.)

In seinem Bericht vom 19. August gibt der SD einen Überblick über die Entwicklung in der Gewerkschaftsgruppe und in der Gruppe um Moltke. Die Unterschiede zwischen den Plänen Goerdelers und Moltkes werden zutreffend benannt. Über Yorck wird im Gegensatz zu Moltke gesagt:

> Zumindest steht jedoch von Yorck fest, dass er unter dem Einfluss von Tresckow und Stauffenberg schon seit Ende vergangenen Jahres völlig zur engeren Verschwörerclique übergewechselt ist. (SB 1, 263 f.)

Richtig an der letzten Aussage dürfte sein, dass Yorck lange vor der Inhaftierung seines Freundes Moltke engste Kontakte zum Zentrum des militärischen Widerstands geknüpft und sich seine ablehnende Haltung gegenüber einem Attentat schon vor der Verhaftung Moltkes geändert hatte. Auch die politischen Argumente Lebers für einen baldigen Anschlag zeigten bei ihm Wirkung.

Es ist bemerkenswert, dass Yorck den SD nach seiner Hinrichtung mehr interessierte als vorher. Am 4. Oktober 1944 heißt es über seine Frömmigkeit:

> Während sich das Verhältnis von Christentum und Kirche bei Graf Schulenburg und Graf Schwerin etwa in dem Rahmen hielt, der bei den Stauffenbergs anzutreffen war, besuchte Graf Yorck sonntäglich den evangelischen Gottesdienst und vertrat eine streng kirch-

> liche, fast pietistische Linie. Yorcks älterer Bruder spielte, wie der Konsistorialrat Dr. Gerstenmaier aussagt, in der radikalen Bekenntnisfront eine Rolle. Der Name Yorck tritt dementsprechend in allen Kreisen auf, in denen kirchliche Fragen behandelt werden, so in dem Kreis um Geheimrat Zastrow, in dem auch Gerstenmaier verkehrte. Bei Zastrow wurden in regelmäßigen Abständen Vorträge über Kirche und Weltanschauung sowie über die Lage der Kirchen im Ausland gehalten. (SB 1, 436)

Die Mitarbeiter des SD waren nicht nur an der politischen Auffassung und der praktischen Tätigkeit der Verschwörer interessiert, sondern wollten darüber hinaus etwas über die Motive der Inhaftierten erfahren. Schnell erkannten sie, dass die meisten Angeklagten bewusst christlich und kirchlich gebunden waren. In diesem Zusammenhang fiel der Name Yorck am häufigsten. Yorck war für sie ein Verschwörer, der allein schon aufgrund seiner religiösen Orientierung und seiner kirchlichen Bindungen ein entschiedener Gegner der nationalsozialistischen Weltanschauung war. Hinzu kamen seine Verbindungen als Mitglied des Kreisauer Kreises zum Goerdeler-Beck-Kreis und zum Stauffenberg-Kreis. Im Ergebnis hielt der SD ihn für einen zentralen Mann der Verschwörung.

Trotz der gründlichen Recherchen hatte der SD freilich nur ein bruchstückhaftes Wissen über Yorck. Weite Felder seines Engagements im Widerstand wurden nicht erwähnt. Vor allem aber kannte der SD die Kreisauer Dokumente nicht. Weder wurden Yorcks volkswirtschaftliche Beiträge analysiert noch seine besonderen Beziehungen zum «Bayerischen Kreis» der Kreisauer, also zu den Jesuiten und zu anderen Münchner Gruppen, noch seine Freundschaften mit Sozialdemokraten.

Die Hinrichtung

Das Todesurteil über alle acht Angeklagten wurde noch am Abend des 8. August 1944 in Plötzensee vollstreckt. Wie es dort zuging, beschrieb später ein Gefängniswärter:

> Stellen Sie sich einen Raum mit niedriger Decke und geweißten Wänden vor. Unter der Decke war eine Schiene angebracht, an der zehn große Haken hingen, wie die, welche die Metzger brauchen, um das Fleisch abzuhängen. In einer Ecke stand eine Filmkamera, Scheinwerfer gaben ein grelles, blendendes Licht wie in einem Atelier. In diesem sonderbaren kleinen Zimmer befanden sich der Generalstaatsanwalt des Reiches, der Scharfrichter mit seinen beiden Gehilfen, der Filmoperateur und ich selbst mit einem zweiten Gefängniswärter. An der Wand stand ein kleiner Tisch mit einer Flasche Kognak und Gläsern für die Zeugen der Hinrichtung. Die Verurteilten wurden hereingeführt; sie hatten nur ihre Sträflingsanzüge an und trugen Handschellen. Sie wurden in einer Reihe aufgestellt. Grinsend und unter Witzen machte sich der Scharfrichter zu schaffen … Einer nach dem andern, alle zehn kamen dran. Alle zeigten den gleichen Mut. Das dauerte alles in allem fünfundzwanzig Minuten. Der Scharfrichter grinste ständig und machte dauernd seine Witze. Die Filmkamera arbeitete ohne Unterbrechung.[6]

Der Gefängnispfarrer Harald Poelchau war der letzte von den Freunden, der Yorck noch sah. In seinem Buch *Ordnung der Bedrängten* berichtet er:

> Welch eine Fügung, dass ich ihn noch allein und vertraulich sprechen konnte, ehe die SS-Männer mit Scheinwerfern in die Zelle drangen, um ihn, wie die anderen Gefangenen, ehe sie fortgeführt wurden, zu filmen, so wie sie das schon vor dem Volksgericht getan hatten.[7]

An anderer Stelle gab Poelchau zu Protokoll:

> Mit Peter Graf Yorck von Wartenburg konnte ich vor seiner Hinrichtung noch unter vier Augen zusammenkommen. Er war ein Vetter von Claus Graf von Stauffenberg und wurde am 20. Juli in der Bendlerstraße verhaftet. Er galt als der Verbindungsmann zwischen der Militärgruppe, dem Moltke-Kreis und den Sozialdemokraten Mierendorff und Leber. Wie Helmuth Graf von Moltke stammte auch Peter Yorck aus einer kultivierten schlesischen Adelsfamilie, die durch ihre philosophische und literarische Tradition berühmt war. Peter Yorck, der zurückhaltende, leise sprechende, im ersten Augenblick etwas degeneriert wirkende Mann, taute erst immer nach einer Weile auf und überraschte dann durch die Schärfe seiner pointierten Redeweise. In der Öffentlichkeit wirkte er nicht so wie Helmuth von Moltke. Er lebte mehr der persönlichen Besinnung und für den Kreis seiner Freunde. Und er war stark mit der Heimat verbunden. Noch in seinem Abschiedsbrief kreisten seine Gedanken um die Gärten und Felder von Kauern in Schlesien.
> Ich empfand es als ein gütiges Geschick, noch einmal und als Letzter ihm zum Abschied die Hand geben zu können. Seine Hände waren gefesselt. Er war seit vielen Tagen nicht rasiert und sah elend aus. Aber er hielt sich gelassen. Er konnte mir nicht nur Grüße an die auch mir bekannten Angehörigen aufgeben, sondern wichtige vertrauliche Nachrichten und Warnungen über das, was er selbst und die Kameraden in der Prinz-Albrecht-Straße ausgesagt hatten. Unsere letzte Aussprache wurde gewaltsam unterbrochen. Uniformierte SS-Männer, mit Scheinwerfern und Filmkameras ausgerüstet, drangen laut in die Zelle ein und filmten ihn ebenso wie die anderen Gefangenen, ehe sie zur Hinrichtung geschleppt wurden. Der Film … im Auftrag des Reichsfilmintendanten gedreht, sollte den gesamten Prozess in all seinen Phasen ausführlich und in allen Einzelheiten bis zuletzt zeigen: von der Verhandlung vor dem Volksgerichtshof bis zu den letzten Zuckungen der Opfer am Galgen. … Der Tod am Galgen, in Plötzensee durch Fleischerhaken ersetzt, sollte vor allem die alten Soldaten ganz besonders demütigen.[8]

Marion berichtet, Poelchau habe ihr erzählt,

> dass er noch mit Peter ein Vaterunser gebetet hätte, und: Weißt Du, sagte er zu mir, ich glaube, er ist aus dem Gefühl der Gotteskindschaft nicht herausgefallen. Auch berichtete er, dass Peter ihm noch gesagt hätte, von den Freunden sei nichts, kein Name verraten worden. (Stille, 83)

Peter Yorck wurde am 8. August 1944 zusammen mit den anderen Verurteilten um 18.30 Uhr in Berlin-Plötzensee gehängt. Seine Leiche wurde wie die der anderen Hingerichteten verbrannt, ihre Asche auf den nahe gelegenen Berliner Rieselfeldern verstreut.

Epilog

Am Morgen des 9. August, am Tag nach der Hinrichtung, besuchte Marion Yorck Hanns Lilje.

> Wir haben also über Peter gesprochen, und er hat dann für ihn in einer kleinen Kapelle der Kirche in der Hortensienstraße eine Andacht gehalten. Er tat das jeden Mittwochnachmittag. Diesmal sprach er über das Losungswort des vorangegangenen Tages [also des Todestages von Peter], 2. Timotheus, Kap. 4, Vers 7: «Ich habe einen guten Kampf gekämpft, ich habe den Lauf vollendet, ich habe Glauben gehalten.» Es waren viele Gläubige dort, Lilje hatte eine große Gemeinde. Niemand wusste, dass er für mich und für Peter sprach. (Stille, 80)

Gegen Marion, die bei ihrer Schwägerin Bertha und ihrem Schwager Friedrich Carl Siemens untergekommen war – das Haus in der Hortensienstraße war beschlagnahmt worden –, wurde ein Haftbefehl erlassen. Am 10. August, zwei Tage nach der Hinrichtung ihres Mannes, wurde sie in das Gestapo-Quartier in der Meineckestraße 10 gebracht, von wo sie für eine Nacht in das Gestapo-Gefängnis in der Prinz-Albrecht-Straße kam, bevor sie für fast drei Monate ins Untersuchungsgefängnis Moabit verlegt wurde. Sie hat darüber sehr genau in ihrem Buch *Die Stärke der Stille* berichtet (81 ff.). Vor allem dem Gefängnispfarrer Harald Poelchau hat sie hier ein literarisches Denkmal gesetzt.

Abbildung 54: Hanns Lilje am 18. Januar 1945 vor dem Volksgerichtshof. Wegen seiner seelsorgerischen Tätigkeit für Mitglieder des Kreisauer Kreises wurde er am 19. August 1944 von der Gestapo verhaftet und kam erst am 26. Mai 1945 wieder frei.

Ohne Zweifel war für Peter Yorck neben der intensiven Beziehung zu seiner Frau Marion die Zusammenarbeit und Freundschaft mit Helmuth James von Moltke das Wichtigste in den fünf Kriegsjahren. Der eine kann ohne den anderen nicht verstanden werden. Doch am Ende legte sich ein leichter Schatten auf diese Beziehung.

Moltke wurde im Januar 1944 verhaftet. Die dramatischen Monate vor dem Attentat vom 20. Juli bekam er nicht mit, und von der Hinwendung Yorcks zum engeren Kreis seines Vetters Claus von Stauffenberg hörte er nur wenig Konkretes. Die politischen und moralischen Gründe, die Yorck – trotz zurückbleibender Zweifel – zum Ja zum Attentat bewogen hatten, hat Moltke nie von ihm erfahren. Er musste am 20. Juli abends im Radio hören, dass sein Freund Peter in der Bendlerstraße verhaftet worden war.

Den Prozessverlauf konnte er im Radio und im *Völkischen Beobachter* verfolgen. In seinen Briefen aus der Haft in Ravensbrück steht aus Gründen der Zensur natürlich kein Wort über seine Gefühle, als er die Nachricht vom Tod seines Freundes erhielt.

Erst Freya berichtete ihrem Mann in einem Brief vom 11. Oktober 1944 – Moltke war inzwischen in Tegel inhaftiert –, dass die Haltung Yorcks vor dem Volksgerichtshof selbst bei SS-Leuten «noch durchaus in aller Mund» sei.[1] Schon am nächsten Tag schrieb sie:

> Marion möchte, dass Du weißt: Peter missbilligte das auch, was Du missbilligst, genau wie Du. Er wurde hereingezogen.[2]

Marion musste von Moltkes Irritation über das Verhalten seines Freundes gehört haben. Ihre Interpretation dürfte aber mehr eine Schutzbehauptung um des Friedens willen zwischen dem schon Hingerichteten und dem vor seinem Prozess Stehenden sein denn eine Tatsachenbehauptung. Es entsprach dem eigenständigen Charakter Yorcks in keiner Weise, sich in etwas hineinziehen zu lassen, was er nicht selbst wollte.

In ihrem Brief an ihren Mann vom 19. Oktober fragte Freya von Moltke:

> Denkst Du manchmal an den Peter? Beschäftigt er Dich? Ist er auch unter denen, die Dir den Weggang erleichtern? Wie stehst Du zu ihm, das interessiert mich. Ich habe ihn so gerne und bin auch seinen Frauen nun sehr verbunden. Ich habe ihn eigentlich richtig lieb, so wie ich meine und Deine Brüder liebe, und er stand mir in den letzten Monaten durch seine unermüdliche Hilfsbereitschaft und Freundschaft sehr nahe. Er liebte Dich wirklich![3]

Schon zwei Tage später antwortete er:

> Wie ich zu Peter stehe? Etwas beschämt, weil ich das Gefühl habe, ihn nicht so zu lieben wie er mich. Ich habe ihn sehr geschätzt, ich war sehr mit ihm befreundet, er stand mir so nah wie meine Brüder

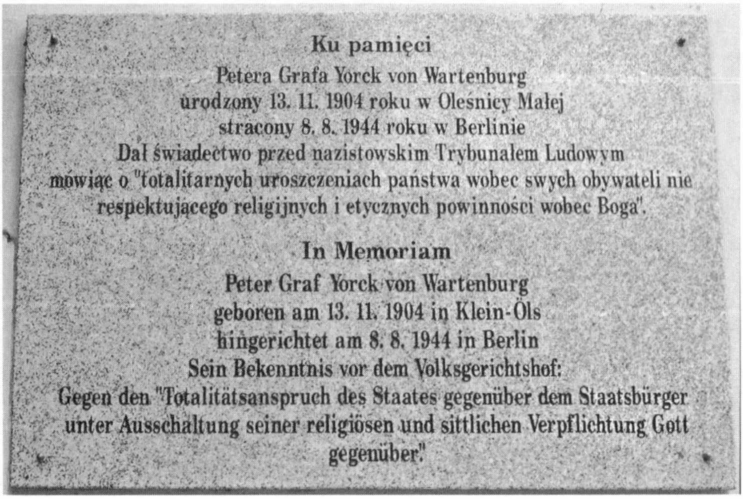

Abbildung 55: Die Gedenktafel für Peter Graf Yorck von Wartenburg auf dem Schlosshof von Klein-Oels ist auch ein Zeichen der deutsch-polnischen Aussöhnung. Die Tafel mit dem polnischen und deutschen Text wurde am 22. November 2002 von der Forschungsgemeinschaft 20. Juli enthüllt. Bei dieser Gelegenheit hat der Verfasser eine Gedenkrede gehalten.[5]

und Deine Brüder, trotzdem habe ich schon immer das Gefühl gehabt, dass wir nicht ganz gleich stünden, dass er mehr gab, als er von mir empfing, dass er selbstloser mir gegenüber war als ich ihm gegenüber. Das hat mich immer etwas bedrückt. Ist das klar. – In der Zeit nach dem 20. Juli hat mich außerdem seine Beteiligung ihm gegenüber in eine Distanz gebracht, die ich vom ersten Tage an missbilligt habe, gegen die ich aber garnicht ankonnte. Das ist erst hier in Tegel besser geworden und wohl ganz überwunden. Die Kritik an ihm, die ich dabei fühle – man hat mir gesagt, er habe Staatssekretär von Goerdeler werden wollen –, bleibt, denn mir ist unverständlich, wie er sich dazu hat bereit finden lassen können, aber sie ist auf eine niedere Ebene gerichtet, die meine Beziehungen zu ihm nicht mehr belastet, als wenn ich manchmal etwas nicht billige, was Du machst.[4]

Die Antwort Moltkes dürfte ein Musterbeispiel für differenzierte Aussagen über ein kompliziertes zwischenmenschliches Verhältnis sein. Yorck war sein Freund, und in dieser Freundschaft meint Moltke ein gewisses Ungleichgewicht in ihren Beziehungen verspürt zu haben. Aber in diesem Punkt liegt nicht das Problem, das sich als Schatten über die Freundschaft legte. Moltke konnte nicht verstehen, dass Yorck sich in die Goerdeler-Beck-Gruppe hatte integrieren können. Die Abweichung Yorcks und anderer Freunde von der alten Kreisauer Linie, die Neuordnung Deutschlands nicht mit einem Mord zu beginnen, konnte Moltke nur schwer akzeptieren. Die Frage, ob er selbst, wenn er nicht in Ravensbrück gesessen hätte, angesichts der Invasion im Westen und des Großangriffs im Osten bei seinem strikten Nein zur Beseitigung Hitlers geblieben wäre, muss offenbleiben. Im Gefängnis Tegel, wo Moltke auf seinen eigenen Prozess und seine Hinrichtung wartete, dachte er aber schon anders über die Yorck'sche Wende, sie belastete ihn nicht mehr. Die Wunde schien sich geschlossen zu haben.

Als Helmuth James von Moltke am 23. Januar 1945 hingerichtet wurde, hatte er seinen Freund Peter Yorck ein halbes Jahr überlebt. Ihr gemeinsamer Kampf gegen Hitler, sein System und seine Kriegspolitik endete mit ihrer Hinrichtung an den gleichen Haken von Plötzensee. Die Irritation am Ende mag ihre Gemeinsamkeit beschädigt haben, konnte sie aber nicht zerstören. Ihr Opfergang wurde später zum Fundament für ein anderes Deutschland.

Anhang

Zeittafel

1904, *13. Nov.*	Geburt auf dem Gut Klein-Oels bei Ohlau, Niederschlesien; Vater: Heinrich Yorck (1861–1923), Mutter: Sophie, geb. Freiin von Berlichingen (1872–1945); Geschwister: Bertha (1899–1950), Davida (1900–1989), Paul (1902–2002), Nina (1903–1978), Dorothea (1906–1960), Hans (1909–1939), Renate (1910–2005), Irene (1913–1950), Heinrich (1915–1942)
1920, *Okt.*	Eintritt in die evangelische Klosterschule Roßleben
1923, *Ostern*	Abitur
1923–1926	Studium der Rechts- und Staatswissenschaften in Bonn und Breslau
1927	Juristische Promotion in Breslau
1927–1930	Referendar bei Gerichten in Schlesien und Berlin
1929, *März*	Teilnahme am Schlesischen Arbeitslager
1930, *Mai*	Assessorexamen; Heirat mit Marion Winter (1904–2007)
1930–1932	Gerichtsassessor in Oppeln; Tätigkeit in einer Rechtsanwaltspraxis in Berlin
1932, *ab 1. April*	Anstellung im Kommissariat für Osthilfe in Berlin
1934	Arbeitsdienst und Teilnahme an einer militärischen Übung
1934, *ab 10. April*	Justitiar am Oberpräsidium in Breslau
1. Sept.	Ernennung zum Regierungsassessor
seit Dez.	Mitarbeiter von Regierungspräsident und Gauleiter Joseph Wagner
1936, *22. Okt.*	Versetzung nach Berlin ins Reichskommissariat für Preisfragen unter Joseph Wagner, Referent für Organisations- und Grundsatzfragen
1937	Einzug in die Hortensienstraße 50 in Berlin-Lichterfelde
1938, *1. Okt.*	Ernennung zum Oberregierungsrat, dann Beförderungsstopp wegen Nichteintritts in die NSDAP
1938, *nach 9. Nov.*	Arbeit im «Grafenkreis» an einer Neuordnung Deutschlands und einer neuen Reichsverfassung
1939, *25. Aug.*	Einberufung und Teilnahme am Polenfeldzug als Adjutant des Panzerregiments 15
9. Sept.	Yorcks Bruder Hans fällt in Polen.
Okt.	Er wird als «unabkömmlich» eingestuft und kehrt in das Berliner Reichspreiskommissariat zurück.
1940, *16. Jan.*	Mittagessen und Gespräch mit Helmuth James von Moltke in der Hortensienstraße, Beginn der Zusammenarbeit, Abfassung von Denkschriften
Mai	Yorcks Vorgesetzter Josef Wagner wird abgesetzt.
1941, *ab März*	Kontakte zum Freiburger Kreis von regimekritischen Nationalökonomen

1942, *Jan.*	Verwundung des Bruders Paul Yorck
10. März	Yorcks Bruder Heinrich fällt in Russland.
22.–25. Mai	Erstes Kreisauer Treffen
15. Juli	Nach seiner Entlassung aus der Behörde für Preisbildung durch den neuen Vorgesetzten wird Yorck zum Wirtschaftsstab Ost im Oberkommando der Wehrmacht einberufen.
Juli	Yorcks Aufsatz «Ansätze zum Leistungswettbewerb in der Kriegswirtschaft» erscheint in der von Günter Schmölders herausgegebenen Schrift *Der Wettbewerb als Mittel volkswirtschaftlicher Leistungssteigerung und Leistungsauslese.*
16.–18. Okt.	Zweites Kreisauer Treffen
1943, *12.–14. Juni*	Drittes Kreisauer Treffen
Ende Juli	Besuch bei Heinrich Graf von Dohna-Schlobitten, um ihn als Landesverweser in einer künftigen Regierung zu gewinnen
9. Aug.	Verabschiedung der Kreisauer «Grundsätze für die Neuordnung» und der ersten «Weisung an die Landesverweser»
1. Okt.	Claus von Stauffenberg wird Chef des Stabes bei General Olbricht.
1944, *19. Jan.*	Verhaftung von Helmuth James von Moltke; Intensivierung der Zusammenarbeit mit Stauffenberg
Mitte Juli	Verhaftung von Julius Leber und Adolf Reichwein
20. Juli	Attentat auf Adolf Hitler, Verhaftung durch die Gestapo
Ende Juli	Vernehmung an verschiedenen Orten
7. Aug.	Erster Verhandlungstag vor dem Volksgerichtshof
8. Aug.	Zweiter Verhandlungstag, Verurteilung zum Tode, 18.30 Uhr Hinrichtung durch den Strang in Berlin-Plötzensee

Stammtafel

Johann David Ludwig Graf Yorck von Wartenburg ∞
(1759–1830)

Ludwig Graf Yorck von Wartenburg ∞
(1805–1865)

Paul Graf Yorck von Wartenburg ∞
(1835–1897)

- Heinrich Graf Yorck von Wartenburg (1861–1923)
  ∞
  Sophie Freiin von Berlichingen (1872–1945)
- Eva Gräfin Yorck von Wartenburg (1863–1914)
- Bertha Gräfin (1864–1928)

Children of Heinrich and Sophie:

- Bertha Gräfin Yorck von Wartenburg (1899–1950)
  ∞
  Friedrich Carl Siemens (1877–1952)
  - Andreas Siemens (1921–1944)
  - Annabel Siemens (*1923)
  - Daniela Siemens (*1926)
  - Peter Siemens (1928–2010)
- Davida Gräfin Yorck von Wartenburg (1900–1989)
  ∞
  Hans Adolf von Moltke (1884–1943)
  - Monika von Moltke (1927–1946)
  - Maria von Moltke (*1929)
  - Friedrich von Moltke (*1931)
  - Heinrich von Moltke (*1933)
  - Wulf von Moltke (*1935)
  - Gebhardt von Moltke (*1938)
  - Angelika von Moltke (*1940)
  - Renate von Moltke (*1942)
- Paul Graf Yorck von Wartenburg (1902–2002)
  ∞
  Else Eckersberg (1895–1989)
  - Alexander Graf Yorck von Wartenburg (*1927) adopt. von Paul Graf Yorck von Wartenburg
- Nina Gräfin Yorck von Wartenburg (1903–1978)
  ∞
  Joachim von Prittwitz u. Gaffron (1898–1962)
  - Heinrich von Prittwitz u. Gaffron (1935–2008)
  - Brunhild von Prittwitz u. Gaffron (*1940)
  - Anselm von Prittwitz u. Gaffron (*1941)
  - Carl-Joachim von Prittwitz u. Gaffr (*1947)
- Peter Graf Yorck von Wartenburg (1904–1944)
  ∞
  Marion Wint (1904–2007)

Johanna Seidel
(1768–1827)

Bertha von Brause
(1807–1845)

weitere Kinder

Louise von Wildenbruch
(1838–1918)

weitere Kinder

Wartenburg

Veronica Gräfin Yorck von Wartenburg
(1867–1959)

Ernst Graf Yorck von Wartenburg
(1873–1931)

orothea
räfin
orck von
Vartenburg
906–1960)

Hans
Graf
Yorck von
Wartenburg
(1909–1939)

Renate
Gräfin
Yorck von
Wartenburg
(1910–2006)
⚭
Horst Wolf von
Gersdorff
(1904–1993)

Ins-Gero von Gersdorff
(*1931)
Christian von Gersdorff
(1933–1999)
Marina von Gersdorff
(*1937)
Hans Gero von Gersdorff
(*1941)

Irene
Gräfin
Yorck von
Wartenburg
(1913–1950)

Heinrich
Graf
Yorck von
Wartenburg
(1915–1942)

Abkürzungen

Br. 1	Brakelmann, Günter: Der Kreisauer Kreis. Chronologie, Kurzbiographien und Texte aus dem Widerstand, Münster 2003
Br. 2	Brakelmann, Günter: Die Kreisauer: folgenreiche Begegnungen. Biographische Skizzen zu Helmuth James von Moltke, Peter Yorck von Wartenburg, Carlo Mierendorff und Theodor Haubach, Münster 2004
Br. 3	Brakelmann, Günter: Christsein im Widerstand: Helmuth James von Moltke. Einblicke in das Leben eines jungen Deutschen, Berlin 2008
BV	Yorck, Heinrich Graf von: «Bismarcks Vermächtnis», in: DieTradition, H. 14, Berlin 1923
Delp	Bleistein, Roman (Hg.): Alfred Delp: Gesammelte Schriften, 5 Bde., Frankfurt/M. 1982–1988
Doss.	Bleistein, Roman (Hg.): Dossier: Kreisauer Kreis. Dokumente aus dem Widerstand gegen den Nationalsozialismus. Aus dem Nachlaß von Lothar König S. J., Frankfurt/M. 1987
Friedrichs	Friedrichs, Axel: Deutschlands Aufstieg zur Großmacht 1936, Berlin 1940 (Dokumente der deutschen Politik, hg. von Paul Meier-Benneckenstein, Bd. 4)
MB	Moltke, Helmuth James von: Briefe an Freya 1939–1945, hg. von Beate Ruhm von Oppen, München 1991
Mühlen	Mühlen, Bengt von zur (Hg.) unter Mitarbeit von Andreas von Klewitz: Die Angeklagten des 20. Juli vor dem Volksgerichtshof, Berlin-Kleinmachnow 2001, Anlage: Stenogramm der ersten Volksgerichtshofverhandelung vom 7./8. August 1944, 35 ff.
NGB	Neugebauer, Paul: Spaziergänge in und um Klein-Oels, Breslau 1924
SB	Jacobsen, Hans-Adolf (Hg.): «Spiegelbild einer Verschwörung». Die Opposition gegen Hitler und der Staatsstreich vom 20. Juli 1944 in der SD-Berichterstattung. Geheime Dokumente aus dem ehemaligen Reichssicherheitshauptamt, 2 Bde., Stuttgart 1984
Stille	Yorck von Wartenburg, Marion: Die Stärke der Stille. Erzählung eines Lebens aus dem deutschen Widerstand, Köln 1984
Tgb.	Die Hassell-Tagebücher 1938–1944. Ulrich von Hassell. Aufzeichnungen vom Andern Deutschland. Nach der Handschrift revidierte und erweiterte Ausgabe unter Mitarbeit von Klaus Peter Reiß hg. von Friedrich Frhr. Hiller von Gaertingen, München 1991
VS	Yorck von Wartenburg, Heinrich Graf: Vaterländische Sorgen. Zwei Reden und ein Brief, Berlin 1917

Anmerkungen

Vorwort

1 Grundlegend für die Geschichte des deutschen Widerstands: Peter Hoffmann: Widerstand, Staatsstreich, Attentat; Klemens von Klemperer: Die verlassenen Verschwörer.

Kapitel I

1 Vgl. Johann Gustav Droysen: Yorck von Wartenburg. Ein Leben preußischer Pflichterfüllung, Nachdruck, Essen [o. J.].
2 Chronik der ehemaligen Hochritterlichen Maltheser-Ordens-Commende, jetzigen Hochgräflichen Yorck von Wartenburg'schen Majorats-Herrschaft Klein-Oels, Ohlauer Kreises. Vom Jahre 1152 bis 1845, Breslau 1845.
3 Wuttke: Forschungsreise.
4 Vgl. Gründer: Zur Philosophie, 253 ff.
5 Ebd., 154 ff.
6 Ebd., 209 ff.
7 Ebd., 187 ff.
8 Ebd., 237 ff.
9 Ebd., 282 ff.
10 Vgl. Schulenburg: Briefwechsel.
11 In: Die Tradition 14, 1923, 393 ff.
12 Vgl. Ringelnatz: Mein Leben.
13 Ebd., 241.
14 Ebd., 242.
15 Ebd., 245.
16 Ebd., 243 f.
17 Joachim Ringelnatz: «Der tätowierte Apion», in: Sämtliche Erzählungen, 48 ff.
18 Ringelnatz: Mein Leben, 256.
19 Vgl. M. Yorck: Weltgeschichte, V.

Kapitel II

1 In einem sehr lebendigen Bericht über ihre Mutter und über das Leben im Schloss hat Yorcks Schwester Renate von Gersdorff, geb. Yorck (1910–2006), das vielfältige Leben in ihrer Jugend, aber auch die Tragik des gemeinsam erlebten Kriegsendes mit dem Tod der Mutter geschildert.
2 Vgl. Klosterschule Roßleben. Zeitreise durch eine Traditionsschule, Quedlinburg 2004.
3 Diese und die folgenden Quellen liegen im Archiv der Schule.
4 Vgl. Winkel. Corpsgeschichte.

5 Die Haftung der öffentlichen Körperschaften, 38.
6 Ebd., 23.
7 Stille, 40.
8 Vgl. Rosenstock / Trotha: Das Arbeitslager, 68.
9 Marion Yorck hat in ihrer Autobiografie *Die Stärke der Stille* das Kennenlernen und die weitere Entwicklung der Beziehung anschaulich geschildert (24 ff.).
10 In: Bestand Roon im Institut für Zeitgeschichte, München.
11 Martin von Katte: Schwarz auf Weiß, Erinnerungen eines Neunzigjährigen, Berlin 1987.
12 Vgl. Norman Davies / Roger Moorhouse: Die Blume Europas, Breslau–Wroclaw–Vratislavia. Die Geschichte einer mitteleuropäischen Stadt, München 2002, 403 ff., Kapitel 7.
13 Walter Tausk: Breslauer Tagebuch 1933–1940, Berlin 2000.
14 Fritz Stern: Fünf Deutschland und ein Leben. Erinnerungen, München 2007.
15 Vgl. als Beispiel: Norbert Kopferer: Die Nazifizierung der Philosophie an der Universität Breslau 1933–1945, Münster 2001.
16 Vgl. Ulrich Hutter-Wolandt: «Vom Kirchenkampf bis in die Nachkriegszeit», in: ders. u. a. (Hg.): Quellenbuch zur Geschichte der evangelischen Kirche in Schlesien, München 1992, 445 ff.
17 Brief vom 13. November 1961 an das Oberverwaltungsgericht Berlin.
18 Vgl. Steitz, Walter (Hg.): Quellen zur deutschen Wirtschafts- und Sozialgeschichte in der Zeit des Nationalsozialismus, 2 Bde., Darmstadt 2000.
19 Ebd., 87.
20 Ebd., 89.
21 Ebd., 92.
22 Hans Dichgans: Zur Geschichte des Reichskommissars für die Preisbildung, Düsseldorf 1977, 6.

Kapitel III
1 Vgl. Schwerin, Dann sind's die besten Köpfe.
2 Ebd., 447 ff. (Kessel: «Umschwung in D.»).
3 Vgl. Ehrensberger: «Grundzüge einer neuen Verfassung», in: ebd., 252 ff.
4 Vgl. Werner Schubert: Protokolle der Ausschüsse (Akademie für Deutsches Recht 1933–1945, Bd. XIX), Frankfurt a. M. u. a., 636 ff.
5 Ebd., 638.
6 In dem Aufsatz «In memoriam Jens Jessen» schreibt Schmölders über die Arbeit der Akademie: «Vor allem ist es das Verdienst Jessens, die Klasse ‹Wirtschaftswissenschaften› der Akademie für Deutsches Recht organisiert und ihre Tätigkeit maßgebend in der Richtung eines passiven und gelegentlich aktiven Widerstandes gegen die Parteidoktrin und die Parolen des Dozentenbundes beeinflusst zu haben. Jessen berief alle Kollegen, von denen er sich eine einigermaßen ernsthafte Mitarbeit an wissenschaftlichen Fragen – und damit eine natürliche Gegnerschaft gegen alle nationalsozialistische Pseudowissenschaft – versprechen zu können glaubte, in die verschiedenen Arbeitsgemeinschaften der neuen Organisation. Nach außen trat die Gruppe mit der Veranstaltung wissenschaftlicher Tagungen und mit einer Reihe von Sammelwerken hervor, die sich gegenüber dem ‹Humbug Sciences› des Konjunkturschrifttums nicht nur durch wissenschaftlichen Gehalt, sondern vor allem auch durch

eine den Zielen des Nationalsozialismus offen oder versteckt entgegengesetzte Themenauswahl und innere Haltung auszeichnete. Gegen die versteckte Inflation der Jahre seit 1938 richtete sich die ‹Deutsche Geldpolitik› (Berlin 1941), gegen die persönlichkeitsfeindlichen Tendenzen der DAF die ‹Wirtschaftsgeschichte der deutschen Unternehmung› (Berlin 1942) und gegen die staatssozialistischen und Planwirtschaftstendenzen das Sammelwerk ‹Der Wettbewerb als Mittel der volkswirtschaftlichen Leistungssteigerung und Leistungsauslese› (Berlin 1943). Dies Sammelwerk, dem schon eine vorläufige Abrechnung mit dem Gedanken des ‹gerechten Preises› vorangegangen war (Berlin 1940), ließ die wahre Zielsetzung der Gruppe fast gefährlich offen erkennen. Eine Besprechung, die Röpke in der ‹Neuen Züricher Zeitung› veröffentlichte, erklärte mit dürren Worten, dass mit dieser Schrift bzw. dem Eucken'schen Beitrag darin ‹das Fiasko der nationalsozialistischen Wirtschaftspolitik offen angeprangert› worden sei – eine Anerkennung, die Verfasser und Herausgeber schlaflose Nächte bereitete.» (Schmollers Jahrbuch 69, 1949, 9)

7 Stille, 31.

8 Steitz, Quellen, 2. Teilbd., 23.

9 Ebd., 30.

10 Vgl. Vorwort, 1.

11 Ebd., 49.

12 Schubert, 615.

13 In: Günter Schmölders: Der Wettbewerb als Mittel volkswirtschaftlicher Leistungssteigerung und Leistungsauslese, Berlin 1942, 29 ff.

14 Ebd., 29.

15 Ebd., 32.

16 Ebd., 34.

17 Ebd., 34 f.

18 Ebd., 45.

19 Ebd., 49.

20 Ebd., 29.

21 Vgl. Klaus Schwabe / Rolf Reichardt (Hg.): Gerhard Ritter. Ein politischer Historiker in seinen Briefen, Boppard am Rhein 1984, 635 ff.; 655 ff.

22 Vgl. Steitz, 2. Teilbd., 181 ff.

23 Herbert Michaelis / Ernst Schraepler (Hg.): Ursachen und Folgen. Vom deutschen Zusammenbruch 1918 und 1945 bis zur staatlichen Neuordnung Deutschlands in der Gegenwart. Eine Urkunden- und Dokumentensammlung zur Zeitgeschichte, Bd. 17, Berlin 1970, 713 ff.

24 Vgl. die sog. Grüne Mappe, in: BA 31/128 D.

25 Zur Haupttreuhandstelle Ost vgl. Rosenkötter, Bernhard: Treuhandpolitik, Essen 2003.

26 Vgl. Gerlach: Kalkulierte Morde, 1.110, Anm. 26 und 29; Becker u. a. (Hg.): Der militärische Widerstand.

Kapitel IV

1 Zu Beck vgl. Müller; zu Halder: Gerd R. Ueberschär: «Generaloberst Franz Halder», in: ders. (Hg.): Hitlers militärische Elite, Darmstadt 1998, 79 ff.

2 Zur Geschichte des Widerstands: Hoffmann, Widerstand; Klemperer, Die verlassenen Verschwörer.

3 Ernst Forsthoff: Der totale Staat, Hamburg 1933, 42.
4 Otto Koellreutter: Der deutsche Führerstaat, Tübingen 1934, 7.
5 Abgedruckt als Anhang zu: Gerhard Ringshausen: Bekennende Kirche und Widerstand. Das Beispiel der Brüder Paul und Peter Graf Yorck von Wartenburg, in: Katarzyna Stocklosa und Andrea Strübind (Hg.): Glaube – Freiheit – Diktatur in Europa und den USA. Festschrift für Gerhard Besier zum 60. Geburtstag, Göttingen 2007.
6 Für Literatur zu von der Gablentz vgl. Br. 1, 62 f.
7 Borsig, der am Kriegsende sein Gut nicht verlassen wollte, starb im sowjetischen Gewahrsam in Landsberg an der Warthe. Seine Frau lebte nach dem Krieg im Westen.
8 Vgl. die Lebensläufe in: Schwerin: Die Jungen des 20. Juli 1944, zu Wussow: 46 ff.
9 Zu Schwerin: ebd., 42 ff.
10 Vgl. Gillmann / Mommsen, Bd. 2, 873 ff.
11 Ebd., 950 ff.
12 Vgl. Gall: Abs.
13 Zu Steltzer vgl. Br. 1, 68 ff.
14 Zu Peters vgl. Br. 1, 89 ff.
15 Zu Reichwein vgl. Br. 1, 63 ff.
16 Vgl. Gerhard Schäfer: Dokumentation zum Kirchenkampf. Die Evangelische Landeskirche in Württemberg und der Nationalsozialismus, Bd. 6: Von der Reichskirche zur Evangelischen Kirche in Deutschland 1938–1945, Stuttgart 1986.
17 Vgl. Walter Adolph: Hirtenamt und Hitlerdiktatur, Berlin 1965; ders.: Kardinal Preysing und zwei Diktaturen, Berlin 1971; vgl. auch in Br. 3: Moltke und Hirtenbriefe der deutschen Bischöfe sowie Verlautbarungen der Päpste, 138 ff.; Wolfgang Knauft: Konrad von Preysing. Anwalt des Rechts. Der erste Berliner Kardinal und seine Zeit, Berlin 1998.
18 Zu Haubach vgl. Br. 1, 79 ff.
19 Vgl. Günter Brakelmann (Hg.): Kirche im Krieg. Der deutsche Protestantismus am Beginn des II. Weltkriegs, München 1979.
20 Brief an Katte abgedruckt in: Br. 2, 290.
21 Vgl. Rüther: Widerstand, 374 ff.
22 Schmölders: Personalistischer Sozialismus.
23 Vgl. Schwabe / Reichardt: Gerhard Ritter, 753 ff.
24 Vgl. Gerstenmaier: Streit und Frieden, 169 f.

Kapitel V

1 Moltke und Yorck bekamen die päpstlichen Texte durch Bischof Preysing.
2 Lit. zu Hans Adolf von Moltke: Biographische Daten im Bundesarchiv «Akten der Reichskanzlei. Weimarer Republik»; Johannes Dulfer: Hans Adolf von Moltke (1884–1943) – Botschafter des Deutschen Reiches in Warschau und Madrid. Ein Lebensbild, Bonn 1994 (Magisterarbeit); Bernhard Wiaderny: Der polnische Untergrundstaat und der deutsche Widerstand 1919–1944, Berlin 2002.
3 Neuere Untersuchungen zu Hans Adolf von Moltke: Heinrich von Moltke: Die Lissabon-Mission des deutschen Botschafters in Madrid 9. Januar 1943 – 22. März 1943 (MS).
4 Vgl. Andreas Hillgruber / Gerhard Hümmelchen (Hg.): Chronik des Zweiten Weltkrieges, Frankfurt am Main 1966, 109 f.

5 Vgl. Karl Holl: Gesammelte Aufsätze zur Kirchengeschichte, I: Luther, Tübingen 1923, 1 ff.; 111 ff.; 155 ff.; 468 ff.
6 Vgl. Besinnung und Entscheidung, 8.
7 Ebd., 39 ff.; 87 ff.
8 Vgl. ebd., 105.
9 Ebd., 50.
10 Ebd., 53.
11 Ebd., 97.
12 Vgl. Moltke: Im Land der Gottlosen, 196.
13 Vgl. Harpprecht: Die Gräfin Marion Dönhoff.

Kapitel VI
1 Zu Leuschner: Br. 1, 91 ff.; zu Maass: ebd., 93 ff.; zu Leber: ebd., 95 ff.
2 Vgl. Christian Müller: Oberst i. G. Stauffenberg, 451 ff.
3 Vgl. Gerstenmaier: Streit und Friede, 191 ff.
4 Ebd., 191 u. 193.
5 Ebd., 200.
6 Klemperer u. a.. (Hg.): «Für Deutschland», 373 f.
7 Poelchau: Ordnung der Bedrängten, 64 f.
8 Maser: Pfarrer am Schafott, 131 ff.

Epilog
1 Vgl. Moltke: Abschiedsbriefe, 62.
2 Ebd., 68.
3 Ebd., 83.
4 Ebd., 96 f.
5 Br. 2, 294 ff.

Literatur

Geschichte der Familie Yorck von Wartenburg

Droysen, Johann Gustav: Das Leben des Generalfeldmarschalls Grafen Yorck von Wartenburg, Leipzig 1897
Neugebauer, Paul: Spaziergänge in und um Klein-Oels, Breslau 1924
Stehr: Chronik der Hochritterlichen Kommende Klein-Oels 1152–1845, Kreis Ohlau, Breslau 1845
Wuttke, K.: Eine archivarische Forschungsreise durch den Kreis Ohlau, in: Zeitschrift des Vereins für Geschichte und Altertum Schlesiens 35, 1901, 358 ff.

Ludwig Yorck (1759–1830)

a) Schriften

Briefe an Heinrich Abeken, in: Katte, 358 ff.
Briefwechsel mit seinem Sohn Paul, in: ebd., 364 ff.; 591 ff.
Drei Erklärungen vom März 1848, in: Gründer, 373 ff.

b) Literatur

Abeken, Heinrich: Ein schlichtes Leben in bewegter Zeit, Berlin 1898
Abeken, Hedwig: Hedwig von Olfers geb. von Staegemann 1799–1891. Ein Lebenslauf, aus Briefen zusammengestellt, 2 Bde., Berlin 1914
Bleich, Eduard (Hg.): Der Erste Vereinigte Landtag in Berlin 1847, Berlin 1847
Dyhrn, Graf von: Nachruf auf Ludwig Yorck, in: Bd. 16 der Preußischen Jahrbücher; Neugebauer, Spaziergänge, 68 ff.
Frischbier, Wolfgang: Heinrich Abeken 1809–1872. Eine Biographie, Paderborn 2008
Kalckreuth, Johannes: Wesen und Werk meines Vaters. Lebensbild des Malers Graf Leopold von Kalckreuth, Hamburg 1967
Katte, Lulu von: Klein-Oels 1816–1871, als Manuskript gedruckt, o. O., o. J.
Kaufmann, Georg Heinrich (Hg.): Geschichte der Universität Breslau 1811–1911, Breslau 1911 (Festschrift zur Feier des hundertjährigen Bestehens der Universität Breslau, Erster Teil)
Reis, Karl: Agrarfrage und Agrarbewegung in Schlesien im Jahre 1848, Breslau 1910
Schmidt, W.: Die Partei Bethmann-Hollwegs und die Reaktion in Preußen 1850–1858, Berlin 1910

Siemann, Wolfram: Gesellschaft im Aufbruch. Deutschland 1849–1871, Frankfurt/M. 1990
Spenkuch, Hartwin: Das Preußische Herrenhaus. Adel und Bürgertum in der Ersten Kammer des Landtages 1854–1918, Düsseldorf 1998
Steffens, Heinrich [Henrik]: Was ich erlebte, 10 Bde., Breslau 1840–1844
Stein, Julius: Geschichte der Stadt Breslau im neunzehnten Jahrhundert, Breslau 1884
Tormin, Walter: Geschichte der deutschen Parteien seit 1848, Stuttgart 1967
Varnhagen, Karl August: Tagebücher, 15 Bde., Leipzig 1863 ff.
Wehler, Hans Ulrich: Deutsche Gesellschaftsgeschichte, Bd. 3: Von der Deutschen Doppelrevolution bis zum Beginn des Ersten Weltkrieges, München 1995

Paul Yorck (1835–1897)

a) Schriften

Gründer, Karlfried: Zur Philosophie des Grafen Paul Yorck von Wartenburg. Aspekte und neue Quellen, Göttingen 1970, darin von Paul Yorck:
Aus Synodalprotokollen, 237 ff.
Briefe 1852–1865, 121 ff.
Briefe an seine Frau 1866–1871, 187 ff.
Briefe an Verschiedene 1871–1890, 253 ff.
Briefe an Verschiedene 1892–1897, 354 ff.
Das Fragment von 1891, 309 ff.
Der Traum vom 7./8. September 1897, 364 ff.
Die Katharsis des Aristoteles und der Oedipus Coloneus des Sophokles, 154 ff.
Marginalien zu Harnacks Dogmengeschichte, 282 ff.
Protokolle des Preußischen Herrenhauses 1867–1876, 209 ff.
Yorck, Paul: Italienisches Tagebuch, hg. von Sigrid von der Schulenburg, Darmstadt 1927

b) Literatur

Bewußtseinsstellung und Geschichte. Ein Fragment, hg. von Iring Fetscher, Hamburg 1991
Kaufmann, Fritz: «Die Philosophie des Grafen Paul Yorck von Wartenburg», in: Jahrbuch für Philosophie und phänomenologische Forschung 9, Halle 1928
Kempski, Jürgen von: Lebensbild des Paul von Yorck, in: Deutsches Adelsblatt, 1939, 2. Halbjahr
Lorenz, Heinz: Das Bewußtsein der Krise und der Versuch ihrer Überwindung bei Wilhelm Dilthey und Graf Yorck von Wartenburg, in: Zeitschrift für Religionsgeschichte 11, 1959
Schulenburg, Sigrid von der (Hg.): Briefwechsel zwischen Wilhelm Dilthey und dem Grafen Paul Yorck von Wartenburg 1877–1897, Halle 1923
Trimondi, Viktor und Viktoria: Der Traum des Grafen Yorck vom 7./8. September 1897, Broschüre, o. O., o. J.
Weippert, Georg: Gustav von Schmoller im Urteil Wilhelm Diltheys und Yorck von Wartenburgs, in: Schmollers Jahrbuch 62, Jg. 1938

Maximilian Yorck (1850–1900)

a) Schriften

Weltgeschichte in Umrissen. Federzeichnungen eines Deutschen. Ein Rückblick am Schlusse des neunzehnten Jahrhunderts, Berlin 1897, 21. Auflage 1919

b) Literatur

Friedrich, Wilhelm: Maximilian Graf Yorck von Wartenburg, Berlin 1941
Helmolt, Hans F.: Graf Maximilian von Wartenburg, in: Friedrich Andreae u. a. (Hg.): Schlesier des 17. bis 19. Jahrhunderts, Breslau 1928 (Schlesische Lebensbilder, Bd. 3)

Heinrich Yorck (1861–1923)

a) Schriften

Bismarcks Vermächtnis, in: Die Tradition, Berlin, H. 14 vom 3. Juli 1923
Hans David Ludwig Graf Yorck von Wartenburg (1759–1830), in: Friedrich Andreae u. a. (Hg.): Schlesier des 19. Jahrhunderts, Breslau 1922 (Schlesische Lebensbilder, Bd. 1)
Reden im Preußischen Herrenhaus (u. a. 11. Mai 1904 über die Wiederzulassung des Jesuitenordens, 10. Mai 1907 über die Polonisierungspolitik in Oberschlesien), in: Protokolle des Herrenhauses
Vaterländische Sorgen. Zwei Reden und ein Brief, Berlin 1917 (enthält Reden im Herrenhaus vom 10. Januar 1914 über die «Wahrung der Stellung Preußens im Reich» und vom 9. März 1917 über «die Gewährung einer Entschädigung an die Mitglieder des Hauses der Abgeordneten», dazu einen Brief an Dr. Schmidt-Gibichenfels, Herausgeber der Politisch-Anthropologischen Monatsschrift)
Vorwort, in: Das Gymnasium und die neue Zeit. Fürsprachen und Förderungen für seine Erhaltung und seine Zukunft, Leipzig 1919
Zur Herrenhausreform, in: Konservative Schriftenvertriebsstelle (Hg.), «Herrenhausreform», Sonderdruck aus «Deutsche Revue», Juni 1918 (Otto von Gierke in treuer Verehrung zugeeignet)

b) Literatur

Gersdorff, Renate von: Erinnerungen an ihre Mutter Sophie Gräfin Yorck von Wartenburg, geb. Freiin von Berlichingen (MS 1998)
Hillebrandt, Alfred: Heinrich Graf Yorck von Wartenburg, in: Friedrich Andreae u. a. (Hg.): Schlesier des 18. und 19. Jahrhunderts, Breslau 1926 (Schlesische Lebensbilder, Bd. 2)
Ringelnatz, Joachim: Mein Leben bis zum Kriege, Hamburg 1966
–: Sämtliche Erzählungen, Zürich 2003
Rothacker, Erich: Heitere Erinnerungen, Frankfurt/M. und Bonn 1963

Paul Yorck (1902–2002)

a) Schriften

Das Bild des abendländischen Staates (1939), in: Gerhard Ringshausen, Bekennende Kirche und Widerstand. Das Beispiel der Brüder Paul und Peter Graf Yorck von Wartenburg, in: Katarzyna Stoklosa und Andrea Strübind (Hg.): Glaube – Freiheit – Diktatur in Europa und den USA. Festschrift für Gerhard Besier zum 60. Geburtstag, Göttingen 2007, 57 ff.

Erbe und Verantwortung. Rede am 20. Juli 1954 in der Universität Heidelberg (MS)

Ansprache am 20. Juli 1961: Wo Auftrag und Recht des Staates ihre Grenzen finden (MS)

Rede am 20. Juli 1962 in Sigmaringen (MS)

Gedenkrede am 20. Juli 1963 auf dem deutschen Soldatenfriedhof in Dagneux (Ain) (MS)

Besinnung und Entscheidung. Fragen an die Gegenwart, Aufsätze und Vorträge, Stuttgart 1971

b) Literatur

Buchstab, Günter (Hg.): Christliche Demokraten gegen Hitler. Aus Verfolgung und Widerstand zur Union, Freiburg, Basel und Wien 2003

Peter Yorck (1904–1944)

a) Schriften

Die Haftung der Körperschaften des öffentlichen Rechtes für Maßnahmen der Arbeiter- und Soldatenräte, Diss. Breslau 1927

Schmölders, Günter und Graf Yorck von Wartenburg (Hg.): § 22. Die Preisbildung nach der Kriegswirtschaftsverordnung, Stuttgart und Berlin 1941

Ansätze zum Leistungswettbewerb in der Kriegswirtschaft, in: Günter Schmölders: Der Wettbewerb als Mittel volkswirtschaftlicher Leistungssteigerung und Leistungsauslese, Berlin 1942

b) Literatur

Borsig, Barbara von: Erinnerungen an Peter Graf Yorck von Wartenburg und Adam von Trott zu Solz, 30.6.63, Institut für Zeitgeschichte München: ZS/A–18, Bd. 1

Engelberg, Fritz von: Peter Graf Yorck von Wartenburg, o. D., Institut für Zeitgeschichte München: ZS/A–18, Bd. 3

Rentrop, W.: Erinnerungen an Graf Yorck von Wartenburg, 12.9.63, Institut für Zeitgeschichte München: ZS/A–18, Bd. 9

Kreisauer Kreis und Widerstand

Becker, Manuel u. a. (Hg.): Der militärische Widerstand gegen Hitler im Lichte neuer Kontroversen. XXI. Königswinterer Tagung 22.–24. Februar 2008, Berlin 2010

Bielenberg, Christabel: Als ich Deutsche war 1934–1945. Eine Engländerin erzählt, München 1996

Bleistein, Roman (Hg.): Alfred Delp. Gesammelte Schriften, 5 Bde., Frankfurt/M. 1982–1988

–: Dossier: Kreisauer Kreis. Dokumente aus dem Widerstand gegen den Nationalsozialismus. Aus dem Nachlaß von Lothar König S. J., Frankfurt/M. 1987

Bracher, Karl Dietrich u. a. (Hg.): Nationalsozialistische Diktatur 1933–1945. Eine Bilanz, Düsseldorf 1983

Brakelmann, Günter: Christsein im Widerstand: Helmuth James von Moltke. Einblicke in das Leben eines jungen Deutschen, Berlin 2008

–: Der Kreisauer Kreis. Chronologie, Kurzbiographien und Texte aus dem Widerstand, Münster 2003

–: Die Kreisauer: folgenreiche Begegnungen. Biographische Skizzen zu Helmuth James von Moltke, Peter Yorck von Wartenburg, Carlo Mierendorff und Theodor Haubach, Münster 2004

–: Eine biographische Skizze: Peter Graf Yorck von Wartenburg im Kreisauer Kreis, in: ders., Die Kreisauer, 183 ff.

–: Helmuth James von Moltke 1907–1945. Eine Biographie, München 2007

–: Peter Yorck von Wartenburg. Chronologie seines Lebens im Kontext der politischen Geschichte und der Geschichte des Widerstandes, in: ders., Die Kreisauer, 129 ff.

Der Kreisauer Kreis. Porträt einer Widerstandsgruppe. Begleitbuch zu einer Ausstellung der Stiftung Preußischer Kulturbesitz, bearb. von Wilhelm Ernst Winterhager, Berlin 1985, 21 ff.

Der Prozeß gegen die Hauptkriegsverbrecher vor dem Internationalen Militärgerichtshof, Bd. XXXIII, Nürnberg 1949, zum Prozess vor dem Volksgerichtshof: 301 ff.; 442 ff.

Der Weg in die soziale Marktwirtschaft. Referate, Protokolle, Gutachten der Arbeitsgemeinschaft Erwin von Beckerath 1943–1947, bearb. von Christine Blumenberg-Lampe, Stuttgart 1986

Dietzel, Ulrich und Eberhard Görner: Gespräch mit Marion Gräfin Yorck von Wartenburg, in: Sinn und Form 3/1983

Dönhoff, Marion Gräfin: Menschen, die wissen, worum es geht, Hamburg 1976

–: «Um der Ehre willen». Erinnerungen an die Freunde vom 20. Juli, Berlin 1994, 118 ff.

Fest, Joachim: Staatsstreich. Der lange Weg zum 20. Juli, Berlin 1994

Förster, Jürgen, Die Wehrmacht im NS-Staat. Eine strukturgeschichtliche Analyse, München 2007

Frohn, Axel: Peter Graf Yorck von Wartenburg, in: Rudolf Lill und Heinrich Oberreuter (Hg.): 20. Juli. Porträts des Widerstands, Düsseldorf und Wien 1984, 363 ff.

Furtwängler, Franz Josef: Männer, die ich sah und kannte, Hamburg 1951

Gall, Lothar: Der Bankier Hermann Josef Abs. Eine Biographie, München 2004

Gerlach, Christian: Kalkulierte Morde. Die deutsche Wirtschafts- und Vernichtungspolitik in Weißrußland 1941–1944, Hamburg 1999

Gerstenmaier, Eugen: Der Kreisauer Kreis. Zu dem Buch Gerrit van Roons «Neuordnung im Widerstand», in: Vierteljahrshefte für Zeitgeschichte 15 (1967), 221 ff.
–: Streit und Frieden hat seine Zeit. Ein Lebensbericht, Berlin 1980
–: Spaziergänge mit Peter. Archiv der Konrad-Adenauer-Stiftung. ACDP-Bestand Nr. 1984 (MS)
Geyken, Frauke: Freya von Moltke. Ein Jahrhundertleben 1911–2010, München 2011
Gillmann, Sabine und Hans Mommsen (Hg.): Politische Schriften und Briefe Carl Friedrich Goerdelers, 2 Bde., München 2003
Gniss, Daniela: Der Politiker Eugen Gerstenmaier 1906–1986. Eine Biographie, Düsseldorf 2005
Harpprecht, Klaus: Die Gräfin Marion Dönhoff. Eine Biographie, Hamburg 2009
Hassell, Ulrich von: Die Hassell-Tagebücher 1938–1944. Aufzeichnungen vom Andern Deutschland. Nach der Handschrift revidierte und erweiterte Ausgabe unter Mitarbeit von Klaus Peter Reiß hg. von Friedrich Frhr. Hiller von Gaertringen, München 1991
Heinemann, Ulrich: Ein konservativer Rebell. Fritz-Dietlof Graf von der Schulenburg und der 20. Juli, Berlin 1990
Herbst, Ludolf: Hitlers Charisma. Die Erfindung eines deutschen Messias, Frankfurt am Main 2010
Hermlin, Stephan: Der Leutnant Yorck von Wartenburg, Singen (Hohentwiel) 1946
Hoffmann, Peter: Claus Schenk Graf von Stauffenberg und seine Brüder, Stuttgart 1992
–: Widerstand, Staatsstreich, Attentat. Der Kampf der Opposition gegen Hitler, München 1979
In der Stunde Null. Die Denkschrift des Freiburger «Bonhoeffer-Kreises»: Politische Gemeinschaftsordnung. Ein Versuch zur Selbstbesinnung des christlichen Gewissens in den politischen Nöten unserer Zeit, eingeleitet von Helmut Thielicke, Tübingen 1979
Jacobsen, Hans-Adolf (Hg.): «Spiegelbild einer Verschwörung». Die Opposition gegen Hitler und der Staatsstreich vom 20. Juli 1944 in der SD-Berichterstattung. Geheime Dokumente aus dem ehemaligen Reichssicherheitshauptamt, 2 Bde., Stuttgart 1984
Karpen, Ulrich (Hg.): Europas Zukunft. Vorstellungen des Kreisauer Kreises um Helmuth James Graf von Moltke, Heidelberg 2005
– und Andreas Schott (Hg.): Der Kreisauer Kreis. Zu den verfassungspolitischen Vorstellungen von Männern des Widerstandes um Helmuth James Graf Moltke, Heidelberg 1996
Kessel, Albrecht von: Verborgene Saat. Aufzeichnungen aus dem Widerstand 1933–1945, hg. von Peter Steinbach, Berlin und Frankfurt/M. 1992
Klemperer, Klemens von: Die verlassenen Verschwörer. Der deutsche Widerstand auf der Suche nach Verbündeten 1938–1945, Berlin 1994
– u. a. (Hg.): «Für Deutschland». Die Männer des 20. Juli, Berlin und Frankfurt/M. 1994
Kröger, Matthias: Über die Kostbarkeit von Mut und Klarheit. Die politische und religiöse Botschaft der Grafen Helmuth James von Moltke und Peter Yorck von Wartenburg aus dem Kreisauer Widerstandskreis gegen Hitler und den Nationalsozialismus, Stuttgart 2011
Krusenstjern, Benigna von: «Daß es Sinn hat zu sterben – gelebt zu haben». Adam von Trott zu Solz 1909–1944. Biographie, Göttingen 2010

Leber, Annedore (Hg.): Das Gewissen steht auf. Lebensbilder aus dem deutschen Widerstand 1933–1945, Mainz 1984; über Yorck: 136 f.

Malinowski, Stephan: Vom König zum Führer. Sozialer Niedergang und politische Radikalisierung im deutschen Adel zwischen Kaiserreich und NS-Staat, Berlin 2003

Maser, Werner: Poelchau. Pfarrer am Schafott der Nazis. Der authentische Bericht des Mannes, der über 1000 Opfer des Hitler-Regimes auf ihrem Gang zum Henker begleitete, Rastatt 1982

Moltke, Albrecht von: Die wirtschafts- und gesellschaftspolitischen Vorstellungen des Kreisauer Kreises innerhalb der deutschen Widerstandsbewegung, Köln 1989

Moltke, Helmuth James von: Briefe an Freya 1939–1945, hg. von Beate Ruhm von Oppen, München 1991

–: «Im Land der Gottlosen», Tagebuch und Briefe aus der Haft 1944/45, hg. und eingeleitet von Günter Brakelmann, mit einem Geleitwort von Freya von Moltke, München 2009

–/Freya von Moltke: Abschiedsbriefe Gefängnis Tegel September 1944–Januar 1945, München 2011, herausgegeben von Helmuth Caspar von Moltke und Ulrike von Moltke

Mommsen, Hans: Alternative zu Hitler. Studien zur Geschichte des deutschen Widerstandes, München 2000

Mühlen, Bengt von zur (Hg.) unter Mitarbeit von Andreas von Klewitz: Die Angeklagten des 20. Juli vor dem Volksgerichtshof, Berlin-Kleinmachnow 2001, Anlage: Stenogramm der ersten Volksgerichtshofverhandelung vom 7./8. August 1944, 35 ff.

Müller, Christian: Oberst i. G. Stauffenberg. Eine Biographie, Düsseldorf 1971

Müller, Klaus-Jürgen: Generaloberst Ludwig Beck. Eine Biographie, 2. Aufl. Paderborn u. a. 2009

Ortner, Helmut: Der Hinrichter. Roland Freisler – Mörder im Dienste Hitlers, Wien 1993

Poelchau, Harald: Die letzten Stunden. Erinnerungen eines Gefängnispfarrers, aufgezeichnet von Graf Alexander Stenbock-Fermor, Berlin 1987

–: Die Ordnung der Bedrängten. Autobiographisches und Zeitgeschichtliches seit den zwanziger Jahren, Berlin 1963

Ringshausen, Gerhard: Widerstand und christlicher Glaube angesichts des Nationalsozialismus, Berlin 2007

Ritter, Gerhard: Carl Goerdeler und die deutsche Widerstandsbewegung, Stuttgart 1954

Roon, Ger van: Neuordnung im Widerstand. Der Kreisauer Kreis innerhalb der deutschen Widerstandsbewegung, München 1967, 76 ff.

–: Widerstand im Dritten Reich. Ein Überblick, München 1998

Rosenstock, Eugen und Carl Dietrich von Trotha: Das Arbeitslager. Berichte aus Schlesien von Arbeitern, Bauern, Studenten, Jena 1931

Rüther, Daniela: Der Widerstand des 20. Juli auf dem Weg in die Soziale Marktwirtschaft. Die wirtschaftspolitischen Vorstellungen der bürgerlichen Opposition gegen Hitler, Paderborn 2002

Scheurig, Bodo: Henning von Tresckow. Ein Preuße gegen Hitler, Frankfurt a. M. und Berlin 1997

Schlange-Schöningen, Hans: Acker und Arbeit, Oldenburg 1932

–: Am Tage danach, Hamburg 1946

Schmädeke, Jürgen und Peter Steinbach (Hg.): Der Widerstand gegen den Nationalsozialismus. Die deutsche Gesellschaft und der Widerstand gegen Hitler, München und Zürich 1985

Schmölders, Günter: Im Kreisauer Kreis, in: ders., «Gut durchgekommen?» Lebenserinnerungen, Berlin 1988, 69 ff.

–: Personalistischer Sozialismus. Die Wirtschaftskonzeption des Kreisauer Kreises der deutschen Widerstandsbewegung, Köln und Opladen 1969

Schöllgen, Gregor: Ulrich von Hassell 1881–1944. Ein Konservativer in der Opposition, München 1990

Schröder, Stephen und Christian Studt (Hg.): Der 20. Juli 1944 – Profile, Motive, Desiderate. XX. Königswinterer Tagung 23.–25. Februar 2007, Berlin 2008

Schwerin, Detlev Graf von: «Dann sind's die besten Köpfe, die man henkt». Die junge Generation im deutschen Widerstand, München 1991

–: Die Jungen des 20. Juli. Brücklmeier, Kessel, Schulenburg, Schwerin, Wussow, Yorck, Berlin 1991

Steinbach, Peter: «Den Geist kann man uns nicht nehmen». Peter Graf Yorck von Wartenburg, in: ders., Der 20. Juli 1944. Gesichter des Widerstands, Berlin 2004, 79 ff.

–: Peter Graf Yorck von Wartenburg. Der «Kopf» der Kreisauer, in: Klemens von Klemperer u. a. (Hg.): «Für Deutschland». Die Männer des 20. Juli, Berlin und Frankfurt/M. 1994, 344 ff.

Stern, Fritz: Fünf Deutschland und ein Leben. Erinnerungen, München 2007

Tempel, Sylke: Freya von Moltke. Ein Leben. Ein Jahrhundert, Hamburg 2011

Thomas, Georg: Die Geschichte der deutschen Wehr- und Rüstungswirtschaft, hg. von Wolfgang Birkenfeld, Boppard 1966

Trittel, Günter J.: Ein vergessener Politiker der «ersten Stunde» (Hans Schlange-Schöningen), in: Vierteljahrshefte für Zeitgeschichte, 35. Jg., 1987, H. 1, 25 ff.

Webersinn, G.: Peter Graf Yorck von Wartenburg, in: Der Schlesier, Wochenzeitung vom 16.11.1979

Winkel, Gustav Gotthilf: Corpsgeschichte der Bonner Borussia, bearbeitet von Arved Baron von Hahn, Bonn 1938

Yorck von Wartenburg, Marion: Die Stärke der Stille. Erzählung eines Lebens aus dem deutschen Widerstand, Köln 1984

Gespräch mit Marion Gräfin von Wartenburg, in: Dorothee von Meding (Hg.): Mit dem Mut des Herzens. Die Frauen des 20. Juli, Berlin 1992, 203 ff.

Bildnachweis

akg-images: Abb. 35
Archiv Familie von Moltke: Abb. 4, 5, 6, 7, 8, 9, 10, 11, 13, 14, 15, 17, 18, 26, 27, 28, 39, 44
Archiv Marion Dönhoff Stiftung, Hamburg: Abb. 45
Bildarchiv Preußischer Kulturbesitz: Abb. 12, 20, 21, 24, 32, 34, 36, 47, 54
Bildarchiv Preußischer Kulturbesitz/Bayerische Staatsbibliothek/Archiv Heinrich Hoffmann: Abb. 53
Deutsche Wochenschau 657/16/1943: Abb. 41
Evangelische Akademie zu Berlin: Abb. 41
Gedenkstätte Deutscher Widerstand, Berlin: Abb. 19, 23, 30, 31, 33, 43, 46
Helmuth Caspar von Moltke: Abb. 29
Nachlass Joachim Wolfgang von Moltke: Abb. 37, 38
SZ-Photo/Scherl: Abb. 52
ullstein bild: Abb. 1, 2, 40
ullstein bild – Atelier Binder: Abb. 42
ullstein bild – Stiftung 20. Juli 1944: Abb. 48, 49, 50, 51
Marion Yorck von Wartenburg, Die Stärke der Stille: Abb. 22, 25

Personenregister

Kursive Seitenzahlen verweisen auf Abbildungen.